1. Auflage 2017

ISBN: 978-3-942402-06-4

Lektorat: Gabriele Mendorf und Dr. Juliane Fuchs

Textüberarbeitung: Silke Müller, Marc Hiller und Claudia Lubitz

Cover-Bild: Ukususha

Umschlaggestaltung: Oliver Rückemann

www.ungehoert.com

Wahre Liebe ist kein Zufall

Ein Erfahrungsbericht für einen Weg in die Selbstliebe

Am Anfang war alles eins und alles war Liebe. Da begann sich das Ganze zu fragen: „Was ist Liebe?" Aber es fand keine Antwort. Die Liebe war ohne jeden Wert - weder positiv, noch negativ. Sie war, was sie war und konnte dabei nur sich selbst spüren.

Also zersprang das Ganze in Milliarden Teilchen und gab jedem einzelnen dieser Teilchen den Auftrag, herauszufinden, was Liebe ist.

Jeder von uns ist ein solches Teilchen...

Dieses Buch widme ich meiner lieben Freundin

Silke Müller

Ohne ihren Impuls hätte ich es vermutlich nicht geschrieben

www.rueckemann.com

www.beziehungsthemen.de

Für weitere Anregungen, Hilfe und eine Community rund um die Themen Liebe sowie Beziehung

Inhaltsverzeichnis

Prolog

»Die Selbstfindung ist aus psychoanalytischer Sicht mit der Grunderfahrung des Geliebt- und Akzeptiertwerdens unverzichtbar verbunden«

Garlichs und Leutzinger-Bohleber, Identität und Bindung

Bevor Sie dieses Buch kaufen, möchte ich Sie bitten, sich den Prolog zunächst vollständig durchzulesen. Es ist aus meiner Sicht immer wichtig, eine realistische Erwartungshaltung zu haben. Oder anders, keine Erwartung zu haben, aber eine zumindest klar umrissene Einschätzung, was in einem Buch auf den Lesenden wartet, was er finden wird und was nicht. Das schützt vor Enttäuschung und Frustration.
Dieses Buch beschäftigt sich mit dem unangefochtenen Thema Nummer 1.
Beziehung.
Nein – halt!

Liebe!

Das Thema, das die Menschen seit jeher die meiste Energie, Zeit und einen Haufen Geld kostet sowie den größten Kummer bereitet. Die Frage: »Was muss ich tun, um *endlich* den richtigen Partner zu finden?« begegnet mir seit inzwischen Jahrzehnten quasi allgegenwärtig. Eine einfache Frage für einen sehr umfänglichen Themenkomplex, wenn nicht gar den komplexesten schlechthin. Entsprechend können die Antworten auf diese Frage nicht einfach sein. Jeder Versuch, solche Antworten auf einfache Formeln herunter zu brechen, die man nur anwenden muss, um erfolgreich zu sein, *muss* in einer Ernüchterung enden.
Diese Frage wird vor allem in einer Art gestellt, die implizit wissen möchte, was die fragende Person richtig – oder besser –

richtiger machen kann, um für den vermeintlichen Traumpartner unwiderstehlich zu werden. Davon ausgehend, dass es vor allem Glück und Väterchen Zufall sind, die uns nur gnädig sein müssen, damit wir endlich finden, was wir uns so sehr wünschen.
Das Versprechen, hier Abhilfe schaffen zu können, war seit jeher lukrativ für Heiratsvermittler und ist auch heute ein lohnendes Geschäftsmodell für Dating-Portale im Internet. Obwohl sich die Menschheit schon über einen beachtlichen Zeitraum hinweg mit dem Thema Partnerfindung herumschlägt, sind nachhaltige Fortschritte in der Gestaltung von Beziehungsglück nicht wirklich zu sehen und für mein Empfinden sogar immer seltener zu beobachten.
Es ist mir an dieser Stelle sehr wichtig, die Zielgruppe zu beschreiben, die ich hier ansprechen möchte. Dieses Buch richtet sich an alle, die auf der Suche nach Antworten sind, die bereits für sich entdeckt haben, dass es so, wie bisher, nicht weitergeht und die zumindest offen sind, sich mit sich selbst zu beschäftigen. Die Menschen, die für sich erkannt haben, dass sie etwas bei sich selbst ändern müssen, weil sich nur dann auch die allgemeine Situation verändern kann.

Jedem, der sich in den folgenden Aussagen wiederfindet:

- Ich habe keine Probleme
- Meine Probleme sind bereits gelöst – weil ich schon eine Therapie gemacht habe
- Dieses ganze Muster Aufarbeiten und sich mit sich selbst Beschäftigen halte ich für Unsinn

empfehle ich, das Buch jetzt wegzulegen und sich wichtigeren Dingen zu widmen. Das Gleiche empfehle ich denjenigen, die reine Erfahrung für unseriös halten und glauben, etwas sei nur wahr bzw. glaubwürdig, wenn es wissenschaftlich bewiesen und durch eine akademische Reputation untermauert sei.
Dieses Buch richtet sich an all die Menschen, die in sich die tiefe Sehnsucht spüren, endlich ankommen zu wollen, aber den Weg nicht sehen, wie sie das bewerkstelligen können. Die nach diesem Weg suchen und auch bereit sind, hierfür zum Teil neue, zum Teil dem eigenen Wertesystem diametral gegenläufige Perspektiven zumindest soweit zuzulassen, um sich diese ansehen und dann für sich entscheiden zu können, ob sie annehmbar sind oder nicht.
Es ist mir wichtig zu betonen, dass ich nicht verändern und schon gar nicht bewerten will. Auch wenn ich gerne hier und da eine

tendenziell radikale Position einnehme, um meiner Leserin bzw. meinem Leser die Möglichkeit zu bieten, die eigene zu überprüfen. Dass sich Menschen davon manchmal angegriffen fühlen, lässt sich nicht vermeiden. Auch wenn das ganz sicher nicht meine Absicht ist.

Inwieweit jemand meinen Weg oder einzelne, beschriebene Schritte für sich annimmt, bleibt ihr oder ihm selbst überlassen.

Dieses Buch richtet sich an jene, die in sich die tiefe Sehnsucht nach der einen, besonderen Erfahrung spüren. Einem Splitter gleich, der immer wieder daran erinnert, dass es sich so, wie es ist, nicht richtig anfühlt.

Es ist diese tief empfundene Sehnsucht nach der einen großen, echten Liebe, die die meisten Menschen unablässig vor sich hertreibt, sie nicht loslässt und sich in etlichen, verzweifelten Versuchen ausdrückt, es mit mehr oder weniger vielen Partnern zu probieren. Bei vielen, vor allem Frauen, lässt es oft das Gefühl des verbraucht Werdens, des sich selbst Benutzens zurück. Männer verstecken sich gerne hinter der Aussage, eine weitere Trophäe erobert zu haben. Doch auch sie fühlen sich insgeheim leer und nicht gesehen.

Genau das ist es, was wir uns wünschen: gesehen werden.

In dem *einen* Menschen gespiegelt zu bekommen, dass wir für sie bzw. ihn *die eine* besondere Begegnung sind. Nicht bloß eine Affäre oder ein so genannter Lebensabschnittsgefährte. Die eine Person, die wirklich unser Herz berührt und erobert, der wir völlig hilf- sowie wehrlos ausgeliefert sind und uns dabei sicher sein können, dass sie uns nie mit Absicht verletzen, sondern unser Gefühl und unsere Verletzlichkeit beschützen wird.

Aber der Weg dorthin erscheint vielen unmöglich – besonders, wenn sie bereits einige Erfahrungen gemacht haben und enttäuscht wurden. Nicht wenige arrangieren sich mit diesem Zustand, versuchen krampfhaft eine Beziehung aufrechtzuerhalten, in der sie augenscheinlich nicht glücklich sind. Oder sie parken sich in Unverbindlichkeit, indem sie von einer Situation in die nächste springen. Der oder die Richtige kommt ja doch nicht.

Die gute Nachricht ist: es gibt diese eine Person.

Was auf uns wartet, wenn wir sie finden, ist mit nichts zu vergleichen, was wir vorher erlebt haben. Eine Liebe die nichts mit bereits gemachten Erfahrungen zu tun hat, die tiefer geht, als wir es uns je hätten erträumen können. Eine Liebe, die auch verletzlicher macht, als wir je den Mut gehabt hätten, uns verletzen zu lassen, würden wir die Wahl gehabt haben. Eine Liebe, die nicht abnimmt, also weniger, sondern im Gegenteil immer stärker wird, je mehr

wir das geliebte Wesen erleben und entdecken dürfen.
Es hat nur mit Zufall oder Glück nicht das Geringste zu tun, ob wir diese Liebe finden, ihr begegnen dürfen. Es hat vielmehr damit zu tun, ob wir bereit für sie sind, bereit dafür, zunächst Verantwortung für uns selbst zu übernehmen und so sehr emotional zu wachsen, dass sie sich uns zeigt.
Rückmeldungen auf mein Buch haben eine Frage immer wieder an mich heran getragen: ist das nicht zu viel des Guten? Beschreibe ich hier nicht ein Ideal, das nicht realistisch erreichbar, nicht eher demotivierend, weil so hoch aufgehängt ist? Dazu fallen mir folgende Zitate ein: »Wir müssen an Wunder glauben, damit sie Realität werden können.« Oder: »Wir müssen das Unmögliche wagen, um das Mögliche echt werden zu lassen.«
Nach reiflichem Überlegen habe ich mich dazu entschlossen, das Buch so sein zu lassen, wie es ist und dem Leser zu vertrauen, ob und in welchem Maß er es zulässt. Der Anspruch ist hoch. Ja. Aber wir haben nur ein Leben. Ist das nicht Grund genug, es zumindest zu versuchen?
Aber durch die Auseinandersetzung mit diesem Buch zeigen Sie sich selbst immerhin, dass Sie bereit sind, sich diesen Weg zumindest anzusehen. Und darauf können Sie in der Tat sehr stolz sein. Es erfordert viel Mut, sich diese Themen zunächst nur anzuschauen. Noch mehr Mut verlangt es, sich dann selbst zu begegnen und den eigenen Mustern zu stellen. Das ist nämlich *zwingend* erforderlich, wenn wir neue Erfahrungen machen und die echte Liebe erleben möchten. Auch wenn ich mit diesem Buch nur einen Weg anbieten kann. Gehen muss ihn jeder für sich selbst. Oder um es mit einem Zitat aus dem Film *Matrix* auszudrücken: *»There is a difference between knowing the path and walking the path.«* (Übersetzung: Es ist ein Unterschied einen Weg zu kennen und ihn zu gehen)
Ich bin diesen Weg gegangen und gehe ihn nach wie vor. Seit fast 22 Jahren. Ich kann behaupten, dass er funktioniert. Was ich nie behaupten würde ist, dass es der einzig richtige Weg ist. Vor einem Trugschluss möchte ich allerdings in diesem Zusammenhang warnen: dass es damit getan ist, dieses Buch zu lesen und intellektuell zu verstehen. Die eigenen Themen *müssen* aufgearbeitet, die Muster aufgelöst und ein emotionales Wachstum in Gang gebracht werden. Mir ist kein anderer Weg bekannt.
Was dieses Buch sehr klar nicht ist: ein Ratgeber, wie ich in fünf Schritten meinen Traumpartner finde.
Welche Kleidung, welches Parfüm, welches Auto ich mir zulegen muss, um mich endlich für Mrs. oder Mr. Right zu qualifizieren.

Noch weniger ist es ein Ratgeber, wie ich einen Partner erziehen und manipulieren muss, um ihn zu dem zu machen, was er für mich sein soll.
Wer einen solchen Ratgeber sucht, wird in diesem Buch nicht fündig werden.
Wer einfache Antworten auf den komplexesten, mir bekannten Themenbereich geboten bekommen möchte, wird sie ebenfalls nicht auf den folgenden Seiten finden. Von der Bürde, sich mit sich selbst auseinandersetzen und sich aufrichtig begegnen zu müssen, kann ich niemanden bewahren.
Veränderungen können wir immer nur selbst in Gang bringen – sie beginnen mit einer Entscheidung.
Zum Beispiel mit der Entscheidung, sich diesem Buch zu stellen und die in ihm enthaltenen Impulse in Erwägung zu ziehen, sie vielleicht sogar anzunehmen. Aber auch mit der Entscheidung, die eigenen Themen anzuschauen, statt vor ihnen davonzulaufen oder sich ihnen weiterhin ausgeliefert zu fühlen. Also die gängigen Verhaltensformen, die heute im Umgang mit den eigenen Mustern sichtbar sind, nicht selten begleitet von dem Irrglauben, sie ließen sich nicht ändern und wir seien machtlos dagegen.
Sind wir nicht.
Wir haben die Wahl.
Nach unzähligen Gesprächen und Einzelcoachings, in denen ich immer wieder dieselben Aussagen und Fragen wiederholt habe – oft fühlte ich mich wie eine kaputte Schallplatte –, entwickelte es sich zu einer logischen Konsequenz, ein Buch zu schreiben und die Summe meiner Erfahrungen, aber vor allem den Inhalt dieser Dialoge auch anderen anzubieten.
Dieses Buch soll als Hilfestellung dienen, die eigenen Ursachen zu verstehen und im Idealfall auflösen zu können. Aber es wird auch fundamentale Sichtweisen zumindest infrage stellen, vielleicht sogar über den Haufen werfen. Wobei die eigentliche Erkenntnis, die den folgenden Seiten zu Grunde liegt, alles andere als neu ist. Sie wurde, der Überlieferung nach durch die Bibel, bereits von Jesus vor über 2000 Jahren formuliert.

»Liebe Deinen Nächsten wie Dich selbst.«

Ich habe nicht mitgezählt, wie oft ich den Satz zitiert und darauf hingewiesen habe, dass die Grundlage für echte Liebe, die aufrichtige Selbstliebe ist. Oft wurde mir dann ein »Ach so – na das versteht sich ja von selbst.« geantwortet. Wenn ich dann hinterfragte, ob sich die so antwortende Person aufrichtig selbst liebt, gab es einige, die das von sich behaupteten. Wenn auch deutlich weniger, als die, die mir zuvor diese Antwort gaben. Wenn

ich dann bei denen, die behaupteten, sich aufrichtig zu lieben, weiter fragte, gab es bislang exakt zwei Personen, die sich *wirklich* in der Selbstliebe erleben durften.
Das ist nicht sonderlich verwunderlich, wie wir im weiteren Verlauf des Buches noch im Detail sehen werden. Wir alle werden betont *nicht* in die Selbstliebe geführt. Vielmehr ist unser Kulturkreis ein Garant für das genaue Gegenteil.
Die Anfänge dieses Buches sind in meiner letzten Partnerschaft entstanden, in der wir für eine Weile der Meinung waren, wir hätten es geschafft, hätten die echte Liebe im anderen gefunden. Wie ich dann feststellen durfte, war diese Beziehung zwar eine absolute Bilderbuchbeziehung, im Vergleich zu allem, was ich selbst erlebt und bei anderen beobachtet hatte. Sie hatte in der Tat Vorzeige- bzw. Beispielcharakter und hat mir eindrucksvoll gezeigt, dass es so etwas tatsächlich geben kann. Ein aufrichtiges, liebevolles Miteinander. Gnadenlos ehrliches sich gegenseitig Spiegeln, *ohne* sich zu verletzen. Gemeinsam wachsen und sich gegenseitig in diesem Prozess unterstützen. Aber sie hat mir auch gezeigt, dass selbst eine solch vermeintliche Idealsituation auf einer Projektion basieren und scheitern kann.
Nicht zuletzt diese Erfahrung, wie auch andere selbst gemachte, liefert eine wesentliche Grundlage für die folgenden Seiten. Ich wünsche mir von Herzen, dass sie dem Lesenden ein Impuls für den Weg in die wahre Selbstliebe sind. Denn wenn wir anfangen, uns selbst und in der Konsequenz auch andere zu lieben, haben wir eine realistische Chance, wirklich glücklich zu werden.
Ach, und eines noch: aus meiner Erfahrung macht es Sinn, dieses Buch mehr als einmal, mit zeitlichem Abstand zu lesen, da es Aussagen enthält, die erst bei dem Vorhandensein innerer Bereitschaft ankommen. Ist diese Bereitschaft noch nicht vorhanden, werden sie ausgefiltert. Ein natürlicher Mechanismus. Ob diese Empfehlung von Ihnen angenommen wird, bleibt Ihnen natürlich uneingeschränkt überlassen.

Liebe

»Aber wenn du in deiner Angst nur die Ruhe und die Lust der Liebe suchst,
Dann ist es besser für dich, deine Nacktheit zu bedecken und vom Dreschboden der Liebe zu gehen
In die Welt ohne Jahreszeiten, wo du lachen wirst, aber nicht dein ganzes Lachen, und weinen, aber nicht all deine Tränen.
Liebe besitzt nicht, noch läßt sie besitzen;
Denn die Liebe genügt der Liebe«

Khalil Gibran, Der Prophet

Liebe – was für ein Wort!
Ich kenne kein Wort, das inflationärer verwendet wird und an dem zugleich so viel hängt. Für nichts auf der Welt wurden mehr Lieder komponiert, mehr Romane geschrieben, mehr Filme gedreht und mehr Kriege inszeniert, haben sich die Menschen mehr gegenseitig zerstört und damit den Sinn dieses Wortes oft ad absurdum geführt. Für nichts nehmen Menschen mehr auf sich, um es zu erreichen.
Liebe ist das verheißungsvollste Versprechen, dem wir hinterherlaufen. Es ist die Bündelung all unsere Bedürfnisse, Hoffnungen und Sehnsüchte. Kein Begriff ist mir, außer *Beziehung*, öfter begegnet, in mannigfaltigsten Ausprägungen und von unterschiedlichstem Verständnis gesäumt.
Vor allem aber ist mir Liebe immer als das Synonym für die tiefe Hoffnung begegnet, dass es *endlich* jemanden geben möge, der die betreffende Person *endlich* glücklich macht, *endlich* anders ist. Anders, als die bisher gemachten Erfahrungen. Treu. Ergeben. Verlässlich. Beständig. Loyal bis in den Tod. Mit all den Eigenschaften gesegnet, die einen idealen Partner ausmachen. Wobei die Definitionen dieser *idealen* Eigenschaften durchaus

einer erheblichen Dynamik unterliegen, wie ich immer wieder feststellen durfte.
An dieser Stelle möchte ich betonen, dass hier die *eine*, besondere und echte Liebe zu dem *einen* Menschen gemeint ist. Nicht die vielen anderen, möglichen Formen der Liebe, für die wir leider nur dieses eine Wort haben. Nicht wie die Eskimos, die auf achtzehn Worte für Schnee zurückgreifen können. Wir haben nur einen Schnee und müssen uns mit Umschreibungen helfen, um das auszudrücken, was wir in der Tat meinen.
Ich meine die eine, die *absolute* Liebe, zu dem einen Menschen.
Die eine, bei der ich mir nie die Frage stellen brauche, ob sie die Richtige ist. Weil ich tief in meinem Herzen weiß, dass sie es ist. Wenn wir uns die Frage nur stellen müssen, ob sie oder er wirklich richtig ist, ist das bereits ein sicheres Zeichen, dass es sich *nicht* um diese Liebe handeln kann. Sie muss dem anderen kein Interesse entlocken, weil es nichts Wichtigeres gibt, als das geliebte Wesen. Taktieren und Spielchen gibt es hier nicht. Loyalität und Treue stehen bei dieser Liebe in keiner Weise infrage. Ist ein Mensch nicht loyal oder gar untreu, kann von echter Liebe keine Rede sein.
Konstrukte, wie sogenannte, offene Beziehungen und freie Liebe habe ich immer nur als eher hilflosen Versuch erlebt, sich die eigene Liebesunfähigkeit schönzureden und hierdurch die Angst vor echter Nähe zu einer angeblich frei gewählten Haltung hochzustilisieren. Aber darin habe ich immer nur wieder die Hoffnung finden können, den eigenen Themen und den ihnen zugrunde liegenden Mustern aus dem Weg zu gehen. Vielleicht irre ich mich. Aber der Eindruck ließ sich durch nichts vertreiben.
Die echte Liebe muss ich nicht zur Ausschließlichkeit zwingen oder sogar erziehen. Ist es wirklich echte Liebe, bringt sie den innigen Wunsch mit sich, dem geliebten Wesen gehören zu wollen. Nur diesem Wesen. Ohne Zwang. Als tief empfundenes Bedürfnis. Es bringt die absolute Freiheit durch das totale dem einen Menschen gehören Wollen. Ein Paradoxon. Im Englischen gibt es hierfür ein wunderschönes Sprichwort:
»Always leave the cage door open so that the bird can return.«
(Übersetzung: Lass' die Käfigtür immer offen, damit der Vogel zurückkommen kann)
Wenn ich einen Menschen wirklich liebe, habe ich das tiefe Bedürfnis, mich diesem Menschen zu schenken, ihm alle Eigentumsrechte über mich auszustellen und mich daran zu erfreuen, wenn sie angenommen werden – ohne jede Erwartung auf Gegenleistung. Hierzu braucht es *bedingungsloses* Vertrauen. Vor allem in mich selbst.

Wenn ich auch nur den leisesten Schimmer eines Zweifels in mir trage, ist das nicht die Liebe, von der wir hier reden. Diese Liebe kennt keine Frage, ob es richtig ist. Sie lässt keinen Raum für Zweifel. Vor allem keinen Zweifel, ob es jemand besseren geben könnte. Diese Liebe fordert nicht. Sie erwartet nicht. Sie will nicht besitzen. Und – ganz wichtig – sie muss nicht kontrollieren.

Denn Kontrolle und Liebe sind Gegensätze.

Die Liebe, von der wir hier reden, hat vor allem den Wunsch, den anderen zu sehen. So, wie sie oder er ist. In jeder Facette und ungeschminkt. *Ungeschminkt* ist hier sehr wörtlich gemeint. Diese Liebe offenbart sich uneingeschränkt, zeigt sich ohne jede Maske, will nicht manipulieren oder verändern, nicht verschönern oder sich zu Recht verbiegen. Sie will sich nicht verkaufen. Sie will im Gegenteil unvoreingenommen und mit beinahe kindlicher Neugier erleben, erfahren, in jeder Sekunde neu entdecken und gemeinsam gestalten. Sie bekommt nicht genug vom anderen und lässt dennoch alle Freiräume für persönliche Entwicklung. Sie unterstützt bei dieser Entwicklung, fördert, wo sie kann, ohne dabei auch nur entfernt manipulieren zu wollen oder eine Gegenleistung zu erwarten.
Diese Liebe kennt keine Eifersucht.
Sie *weiß*, dass das geliebte Wesen nie auch nur in Erwägung ziehen wird, sich anderweitig zu orientieren. Sie kennt keine Unsicherheit, auch wenn die Macht, die der geliebte Mensch über uns hat, beinahe monströs ist. In dieser Liebe sind wir völlig offen, angreifbar, verletzbar ... wehrlos. Denn diese Liebe muss sich nicht schützen. Sie vertraut einhundert prozentig, legt dem anderen das eigene Herz auf einem Silbertablett, gesäumt von einem Dolch, zu Füßen.
Oder wie Khalil Gibran es auf so einzigartige Weise auszudrücken versteht: *»Und wenn ihre Flügel dich umhüllen, gib dich ihr hin, Auch wenn das unterm Gefieder versteckte Schwert dich verwunden kann.«*
Das geliebte Wesen hat zu jeder Zeit die Macht, das Herz in Stücke zu zerfetzen. Aber diese Macht wird nie ausgenutzt. Denn auch das Ausüben bzw. Benutzen dieser Macht und echte Liebe sind Gegensätze.
Diese Liebe kultiviert und zelebriert absolute Offenheit.
Keine Geheimnisse, ohne die Wahrheit auch nur ein einziges Mal fordern zu müssen. Das totale sich auf einander Einlassen, ohne jede Erwartung. Jede Entwicklung nicht nur zulassen, sondern unterstützen, fördern. Nie genug bekommen, weil jede Sekunde

mit dem geliebten Wesen ein Geschenk von unermesslichem Wert ist und sich dennoch nicht einengen oder klammern.
Last but certainly not least ist diese Liebe nicht nur ein Gefühl. Sie ist eine Haltung. Eine Grundhaltung. Sie ist ein unerschöpflicher Quell positiver Energie, der nicht nur für das geliebte Wesen fließt, sondern für alle Menschen, Tiere, Pflanzen und ... aber wir wollen nicht übertreiben.
Genau das hat Jesus mit Nächstenliebe gemeint, behaupte ich. Wenn ich mich selbst liebe, gehe ich nicht nur mit mir, sondern auch mit der Welt um mich herum und den in ihr lebenden Geschöpfen gut sowie achtsam um. Genauso, wie ich sie im Umkehrfall zerstöre, wenn ich nicht in der Selbstliebe bin. Hierin liegt der Schlüssel für die Fähigkeit zur Gewalt. Sie ist immer auch eine Gewalt gegen uns selbst. So, wie eine liebevolle Grundhaltung auch einen liebevollen, aufrichtigen Umgang mit uns selbst und in der Konsequenz mit anderen bedeutet.
Gemeinsam gehen, gemeinsam wachsen, gemeinsam gestalten.

Was ist Liebe?

An dieser Stelle erscheint es mir sinnvoll, eine Definition für mein Verständnis von Liebe anzubieten. Auf meinem Weg bin ich diversen Vorstellungen für diesen Begriff begegnet, die mir vor allem eines gezeigt haben: wie missverstanden dieses Thema tatsächlich ist. Zumindest ist das meine Wahrnehmung.
Besonders weil jeder der Meinung zu sein scheint, *alles* über Liebe zu wissen und natürlich glaubt, das auch schon zig Mal erlebt zu haben. Genau das meinte ich eingangs mit dem Wort inflationär. Wobei ich das immer wieder als Maskierung der eigentlichen Ursachen erlebt habe – nämlich der Angst, das Scheitern in diesem Thema würde die betreffende Person schlecht dastehen lassen und enthüllen, wie unsicher sie sich tatsächlich fühlt.
»Die Auffassung, nichts sei einfacher als zu lieben, herrscht noch immer vor, trotz der geradezu überwältigenden Gegenbeweise. Es gibt kaum eine Aktivität, kaum ein Unterfangen, das mit so ungeheuren Hoffnungen und Erwartungen begonnen wird und das mit einer solchen Regelmäßigkeit fehlschlägt wie die Liebe. Wäre das auf einem anderen Gebiet der Fall, so würde man alles daransetzen, die Gründe für den Fehlschlag herauszufinden und in Erfahrung zu bringen, wie man es besser machen könnte –

oder man würde es aufgeben. Da letzteres im Falle der Liebe unmöglich ist, scheint es doch nur einen richtigen Weg zu geben, um ein Scheitern zu vermeiden: die Ursachen für dieses Scheitern herauszufinden und außerdem zu untersuchen, was 'lieben' eigentlich bedeutet.«, schreibt Erich Fromm in seinem Buch *Die Kunst des Liebens*.
Und darin liegt eine der Tücken im Umgang mit dem Begriff. Meine Erfahrung ist, dass wir alle uns die eine, besondere Begegnung mit dem einen besonderen Menschen wünschen. Das treffendste Wort, das mir in diesem Kontext eingefallen ist, lautet: Bedeutsamkeit.
Wir alle wünschen uns den *einen* Menschen, der uns wirklich etwas bedeutet und von dem wir im Gegenzug gespiegelt bekommen, dass wir ihm wirklich etwas bedeuten – nicht austauschbar, nicht beliebig. Die eine wundervolle Begegnung mit emotionaler Substanz, die uns wirklich tief im Herzen berührt und ausfüllt, mit dem Gefühl flutet, bersten zu müssen und uns nicht ruhen lässt, es dem geliebten Wesen unablässig sagen und zeigen zu wollen.
Else Buschheuer sagte einmal so treffend zu mir: *»Wenn Du jemanden liebst, ist das, als müssest Du dringend aufs Klo. Du musst es ihm sagen und zeigen.«*
Aber warum ist es dann so vielen so wichtig, immer wieder zu betonen, dass es da schon viele andere gab? Dass das Gefühl der Liebe schon etliche Male verbraucht wurde, wie ein Auto, das zwar noch gut in Schuss ist, aber eben schon einige Vorbesitzer hatte? Ich meine damit vor allem Singles, die gerne behaupten, sie hätten schon etliche Male wirklich geliebt – was ein Widerspruch in sich ist, da sich die echte Liebe auch dadurch auszeichnet, dass sie *bleibt*.
Wir werden einer Antwort auf diese Fragen im nächsten Kapitel begegnen.
Ich verzichte an dieser Stelle darauf, die Varianten, denen ich begegnet bin, alle im Detail zu skizzieren. Sie begegnen uns implizit mehr oder weniger ebenfalls im weiteren Verlauf dieses Buches. Zusammenfassend kann ich sagen, dass sich die Menschen gerne etwas vormachen, weil sie das Gefühl, noch nie für jemanden wirklich bedeutsam gewesen zu sein, nicht ertragen. Genauso wenig, wie das Gefühl, noch nicht geliebt zu haben, oder schlimmer noch, nicht liebesfähig zu sein. Deswegen *muss* es schon etliche Male Liebe gewesen sein. Weil der Rückschluss, noch nie wertvoll genug gewesen zu sein, um die echte Liebe erlebt haben zu dürfen, vielen einfach zu wehtut. Aber meine Erfahrung ist, dass dieser Rückschluss nicht stimmt. Es geht nicht darum, früher nicht wertvoll genug gewesen zu sein, sondern

einfach nicht ausreichend entwickelt.
Etwas, was ich auch bei mir selbst erkennen durfte.
Es war für mich ebenfalls sehr wichtig, mir einzureden, ich sei schon etliche Male verliebt, aber die Frauen seien eben nicht die richtigen gewesen. Wobei ich immer sparsam geblieben bin und sich meine Erfahrung an zwei Händen abzählen lassen. Aber ich durfte feststellen, dass ich tatsächlich noch nie geliebt hatte. Etwas, was mich zunächst sehr hart traf. Konnte ich das überhaupt? Und wenn ja, was musste ich dafür tun? Bis ich spüren durfte, dass das gar kein Problem, sondern ein große Chance war. Auch ich hatte noch eine essenzielle, emotionale Entwicklung nachzuholen, um *wirklich* liebesfähig zu werden. Sie war quasi der Abschluss meines Weges, den ich detailliert im letzten Kapitel dieses Buches beschreibe.
In der Erkenntnis, noch nie wirklich geliebt zu haben, liegt für mich ein schöner Trost. Denn im Klartext heißt das: wenn wir den Mut zu dieser Entwicklung aufbringen – und diese Entwicklung ist exakt das Thema dieses Buches – dann haben wir dieses wundervolle Abenteuer *echte Liebe* noch vor uns. Wir müssen nicht reumütig auf gemachte Erfahrungen zurückblicken, als wären sie anklagende Zeugen verpasster Chancen. Wir können sie in Dankbarkeit wertschätzen als Lehrmeister, als wichtige Etappen und Spiegel, die uns auf unserem Weg begleitet und an den Punkt gebracht haben, uns unseren Themen jetzt zu stellen. An ihnen zu wachsen, um für die eine wirklich bedeutsame Begegnung zu reifen. Und schon wird aus dem Gebraucht- ein Neuwagen, der eben seine Zeit braucht, bis er fertiggestellt ist und dafür auch ein paar Testläufe absolvieren muss, um für den eigentlichen Bestimmungsort bereit zu sein.
Aber es ist geradezu fatal, sich einzureden, einfach nur zu viel zu lieben, zu viel zu fühlen, zu sensibel und deswegen oft enttäuscht sowie verletzt worden zu sein. Auch wenn das scheinbar eine verlockende Position ist. Klingt doch schön, einfach so viel lieben zu können, dass es eben für mehr als eine bedeutende Begegnung im Leben reicht, nicht wahr?
Ich habe auch oft von Frauen – von Männern in der Tat eher nicht – gehört, sie würden sich eben schnell und oft verlieben, weil sie so liebesfähig seien.
Aber das ist reine Projektion.
Wenn ich glaube zu viel zu lieben, zu viel zu fühlen, zu sensibel zu sein, drücke ich damit nur aus, dass ich noch zu viele unverheilte Wunden in mir trage, für die ich einen anderen zu brauchen glaube, damit ich mich besser fühle. Das *zu viel* drückt sehr klar

aus, dass ich auf mein Gegenüber die Sehnsucht und auch die Erwartung projiziere, mir endlich zu geben, was ich brauche, es aber nicht bekomme, schon gar nicht in ausreichendem Maße. Was auch gar nicht geht, da dieses Fass keinen Boden hat. Solange ich einen anderen *brauche*, seine Bestätigung, Zuneigung und Zärtlichkeit, ist mein Bedürfnis nicht zu stillen, gleichgültig, wie viel ich bekomme. Ich übertrage dann nur das, was ich mir wünsche, die tiefe Sehnsucht danach, geliebt zu werden, auf den anderen. Diese Sehnsucht, diese oft als schmerzlich empfundene Erwartung verwechsle ich dann mit Liebe.

Und *deswegen* werde ich auch enttäuscht – immer wieder enttäuscht. Genau dieses Enttäuschtwerden verletzt mich. Wobei es vor allem die Erwartung an den anderen ist, die mich tatsächlich verletzt. Sie ist der Trugschluss, den ich in mir trage – einem Stachel gleich, der tief in mir steckt. Der Trugschluss, dass mein Partner nur *genug* für mich tun muss, damit es mir endlich besser geht und ich mich irgendwann geliebt fühle. Wenn mein Gegenüber meine Erwartung an ihn nicht erfüllt und mich hierdurch enttäuscht, berührt er damit diesen in mir steckenden Stachel und das tut mir weh. Dieser Stachel, der mir nur immer wieder zeigt, dass mir *niemand* genug geben kann, um damit das schlechte Gefühl für mich selbst zu vertreiben. Die Enttäuschung ist somit die Chance, den Stachel zu sehen und zu erkennen.

Ich kenne nur wenige, die in der *Ent-täuschung* das sehen, was sie ist: das Aufheben einer Täuschung. Ich kann nur ent-täuscht werden, wenn zuvor eine Täuschung vorlag, ich mir also im Klartext etwas eingeredet und vorgemacht habe. Oder auch projiziert. Die Ent-täuschung hilft mir also dabei, den Stachel als Sinnbild für diese Täuschung oder auch den Trugschluss zu erkennen, mir vom anderen gewünscht zu haben, was ich mir selbst nicht geben kann. Das Gefühl, geliebt zu sein. Dann werde ich enttäuscht, weil diese Seifenblase irgendwann zwangsläufig platzen *muss*. Zum Glück! Denn ansonsten würden wir ständig in dieser Illusion gefangen bleiben Eine *Ent-täuschung* ist somit ein durch und durch positiver Prozess.

Wenn ich behaupte, mich schnell und oft zu verlieben, drücke ich damit nur aus, dass ich sehr bereit bin, einigermaßen beliebig meine Sehnsüchte auf jemanden zu projizieren. Nach dem Gießkannenprinzip. Und natürlich muss ich mir einreden, dass jede dieser Lieben groß und bedeutsam ist. Ansonsten würde ich unweigerlich darauf zurückfallen, dass ich mir permanent etwas vormache. Wobei hier Eros natürlich tückisch sein kann. Er ist verführerisch und verlockend. Sexuelle Anziehung ist eine starke Energie und wenn ich voller Sehnsucht bin, bin ich auch verführbar. Aber genau das schnelle sich Verlieben ist nichts weiter als Eros. Denn Menschen, die sich schnell verlieben, entlieben sich mindestens genauso schnell. Das hat etwas von einem emotionalen Taubenschlag. Wie in dem Zitat: *»Aufstehen, Krönchen richten, weitergehen.«* Sie leiden zwar, wenn ein weiterer Versuch gescheitert ist, reden sich ein, dass sie denjenigen *auf jeden Fall sehr* geliebt haben, machen sich damit aber nur weiterhin etwas vor.

Das, was da wehtut ist – neben der verletzten Eitelkeit – vor allem das zurückgeworfen werden auf die nach wie vor lodernden Sehnsüchte, die einfach nicht erfüllt werden wollen, was wir auch anstellen.

Das Wichtigste aber an all diesen Irrwegen ist, dass sie immer im anderen etwas suchen, immer vom anderen etwas erhoffen, erwünschen und erwarten.

In Gesprächen zu diesem Thema stelle ich immer wieder dieselbe Frage: »Wo beginnt die Liebe?« Auch da sind die Antworten mannigfaltig und mitunter sehr kreativ. Diese Antworten sagen in der Regel sehr viel über die antwortende Person aus. Nicht zuletzt darüber, wie sehr sie in ihren Mustern und Sehnsüchten verhaftet ist. Die Antwort auf diese Frage ist für mich hingegen ein wichtiger Einstieg in das Verständnis von Liebe.

Die echte Liebe beginnt bei der echten Liebe *für mich selbst*.

Bei dem innigen Gefühl, das ich für mich, für mein Wesen empfinde. Bei der Art, wie ich mit mir umgehe, welchen Wert ich mir selbst beimesse, welche Priorität ich in meinem eigenen Leben habe und wie ich in der Konsequenz für mich sorge. Viele Menschen haben bei Gesprächen, die ich mit ihnen führte, behauptet, sie würden sich selbstverständlich selbst lieben. Aber schon die ersten Nachfragen ließen schnell erkennen, dass diese Aussage vor allem einen Wunsch ausdrückte. Den Wunsch, sich selbst zu lieben. Mit der tatsächlichen emotionalen Situation hatte diese Aussage nicht wirklich etwas zu tun.

Einfache Fragen wie »Achtest Du denn auf Dich? Auf Deine Ernährung? Auf genug Bewegung? Auf genug Ruhe? Auf genug Ausgleich? Darauf, gut mit Dir umzugehen und für Dich zu sorgen?« brachten schnell zutage, dass noch viel Potenzial, viel Luft nach oben im Umgang mit sich selbst vorhanden war. Es fällt vielen oft auch schwer, das Gefühl für sich selbst zu greifen, in Worte zu fassen und auszudrücken.

Ich habe einige Male erlebt, dass die einfache Frage »Was sind denn Deine Bedürfnisse?« in meinem Gegenüber die blanke

Panik auslöste. Die Frage »Was wünscht Du Dir denn?« hingegen wurde reflexartig mit »Geliebt zu werden!« beantwortet. Selbstverständlich von einem anderen. Ich habe in der Tat nicht ein einziges Mal erlebt, dass mir jemand geantwortet hätte: »Ich wünsche mir, mich aufrichtig selbst zu lieben.« Es geht nur immer wieder darum, das dumpfe Gefühl, das viele von uns in sich tragen, durch ein schöneres Gefühl zu vertreiben, die Leere durch das, was ein anderer für uns tut, aufzufüllen.
Auch bei denen, die von sich behaupteten, sich selbst zu lieben, habe ich das so erlebt. Sie bemühen sich nach Kräften, gute Miene zu bösem Spiel zu machen, haben mir aber damit immer nur wieder das Gefühl vermittelt, es für ihre Außenwirkung zu tun, um sich und anderen zu verkaufen, dass sie auf jeden Fall in der Selbstliebe und liebesfähig sind.
Ich habe jahrelang behauptet in der Selbstliebe zu sein. Damit habe ich nicht nur den Menschen um mich herum etwas vorgemacht, sondern vor allem mir selbst. Doch so sehr ich den Wunsch hatte, endlich in diesem Gefühl für mich selbst angekommen zu sein, so sehr wurde ich darauf zurückgeworfen, dass der Wunsch allein nicht reicht. Auch oder gerade, wenn ich mir nichts mehr wünsche, als endlich diesen Zustand zu erreichen, von mir behaupten zu können, ihn erreicht zu haben, bin ich tatsächlich noch nicht dort angelangt. Als ich ihn erreichte, konnte ich jede Frage um ihn – Bin ich endlich dort angekommen? Habe ich es geschafft? – loslassen.
Um das Gefühl für sich selbst zu messen (ich weiß, dass das Messen von Gefühl furchtbar rational sowie eigentlich nicht möglich ist und entschuldige mich hierfür), habe ich eine Frage entwickelt, die als Essenz einer Selbsterfahrung bei mir geblieben ist. Diese Frage möchte ich hier gerne anbieten. Sie ist für mich immer wieder ein Instrument der Selbstüberprüfung, da ich es in keiner Weise als selbstverständlich empfinde, dieses Gefühl der Liebe für mich selbst haben zu dürfen und es durchaus für möglich halte, dass es nicht konstant bei mir bleibt.
Die Frage lautet:
»Stell' Dir vor, Du sitzt in einem dunklen Raum, mit Dir allein in der Stille. Was empfindest Du?«
Das Spektrum der Antworten, die ich auf diese Frage erhalten habe, reicht von »Unwohlsein«, »Leere«, bis hin zu »Ruhe« und »Zufriedenheit«. Wobei ich nicht unterschlagen will, oft das Gefühl gehabt zu haben, dass die mir antwortende Person vor allem bemüht war, eine besonders *richtige* Antwort auf meine Frage formulieren zu wollen. Weniger eine besonders *echte*.
Mein Gefühl für mich selbst in einer solchen Situation ist hingegen

ein völlig anderes. Wenn ich mit mir in einem dunklen Raum sitze, umgeben von Stille – begleitet von einem guten Glas Rosé – empfinde ich vor allem Wärme, die mich durchströmt, und das tiefe Gefühl von Liebe für mich selbst. Dabei ertappe ich mich oft mit einem beseelten Lächeln auf den Lippen. Ich genieße dieses Gefühl für mich sehr und sitze deswegen gerne mit mir allein da, fühle diese Wärme und Liebe mich durchfließen.

Ein Gefühl, das ich erst seit ein paar Jahren für mich haben und spüren darf. Ich erlebe es als ein großes Geschenk. Als ein wundervolles Ergebnis eines Weges, den ich gegangen bin und der mich emotional an diesen Punkt geführt hat. Kein einfacher Weg – da möchte ich niemandem etwas vormachen. Ein Entwicklungspfad mit vielen Tiefen, Herausforderungen und durchdrungen von Schmerz. Ein Entwicklungspfad, der auch noch nicht zu Ende ist.

Dieses schöne Gefühl für mich selbst ist also nicht ein zufälliges Geschenk, sondern das Resultat intensiver Arbeit und dem Mut, mir selbst *aufrichtig* zu begegnen. Ungeschminkt und immer offen dafür, Dinge in und an mir zu entdecken, die alles andere, als angenehm sind. Dinge, die in unserer auf Außenwirkung programmierten Gesellschaft nicht gerne gesehen und am liebsten verdrängt werden. Aber sich von dieser allgemeinen Erwartung zu lösen ist eine der wichtigsten Herausforderungen auf dem Weg in die Selbstliebe. Genau dieser Zwang des sich inszenieren und präsentieren Müssens ist einer der Stricke, die um unseren emotionalen Hals gelegt wurden und immer fester zugezogen, je älter wir werden. Der Weg, sich selbst zu begegnen, führt unter anderem dahin, sich von diesen Stricken zu befreien.

Somit ist die Beschreibung des Gefühls für mich nicht einfach nur Selbstbeweihräucherung. Das Gefühl ist vielmehr das Ergebnis eines Läuterungsprozesses. Eines Prozesses des mir selbst Begegnens.

Und in dem Maße, in dem ich mir selbst immer mehr und immer aufrichtiger begegnet bin, bin ich auch anderen immer aufrichtiger begegnet.

Nur, wenn wir uns selbst aufrichtig begegnen, können wir auch andere *wirklich* kennenlernen.

Und nur, wenn wir uns gegenseitig aufrichtig begegnen, ist echte Nähe möglich. Weil wir dann keine Schutzmauern mehr brauchen, keine Schwächen verbergen, keine Eigenschaften beschönigen müssen, von denen wir glauben, sie würden uns in der Wahrnehmung des anderen herabstufen oder abwerten. Solange wir das Bedürfnis haben, uns besser zu machen, als wir zu sein glauben, sind wir nicht bei uns selbst. Von unserer Mitte weit entfernt, sind wir entsprechend nicht fähig, einen anderen Menschen wirklich an uns heranzulassen. Solange wir Schwächen verbergen, uns nicht trauen, Konflikte und Probleme anzusprechen und sie unter den Teppich kehren müssen, sind wir von aufrichtiger Begegnung ebenfalls weit entfernt. Aber genau das ist die zwingende Voraussetzung für Nähe und die echte Liebe. Der Weg in die Aufrichtigkeit ist nicht immer einfach, aber es lohnt sich definitiv, ihn zu gehen. Wobei ich hier, wie an anderer Stelle die Erfahrung gemacht habe, dass es vor allem die Angst vor der Angst war, die mir mein Leben schwer gemacht hat. Bin ich einfach in die Situation gegangen – aufrichtig – war sie gar nicht so schlimm. Ich bin sehr froh und stolz, diesen Weg gegangen zu sein und nach wie vor zu gehen. Die Belohnung ist ein Gefühl für mich selbst, das ich nicht für möglich gehalten habe. Das allein ist es schon wert, sich der Herausforderung zu stellen. Dieses schöne Gefühl in mir und für mich möchte ich nicht mehr missen, wenn ich die Wahl habe. Aber damit nicht genug.

In der Konsequenz ist in mir die Bereitschaft gewachsen, der einen Frau zu begegnen, die all das für mich ist, was ich am Anfang dieses Kapitels beschrieben habe. Die eine Frau, bei der es keinen Zweifel gibt, nie die Frage vorhanden, *ob* sie die Richtige ist.

Solange wir aber Gefühlsthemen rational bewerten, auf Eigenschaften, Umstände oder Merkmale beim anderen reduzieren müssen, sind wir von echter Liebe einmal mehr weit entfernt. Wenn wir einen Partner zulassen, weil er gut aussieht, vom Stil her zu uns zu passen scheint, uns somit in der Außenwirkung aufwerten soll, – also beispielsweise auch modisch und dem angesagten Lifestyle verhaftet –, unkompliziert und pflegeleicht ist, uns keine Schwierigkeiten macht, Geld hat und uns Luxus verheißt oder aus anderen, ähnlichen Gründen, die nichts über sein eigentliches Wesen aussagen, hat es mit Liebe nichts zu tun. Liebe lässt sich nicht messen, nicht quantifizieren. Nicht an Einkommen, Aussehen, Talent oder Verhalten. Bei wahrer Liebe sind diese Dinge gleichgültig, nicht von Belang.

Wobei ich nicht unterschlagen will, dass es auch ein Zeichen mangelnder Selbstliebe ist, wenn jemand nicht gut für sich sorgt und seinen Körper verwahrlosen lässt. Sei es durch Adipositas oder das genaue Gegenteil, das zu mager Sein oder durch zu wenig Bewegung. Oder Drogen. Besonders markant, wenn die Person ihren Körper regelrecht zerstören muss: durch Fresssucht, Magersucht, Bulimie, Tattoos, Piercings oder dergleichen. Und nein, letztere – also Tattoos und Piercings – sind nicht bloß

Ausdruck von Ästhetik, Kunst oder Ähnlichem. Sie sind das sinnbildliche Transportieren innerer Wunden in Seele und Herz an die Oberfläche. Unbewusst, versteht sich.
Sich selbst Schmerzen zufügen oder zufügen zu lassen ist immer das genaue Gegenteil von Selbstliebe. Ein Mensch, der sich selbst liebt, meidet Schmerz wo immer möglich, versucht sich nur Gutes zu tun.
Als ich auf meinen Weg ging, wollte ich auch unbedingt ein Tattoo haben und liebäugelte mit einem Augenbrauen-Piercing. Meine fünf Ohrlöcher hatten mir nicht gereicht. Ich wollte mich verändern, weil ich mich so, wie ich war, nicht ertrug. Außerdem wollte ich cool sein und durch das Aushalten von Schmerz zeigen, was für ein harter Typ ich war. Wobei mein Schmerzempfinden tatsächlich stark vermindert war – ebenso wie meine Empathiefähigkeit.
»Bei massiven Formen der Dissoziation entfernen sich Bewusstsein und Gefühl vollständig aus der momentanen Realsituation. (...) Schwer verständliche Verhaltensweisen, wie sie bei Borderline-Patienten und bei Patienten mit Eß-Störungen auftreten, sind, wie wir heute wissen, offenbar verzweifelte Versuche, aus der Dissoziation herauszukommen. Dissoziationen werden meist durch Signale ausgelöst, die mit Angst verbunden sind. Diese Signale können von Dritten oft nicht wahrgenommen werden, unter anderem deswegen, weil bei Traumaopfern bereits ein Gedanke, ein inneres Bild oder eine plötzlich auftauchende Erinnerung ein Auslöser sein kann.«, schreibt Joachim Bauer in seinem Buch *Das Gedächtnis des Körpers.*
Die Dissoziation ist ein Abschneiden von den Bereichen in uns, denen schlimmer Schaden zugefügt wurde, um sie nicht spüren zu müssen und hierdurch weiterleben zu können. So, wie es beispielweise Vergewaltigungsopfer berichten, sie hätten während des Vorgangs der Vergewaltigung über ihrem Körper geschwebt, alles beobachtet, aber nichts gespürt. Ein Überlebensmechanismus, den wir entwickeln, um sehr schlimme Erfahrungen zu ertragen und aushalten zu können. Dieser Vorgang lässt in der Regel unaufgelöste Trauma Energie zurück, die sich tief in unserem Unbewussten einnistet, einem Kuckucksei gleich, das unser Angstzentrum aktiviert. Besonders, wenn wir in Situationen geraten, die uns an das als traumatisierend Erlebte erinnern.
Tattoos und Piercings sind tatsächlich nichts anderes, als eine Variante der Borderline-Störung. Anstatt sich mit Messern zu ritzen, wird mit Tattoomaschine und Nadeln geritzt. Neben dem Schmerz, den der Vorgang verursacht, resultiert er in einer Kenntlichmachung. Es wird äußerlich sichtbar, was sich in der

Person befindet. Nicht selten suchen sich Menschen, die selbst tätowiert und/oder gepierced sind, wieder andere Menschen, bei denen das auch so ist.
Solange wir solchen unbewussten Mustern ausgeliefert sind, die wir im Zweifel nicht sehen und als solche erkennen, vielleicht sogar verteidigen müssen, brauchen wir uns nicht bemühen, lieben zu wollen. Gleichgültig, wie sehr wir uns anstrengen: wir *können* nicht lieben. Erst, wenn wir bei uns selbst angekommen sind, unsere Muster aufgelöst und integriert haben, sind wir bereit. Erst dann können wir unserem Herzen vertrauen und ihm die Entscheidung überlassen, die wir bis dahin versuchen, mit dem Verstand zu steuern.

Und unser Herz entscheidet nach eigenen Regeln.

Regeln, die wir nicht nur nicht verstehen können, sondern auch gar nicht dürfen. Würden wir das können, würden wir höchstwahrscheinlich versuchen, unser Herz zu manipulieren und der Begegnung mit uns sowie unseren Themen aus dem Weg zu gehen. In der Konsequenz hätten wir tatsächlich keine Chance, der echten Liebe zu begegnen, weil wir den hierfür notwendigen Entwicklungsweg mit hoher Wahrscheinlichkeit vermeiden würden. Nur, dass sich unser Herz nicht manipulieren lässt. Zum Glück! Denn unser Herz ist viel weiser, viel präziser und profunder, als es unser Verstand je sein wird – gleichgültig, wie scharf er ist.
Und unser Herz hat *immer* Recht – ein echter Klugscheisser eben. Aber wenn wir seine Sprache gelernt haben – und das ist deutlich schwerer, als es auf den ersten Blick aussehen mag, da wir alle in der Regel nicht die Sprache unseres Herzens lernen *dürfen* – und gelernt haben, auf das zu hören, was unser Herz uns sagt, beginnen sich die Dinge nachhaltig zu verändern und zu verbessern.
Und eine Haltung gibt es in der hier beschriebenen Liebe nicht: Selbstverständlichkeit.
Sie ist das Todesurteil einer jeden Beziehungssituation. Empfinden wir sie, hat sie sowohl in uns selbst, als auch in dem Gefühl für unser Gegenüber den Wert, das Gefühl des besonders seins, bereits erstickt. Was übrig bleibt, ist das öde, abgegriffene Gefühl, etwas Gewöhnliches zu erleben, etwas, was furchtbar entbehrlich für uns ist. Also das exakte Gegenteil dessen, was ich hier als echte Liebe beschreibe. Bei ihr ist sowohl das Gefühl für uns selbst, als auch das Gefühl für einen Partner, das Zusammensein, *nie* selbstverständlich. Jeder Moment ist ein Geschenk von unschätzbarem Wert. Jeder zärtliche Blick, jede Berührung ein Privileg der höchsten Güte und ganz sicher nichts, was halt einfach so da ist.

Sexualität

In der *wahren* Liebe hat Sexualität qualitativ einen völlig anderen Stellenwert, als in *normalen* Beziehungen. Sie unterliegt in keiner Weise einem Leistungsaspekt. Hier geht es nicht mehr darum, eine sportliche, vielleicht sogar akrobatische Höchstleistung zu vollbringen oder durch besondere Potenz zu glänzen. Es geht genauso wenig darum, die körperliche Begegnung durch besondere Technik, ausgefallene Stellungen oder dergleichen versuchen aufzuwerten. All das hat nichts mit der einen Liebe zu tun. Dinge, wie BDSM, Gewalt oder gar Fäkalien scheiden völlig aus.

Und sollte es hier Einwände geben, dass es ja wohl Menschen gäbe, denen das einfach Spaß macht, die das schlicht schön finden, so möchte ich die die Frage anbieten, was das sich Besudeln, Schmerz Zufügen und erniedrigen Lassen mit Selbstliebe zu tun hat.

Das Bedürfnis zu benutzen, zu unterwerfen, zu schänden, zu verletzen oder zu besudeln, ist ein sicherer Hinweis darauf, dass sich echte Liebe noch in weiter Ferne befindet.

Echte Liebe will nicht benutzen, ausbeuten, erniedrigen und schon gar nicht verletzen – sie will vor allem geben und verwöhnen. Wird Sexualität zu einem Machtspiel, ist sie eine sehr pure Form des Ausdrucks, dass es sich *nicht* um Liebe handelt.

Macht und Liebe sind Widersprüche.

Muss ich meinen Partner dominieren, zeige ich mir selbst, dass ich sie bzw. ihn nicht liebe. Dominanz ist eine reine Ausdrucksform von Angst und Unsicherheit. Ihr meist unbewusstes Ziel ist es, Verletzlichkeit zu verbergen. Ich muss dann dominieren, wenn ich Angst habe, verletzt zu werden. So, wie die Devotion, die Unterwerfung vor allem die Wiederholung von Verletzungssituationen ist. Solche Formen der Sexualität machen aus ihr eine Spielwiese unbewusster und unaufgelöster Muster. Mit Liebe haben sie nicht das Geringste zu tun, da Liebe immer gleichwürdig ist, ohne dabei gleich sein zu müssen. Die spezifischen Geschlechtsmerkmale begegnen sich besonders in der Sexualität sehr deutlich in ihrer Polarität. Das Eindringen des Mannes ist sehr klar ein aktivierender, fordernder Akt. Und das Empfangen, das Zulassen dieses Eindringens in den eigenen Körper ist durch und durch ein Ausdruck des weiblichen Prinzips. Aber wenn das Eindringen zu einem dominanten, vielleicht sogar schmerzhaften Vorgang wird, ist dieser nicht mehr Ausdruck von Liebe, sondern von unbewussten Mustern, die sich in der Sexualität nativ ausdrücken – selbst oder gerade wenn der Schmerz als

lustvoll empfunden wird.
Schmerz in Lust zu übersetzen, ist eine Pervertierung des eigenen Empfindens.
Wenn ich einen Menschen wirklich liebe, möchte ich, dass es ihm so gut wie nur irgend möglich geht. Das gilt auch für mich selbst. Es ist ein inneres Bedürfnis und Vergnügen, alles dafür zu tun. Schmerz scheidet somit völlig aus. Erleben zu dürfen, wie sich das geliebte Wesen in der Berührung wollüstig windet, in die Lust gleitet, ich ihr alle nur erdenklichen Wonnen und schönen Gefühle bereite, wird zum größten Geschenk. Jeder Orgasmus des geliebten Wesens ist eine Offenbarung, ein emotionaler Ritterschlag, ein wundervoll beglückendes Erlebnis und Belohnung genug. Und das nicht durch irgendwelche ausgefeilten Techniken oder Stellungen, sondern durch echte Nähe, schier endlose Zärtlichkeit und Liebkosungen, aber auch zügellose Leidenschaft.
Wenn ich einen Menschen wirklich liebe, kann ich ihm nicht nahe genug sein, mich nicht oft genug körperlich vereinigen. Sexualität wird dann *nur* noch zu einem Medium, um dem Bedürfnis, dem geliebten Wesen so nahe wie irgend möglich zu sein, Ausdruck zu verleihen. Das Verwöhnen des anderen wird nur noch zu einem Vehikel, um auszudrücken, was ich empfinde, für das tiefe Bedürfnis, meine Liebe durch Berührung und Zärtlichkeit, aber auch hemmungslose Leidenschaft zu formulieren. Körperlichkeit wird zu einem Medium, um zu transportieren, was ich im Herzen trage und was durch jede Zelle meines Körpers pulsiert, transformiert zu einer Sprache, mit der ich pur und nativ ausdrücke, was als Essenz durch meine Adern fließt. Aber auch für die schöpferische Energie, die ich nicht nur als Gefühl für den von mir geliebten Menschen, sondern auch für mich selbst in mir trage. Omnipräsent.
Nie würde ich auf die Idee kommen, mein geliebtes Wesen unterdrücken, erniedrigen, schänden oder gar verletzen zu wollen. Das körperliche Eindringen ist vor allem der tiefe Wunsch, mit ihm zu verschmelzen. Gemeinsam in die totale Lust zu gleiten und dabei meine ganze, tief empfundene Liebe auszudrücken. Immer auf der Hut, ob das, was ich tue, auch schön ist, niemals etwas zu tun, was als unangenehm empfunden wird oder sogar als Zwang.
Eine körperliche Begegnung voller Empathie, inniger Zärtlichkeit, achtsamer Vorsicht und sanftem Einfühlungsvermögen, trotz aller Leidenschaft.
Bin ich nur darauf bedacht, mich zu befriedigen, mich am Körper des anderen abzureagieren, muss ich mir nicht einreden, ich würde lieben. Komplementär auch, wenn ich mich völlig zurücknehme und nur dem anderen diene. Denn das Dienen ist ebenfalls ein

sicheres Zeichen, nicht in der Selbstliebe zu sein, wie auch die Bedürftigkeit, mich am anderen abreagieren zu müssen.
Das Verwöhnen und Geben ist nicht unterwürfig zu verstehen. Der Ausdruck der Liebe zu einem anderen ist auch der Ausdruck der Liebe zu mir selbst. Auch meine eigenen sexuellen Wünsche und Bedürfnisse dürfen hier Raum bekommen – solange sie nicht etwas wünschen, was mein geliebtes Wesen nicht schön oder sogar abstoßend findet. An diesem Punkt wird Körperlichkeit zu einer weiteren, sehr aufrichtigen Ebene, sich gemeinsam zu begegnen und zu kommunizieren, sich zu zeigen und dem Partner zu sagen, was wir uns wünschen. Indem wir zeigen, was wir uns wünschen, zeigen wir sehr klar, wer wir sind. Durch Worte, durch Berührung oder Blicke.
Es ist wahnsinnig aufregend zu erleben, einen Wunsch zu formulieren und diesen dann mit dem Partner auszuleben, wenn er signalisiert, dass sie oder er das auch möchte oder sogar will. Es ist im Rückschluss aber nichts Schlimmes, wenn dieses Signal nicht kommt oder der Partner sogar sagt, dass sie oder er das nicht möchte. Genau so lernen wir einander auch auf körperlicher Ebene genau kennen und können gemeinsam einen Raum definieren, in dem wir Lust gestalten und gemeinsames Fühlen sowie mit einander Verschmelzen ausleben.
Dann wird Sexualität nicht mehr nur das Eindringen in einen anderen Körper und Austauschen von Flüssigkeiten. Sie wird zu einem Erlebnis, das die Grenzen zum anderen für einen Moment aufhebt, zu einer Verschmelzung, ohne dabei in eine Symbiose zu driften. Zu einem ineinander Gleiten und gemeinsam in der Ekstase Aufgehen. Zu einem Medium totaler und grenzenloser Lust, die – mehr und mehr – zu einer nicht mehr nur körperlichen, sondern zu einer gemeinsamen, spirituellen Erfahrung transformiert.
Ich habe oft gehört, dass Frauen dies oder jenes tun, weil ihr Partner das von ihnen wollte, sie es aber als eigentlich nicht schön, abstoßend oder sogar eklig empfunden haben. Aber wie kann ich etwas von dem einen Menschen, von dem ich behaupte, ihn *wirklich* zu lieben, erwarten oder sogar verlangen, was dieser nicht will oder sogar eklig findet? Welche Art Genugtuung ist es, wenn sich meine Partnerin zu etwas zwingen muss, nur um meinen Wünschen zu genügen? Kann ich dann wirklich behaupten, sie zu lieben?
Die Antwort ist offensichtlich: nein.
Wenn die Liebe wirklich echt ist, werde ich niemals etwas tun oder verlangen, was meinem geliebten Wesen nicht gefällt. Dann wird es vor allem zur größten Freude zu erleben, dass es das, was

ich mit ihm mache, wundervoll findet, es seine Lust befriedigt und steigert, es völlig in meinen Berührungen und meiner Nähe dahinschmilzt. Wenn mir seine Augen zeigen, dass es nie etwas Schöneres empfunden hat: ein überwältigenderes Gefühl kenne ich nicht.
Diese Beschreibung mag dem ein oder anderen als überzogen erscheinen, als ein Kleinjungentraum, der jede reale Situation auf gar keinen Fall standhalten kann. Weil es dann doch im Leben immer anders läuft oder zumindest gelaufen ist.
Das verwundert nicht.
Das, was ich hier beschreibe, ist ausgesprochen selten.
Aber nicht, weil wir ständig an unserem Traumpartner vorbeilaufen, sie oder ihn nicht erkennen, nicht aufmerksam genug sind. Es ist selten, weil es nur sehr wenige Menschen gibt, die das Prinzip von echter Liebe verstanden und sich den Herausforderungen gestellt haben, die dieses Prinzip mit sich bringt. Die Herausforderung, dass die Liebe, von der wir hier reden, *zwingend* die Selbstliebe voraussetzt.
Da wir immer denken, wir müssten nur den passenden Menschen finden, der es richtig – oder besser richtiger – macht, erleben wir dann eben auch immer wieder nur diese *realistischen* Situationen, die uns in die Ernüchterung zurückschicken und am Ende nur den Blick auf den Scherbenhaufen unserer gescheiterten Hoffnungen und Sehnsüchte lassen. Und genau darin liegt der Trugschluss. Er wird uns im weiteren Verlauf dieses Buches stetig begleiten.

Zusammenfassung

Liebe kann nicht erzeugt werden, ist nicht das kalkulierbare Ergebnis einer Reihe von Eigenschaften des anderen. Es geht nicht darum, einen über die Jahre verfeinerten Anforderungskatalog erfüllen, sondern um die Fähigkeit des eigenen Herzens, ein echtes, tiefes Gefühl empfinden und zulassen zu können.
Vor allem ein Gefühl für uns selbst.
Die Selbstliebe.
Sie ist die zwingende Voraussetzung, um einen anderen Menschen lieben zu können. Eine Position, die nicht verhandelbar ist. Liebe ist nicht käuflich, lässt sich nicht mit Ego-Prothesen verdienen oder gar erzwingen. Sie fordert, erwartet und besitzt nicht, duldet keine Manipulation.

Wer glaubt, schon oft geliebt zu haben, beschreibt damit nur, noch *nie* geliebt zu haben.
Die echte Selbstliebe ist das Ergebnis eines Entwicklungsprozesses, nicht etwa das gnädige Resultat des Zufalls, eine Laune des zur richtigen Zeit am rechten Ort Seins. Sie ist auch nicht das Ergebnis zahlloser Versuche, sondern innerer Bereitschaft. Der Bereitschaft, sich selbst anzunehmen, zu respektieren, zu ehren und zu achten. In der Konsequenz nehmen wir auch andere an, respektieren, ehren und achten sie. In diesem emotionalen Milieu kann Liebe entstehen. Alles andere ist Projektion.

Natürlich beschreibe ich ein Ideal.
Es soll nicht frustrieren, nicht alles, was nicht an dieses Ideal heranreicht, abwerten. Es soll im Gegenteil den Horizont öffnen und hierdurch die Grenzen der Normalität sprengen, den Weg frei machen für eine neue und aufregende Perspektive. Ganz sicher soll es nicht die Perfektion zu einer Religion erheben, sondern Mut machen, sich den Herausforderungen zu stellen und an ihnen zu wachsen.

Jeder Schritt auf diesem Weg ist wertvoll und richtig.

Liebe vs. Selbstverliebtheit

»Jeder, der nur sich sieht, ertrinkt schließlich in eben dem Spiegel, den er selbst erschaffen hat. (...) So kann der Hedonist nicht lieben und nicht für andere dasein. Die Traurigkeit des Hedonisten ist die Traurigkeit des "Man", der einzig sein möchte und am Ende Niemand ist.«

Erich Fromm, Authentisch Leben

In vielen Gesprächen wurde mir die Frage gestellt, ob Selbstliebe nicht mit Selbstverliebtheit gleich zu setzen sei. Ob das, was ich über das Gefühl für mich selbst ausdrücke, nicht sehr klar der Selbstverliebtheit entspräche und ich da nicht in einer Projektion stecke.

Die Frage ist nachvollziehbar.

In unserem Kulturkreis gilt es nach wie vor (oder vielleicht sogar immer mehr) als uncool und anmaßend, gut über sich selbst zu sprechen. Wenn dann einer daherkommt und davon redet, sich selbst zu lieben, kommt das in der Wahrnehmung vieler einem Affront gleich. Wie kann er es nur wagen? Wo es doch zum guten Ton gehört, sich selbst schlecht zu machen, es vor allem Understatement und Bescheidenheit sind, die eine adäquate Selbstmeinung bzw. Haltung ausmachen.

Aber genau darin liegt eines der großen Probleme und Tücken unseres Sozialisationsprozesses.

Wobei ein kluger Mensch einmal gesagt haben soll, dass Bescheidenheit die schlimmste Form der Eitelkeit ist. Bei viel Talent sei sie sogar eine Lüge.

Wir werden systematisch darauf abgerichtet, uns nicht nur nicht zu lieben, sondern uns anzupassen, klein zu machen, gehorsam zu sein, uns minderwertig zu fühlen und betont keine eigene Identität zu entwickeln. Genau *das* lässt uns unser Leben lang herumirren, auf der Suche nach Dingen, die uns zu dem werden lassen, was wir uns zu sein wünschen. Größer, als wir sind sowie bedeutsam – und sei es nur für einen Moment in der Wahrnehmung der Menschen um uns herum. Und genau das lässt uns so empfänglich werden für die, wie ich sie nenne, Ego-Prothesen. Welche Marke kann ich mir leisten, um endlich wertvoll zu werden? Welches Auto, mit wie viel PS lässt mich ein harter Typ sein, bei dessen Anblick die Frauen ein feuchtes Höschen bekommen? Was macht mich zu einem V.I.P., dem alle ehrfürchtig hinterher sehen, neidisch auf so viel Aufmerksamkeit?
»Anstatt zu versuchen zu sein, versuchen wir zu haben, und bei vielen Gelegenheiten besitzt für uns das Haben eine stärkere Realität als unser Sein. Indem wir uns zu Besitzenden entfremden, sind wir unser Besitz und hören auf, wir selbst als menschliche Persönlichkeiten zu sein.«, schreibt Erich Fromm weiterhin in seinem Buch *Authentisch Leben*.
Wir driften in die Egozentrik, als Versuch, zu kompensieren, was wir nicht haben dürfen – eine Identität, begleitet von einem guten Gefühl für uns selbst. Das drückt sich nicht zuletzt durch diesen kollektiven Wahn aus, sich selbst in jeder noch so unpassenden Situation fotografieren und einer mehr oder weniger anonymen Masse präsentieren zu müssen – in der Hoffnung möglichst viele Likes zu ernten, die von so manchem tatsächlich als ernsthafte Anerkennung gewertet wird. Der Selfie-Wahn.
Mit Selbstliebe hat das rein gar nichts zu tun.
Im Gegenteil drückt es nur aus, wie hoffnungslos abhängig wir von der Meinung anderer sind, die wir im Zweifel gar nicht kennen, wie sehr wir uns darüber definieren müssen, wie gut wir ankommen, was wer auch immer von uns hält. Es ist eine Abhängigkeit. Qualitativ in keiner Weise anders, als der Fixer, der an der Nadel hängt. Ein Rausch, auf den immer der Kater der Ernüchterung folgt, wenn der kurze Moment der Anerkennung erlischt, einem Strohfeuer gleich.

Aber Abhängigkeit und Selbstliebe sind Gegensätze.

Wenn ich von der Meinung anderer abhängig bin, mich selbst nur gut finden kann, solange mich andere anerkennen, *muss* ich mich immer wieder inszenieren, um mich zumindest für einen Lidschlag lang nicht mehr so schlecht zu fühlen. Ich muss andere dazu instrumentalisieren, um ein einigermaßen gutes Gefühl für mich haben zu können, muss sie manipulieren, versuchen, sie dazu zu bringen, mich als toll, begehrens- oder sogar bewundernswert zu erleben. Immer begleitet von dem schalen, ranzigen Beigeschmack, dass ich nicht für mich und mein eigentliches Wesen, sondern nur für eine gut polierte Fassade anerkannt werde. Gemein ausgedrückt muss ich meine Umgebung belügen – und mich selbst dazu.

Für all das gibt es ein Wort: Narzissmus.

Narzissmus ist ein anderes Wort für Selbstverliebtheit. Aber der Narzisst liebt sich nicht, auch oder gerade weil er sich als selbstverliebt inszenieren, sich einreden muss, dass er sich überwältigend findet. Allerdings belügt er sich damit nur immer wieder selbst. Denn in Wahrheit findet er sich nicht gut. Sonst müsste er sich nicht ständig für andere inszenieren, sich den Schuss Aufmerksamkeit versuchen zu erzwingen, indem er seine Umwelt versucht davon zu überzeugen, wie großartig er ist. Der Narzisst ist selbstsüchtig. Süchtig danach, sich selbst zu erleben, in der Außenwirkung gespiegelt zu bekommen, wie schön, überlegen und unwiderstehlich er ist. Und das Wort selbstsüchtig bedeutet auch selbst-suchend. Auf der Suche nach sich selbst, nach einer künstlichen Identität, versucht der Narzisst aber vor allem das schlechte Gefühl wegzubekommen, das er für sich selbst in sich trägt. Die Leere. Den Mangel.

Nur ist Selbstsucht eine sehr unglückliche Strategie, denn sie führt nicht heraus aus der Leere, sondern vergrößert im Gegenteil das emotionale Vakuum um sich herum. Also den Raum, in dem nichts ist. Er kreist darin um sein Inneres, sein Selbst, wie die Erde um die Sonne. In stabiler Umlaufbahn, ohne – wichtig – sich selbst je zu berühren.

Genau *diese* Berührung wünscht er sich von einem Partner.

Einem Partner, den er aber im Zweifel gar nicht an sich heranlassen wird, aus Angst – nein, purer Panik! – verletzt zu werden. So sehr er sich die Berührung wünscht, so sehr muss er sie vermeiden und abwehren. Das Resultat dieser Situation ist das »Komm her!« – und »Hau ab!« – Spiel. Den anderen locken, wenn der Narzisst sich Nähe wünscht, um ihn dann von sich zu stoßen, wenn auch nur der Hauch von Gefahr spürbar ist, er könne zu nahe kommen. Ganz sicher eine Situation, die wir alle schon einmal in unserem Leben erlebt haben. Eine Situation, die tatsächlich unberechenbar werden kann.

»Leicht reizbare, impulsive Menschen (...) schießen in ihren zornigen Reaktionen immer wieder über das Ziel hinaus.

Aufgrund ihres schwachen Selbstbewusstseins, das sie leichter kränkbar und ängstlicher macht, fühlen sie sich durch kleinste Anlässe infrage gestellt und provoziert. Mit übersteigert aggressiven Reaktionen und gelegentlichen Ausbrüchen überkompensieren sie ihre Angst, nicht ernst genommen oder nicht respektiert zu werden. Medizinisch gesehen handelt es sich meistens um Persönlichkeiten mit einer bereits erwähnten narzisstischen Störung oder einer sogenannten Borderline-Störung. Auch gefühllos-berechnende Persönlichkeiten (…) können uns gelegentlich im ganz normalen Alltag begegnen. Manche von ihnen sind »erfolgreiche Psychopathen«, denen es gelungen ist, mit ihrer emotionalen Störung nicht aufzufallen. Rücksichtslosigkeit und ein durch oberflächlichen Charme maskiertes manipulatives Potenzial lässt diese Menschen nicht selten sogar in Führungspositionen landen. Nach außen verstehen sie es, in Betrieben und Institutionen, in Wirtschaft, Medien und Gesellschaft einen guten Eindruck zu machen, während ihr destruktiver Führungsstil innerhalb der von ihnen geführten Einrichtung oft großen Schaden anrichtet.«, schreibt Joachim Bauer in seinem Buch *Schmerzgrenze*.

Vielleicht wird durch diese Beschreibung klar, warum Selbstliebe und Selbstverliebtheit Gegensätze sind. Die Selbstverliebtheit ist nicht mehr als eine Show. Der meist sogar erfolgreiche Versuch, unserer Umgebung, den Menschen um uns herum zu verkaufen, wie super wir uns finden. Besonders, wenn wir eine neue, teure Handtasche am Arm hängen haben, schicke neue Schuhe, mit möglichst hohen Absätzen oder mit einem teuren Auto vorfahren, peinlichst darauf bedacht, dass uns auch jeder darin sieht und im Zweifel hört – und sei es in einem gemieteten.

Aber je mehr wir dafür tun, um bei anderen als schön, cool, erfolgreich, begehrt und beliebt wahrgenommen zu werden, umso mehr drücken wir aus, wie wenig wir uns selbst gut finden.

All das drückt aus, was Erich Fromm in seinem Buch *Die Kunst des Liebens* unvergleichlich auf den Punkt gebracht hat.

»Selbstsucht und Selbstliebe sind keineswegs identisch, sondern in Wirklichkeit Gegensätze. Der Selbstsüchtige liebt sich nicht zu sehr, sondern zu wenig; tatsächlich haßt er sich. Dieser Mangel an Freude an sich selbst und liebevollem Interesse an der eigenen Person, der nichts anderes ist als Ausdruck einer mangelnden Produktivität, gibt ihm ein Gefühl der Leere und Enttäuschung.«

Genau das unterscheidet einen Menschen, der sich selbst liebt von dem, der sich in Selbstverliebtheit inszenieren muss. Der sich selbst Liebende hat sich von der Meinung seiner Außenwelt

entkoppelt, emanzipiert, trägt das Gefühl, genug und gut zu sein, tief empfunden in sich. Selbst negative Rückmeldung wie »Was bist Du denn für ein komischer Typ?« oder »Na, Du glaubst ja wohl was Besseres zu sein, was?« kann er mit einem Lächeln stehen lassen.
Er muss im Zweifel nicht mal dagegen argumentieren, sondern kann solche Aussagen bei der anderen Person als Ausdruck von deren Unsicherheit lassen. Denn, wer sich verteidigt, klagt sich an, weiß bereits der Volksmund zu berichten.
Nach diesen Begriffsklärungen sind wir nun bereit, tiefer in das Thema einzusteigen.

Ideale Beziehung

»Wir denken, wir seien liebevoll – tatsächlich empfinden und tun wir das Gegenteil. Indem wir uns den Regeln und Gesetzen der Gesellschaft anpassen, nicht selbst denken, uns nicht fühlen, sondern nach Mustern leben, treiben wir unsere Kinder in die Abhängigkeit. Das verstrickt beide, Kind, Mutter/Vater, miteinander in einen destruktiven Teufelskreis mit gesellschaftlichen Auswirkungen, die die Geschichte der Menschheit weitgehend prägen.«

Arno Gruen, Verratene Liebe - Falsche Götter

In vielen Gesprächen über die ideale Beziehung bin ich immer wieder verfänglichen Begriffsverstrickungen begegnet. Sie drücken unbewusst aus, was wir uns eigentlich oft von Beziehung wünschen, ohne formulieren zu können, aus welchem Grund.
Daher finde ich es wichtig auf diesen Punkt einzugehen.
Es ist nicht bloß Spitzfindigkeit meinerseits, sondern ein wichtiger Schritt im Prozess der Bewusstwerdung, sich darüber klar zu werden, dass Worte nicht nur leere Hülsen, sondern Medien für das Transportieren von Gefühlen und Energie sind. So sehr wir uns in unserer rationalen Welt versuchen einzureden, dass das Unbewusste keine nennenswerte Relevanz hat, so sehr steuert es unser Handeln im Zweifel, ohne, dass wir es merken. Solange wir die unbewussten Muster in uns nicht aufgelöst haben, sind sie die Nylonfäden, an denen wir marionettengleich hängen. Wir glauben bewusst, die Dinge zu tun, weil wir es wollen, führen aber tatsächlich nur ein unbewusstes Programm aus.
Mit unseren Worten drücken wir das allzu oft aus, ohne es zu merken oder gar zu wollen.
Nicht umsonst gibt es das geflügelte Wort des viel zitierten *freudschen Versprechers*. Er drückt sehr genau aus, wovon hier

die Rede ist. Eigentlich wollen wir etwas anderes sagen, aber es flutscht etwas Ungewolltes heraus, das dennoch ausdrückt, was wir eigentlich hätten sagen müssen, weil wir es unbewusst meinen. So ist es dann auch in Beziehungsthemen nicht verwunderlich, dass wir – ohne uns darüber wirklich im Klaren zu sein – formulieren, worum es uns geht. Wir suchen nach unserer *besseren Hälfte*, unser *fehlendes Gegenstück*, nach dem Menschen, der uns *komplett* macht, mit dem wir *ganz* werden.
Mit anderen Worten: wir suchen die Symbiose mit einem anderen Menschen.
Woran erinnert uns das? Vielleicht spürt schon der ein oder andere, wohin die Reise geht. Das Symbol hierfür, das wohl jeder schon einmal in seinem Leben gesehen hat, ist Yin Yang. Zwei sich ergänzende Halbe, die zusammen ein Ganzes ergeben und ihren Kern im jeweils anderen Teil haben. Diese beiden Teile stehen für das Weibliche und das Männliche, für deren Energie und Prinzip, die ohne einander nicht existieren können und die kosmische Vereinigung darstellen. Das ineinander Aufgehen, das ohne den anderen nicht sein Können. In unzähligen Liedtexten wird dieses Ideal besungen, in dramatischen Filmszenen tränenrührend transportiert. »Ich kann ohne Dich nicht leben! Du bist alles für mich – ich brauche Dich!« Solche Phrasen scheinen der Gipfel des emotionalen Berges, der Olymp der echten Liebe zu sein.
Nur trügt dieser Schein – eine Symbiose ist vor allem Abhängigkeit. Sie beschreibt einen Zustand, in dem in der Tat beide Teile nicht ohne den anderen leben *können*. Sie *brauchen* einander, sind ohne den anderen Teil *nicht lebensfähig*.
Nur, wenn beide Teile so sind und *bleiben*, wie sie sind, bleibt das Ganze bestehen. Denn, was die Suche nach der besseren Hälfte auch ausdrückt ist, dass die suchende Hälfte nicht vollständig, unfertig – oder auch nicht ausreichend entwickelt ist. Mehr noch drückt die Suche nach der *besseren* Hälfte aus, wie minderwertig und schlecht sich die Suchende fühlt. Die Lücken in der eigenen Entwicklung sollen also durch einen Partner gefüllt und ergänzt werden. Die Leere, die vom Suchenden für sich selbst empfunden wird, soll durch einen anderen aufgefüllt werden. Mit Sinn und dem, was als Liebe verstanden wird.
Das Tückische an einer solchen Symbiose – die auf den ersten Blick noch romantisch und als Sinnbild inniger Nähe anmuten mag – ist, dass sie sich bei näherem Hinsehen schnell als Gefängnis entpuppt. Denn dieses Ganze bleibt nur ganz, wenn sich keiner der beiden Teile verändert. Entwicklung ist somit streng verboten, da sie das Ganze unweigerlich zum Zerbrechen bringt.

Tatsächlich sehen viele Beziehungen so aus. Die Partner dürfen sich nicht entwickeln und verändern. Das mag so manchem nicht weiter tragisch vorkommen, da die meisten Menschen ohnehin nichts mehr fürchten als Veränderung. Nur hat das dann eben auch nichts mit echter Liebe zu tun. Denn eine Symbiose ist eine Abhängigkeit. Wenn ich einen Partner brauche, werde ich im Zweifel alles tun, um ihn dazu zu bringen, bei mir zu bleiben. Inklusive des mich Veränderns, Verstellens, Manipulierens – was böse ausgedrückt nichts anderes ist, als zu lügen. In jedem Fall ist es nicht aufrichtig. Im wahren Sinne des Wortes nicht aufrecht, sondern dem Umstand gebeugt und sich selbst zurücknehmend, verkleinernd, um irgendwie in die Situation zu passen. Gerne wird auch am Partner manipuliert und erzogen, versucht, ihn so zu verbiegen, dass das Konstrukt funktioniert. Es erinnert unwillkürlich an den Versuch, zwei Puzzle-Teile, die nicht passen, irgendwie in einander zu stecken. Selbst wenn das gelingt, wird es immer ein unstimmiges Bild ergeben. Ich *darf* in einer solchen Situation gar keine Verbindung zu mir und meinem Gefühl haben, da ich immer nur spüren würde, was mir fehlt und wie falsch es für mich ist. In jedem dieser Fälle reden wir nicht von einem freien, offenen sich Begegnen, sondern von Abhängigkeit.

Aber Abhängigkeit und Liebe sind Gegensätze.

Wenn ich mich verstellen muss, um für eine Beziehung zu genügen, hat das einmal mehr mit Liebe rein gar nichts zu tun. Wenn ich mich zurücknehmen muss, damit ich adäquat bin, begegne ich nicht wirklich und nicht aufrichtig – schon gar nicht auf Augenhöhe.

In einer solchen unaufrichtigen Situation ist es dann auch nicht verwunderlich – im Grunde nur eine Frage der Zeit – bis ich ausbrechen, mir ein Ventil suchen und vielleicht sogar fremdgehen muss. All das, was ich unterdrücken muss, damit diese symbiotische Situation funktioniert, verschwindet nicht. Es schlummert nur im Verborgenen, in der Verdrängung. Es muss irgendwann herausbrechen. Und sei es in Form einer Depression.

Denn was ist eine Depression?

Wenn wir uns auch hier das Wort genau ansehen – De-Pression – können wir das genaue Gegenteil, also eine Kompression entdecken. Folglich etwas, was unterdrückt, zusammengedrückt – komprimiert ist – dehnt sich aus und verschafft sich den Raum, den es nie haben durfte. Es deprimiert in das Bewusstsein sowie das Gefühl und nimmt dort den Raum ein, den es braucht. Dass sich die Menschen in diesem Prozess sehr schlecht – oder auch deprimiert

– fühlen, ist nur logisch. Die Situation ist mit den Grabkammern im Tal der Könige vergleichbar. Die Mumien sahen nicht gut aus, als sie ausgegraben wurden. In ähnlichem Zustand befinden sich die Gefühle, die weggedrückten, verratenen Gefühle, die in der Person schlummern und durch eine Depression aus ihrem Inneren aufsteigen. Einem Korken gleich, den wir versuchen mit aller Kraft unter Wasser zu halten, der aber irgendwann unweigerlich aufsteigt.

Ein Teil dieser komprimierten Gefühle ist die tiefe Sehnsucht nach dem, was wir zum Zeitpunkt unserer Geburt verlieren. Das, was in uns zurückbleibt, wenn wir aus unserem Paradies – dem Mutterleib – vertrieben werden. Der Grund, warum wir oft glauben, dass eine Symbiose die ideale Beziehung ist. Weil sie nicht selten den einen Zustand widerspiegelt, den wir als schön in unserem Unbewussten und unserem emotionalen Geflecht abgespeichert haben. Den Urzustand, den wir mit aus dem Mutterleib in die Welt tragen.

Bevor wir geboren werden, befinden wir uns in einer Symbiose mit unserer Mutter. Wir sind über die Nabelschnur mit ihr verbunden, über die wir mit allem versorgt werden, was wir brauchen. Nahrung und Sauerstoff. Aber wir sind vor allem umgeben von feuchter Wärme oder auch totaler Geborgenheit. An dieser Stelle klammern wir schwierige Mutterkonstellationen aus und nehmen eine Mutter an, die sich tatsächlich auf ihr Kind freut, ihm mit jedem Herzschlag sagt, dass es willkommen und geliebt ist. Dieser Zustand ist für uns das wahre Paradies. Völlige Sorglosigkeit, Dunkelheit, Wärme und Liebe. Aber dieser Zustand ist auch ein Sinnbild dafür, warum eine Symbiose nicht halten kann. Denn wenn wir uns entwickeln und wachsen, werden wir diese Situation früher oder später zwingend aufbrechen müssen. Wir müssen unweigerlich raus aus diesem engen Paradies.

Der Vorgang der Geburt ist für beide – Mutter und Kind – eine extrem heftige Erfahrung. Die Mutter hat unsägliche Schmerzen und das Kind erlebt tatsächlich Todesangst. Aber dieser Vorgang ist absolut notwendig, damit aus einer Einheit zwei Individuen werden, aus der Symbiose der sinnbildlich zwei Halben zwei individuell Ganze erwachsen können.

Wobei die Symbiose in den ersten etwa zwei Jahren nach der Geburt noch weiter aufrechterhalten bleibt. Auch wenn die Nabelschnur gekappt ist, bleiben Mutter und Kind zunächst in emotionaler Symbiose verbunden. Der Säugling begreift sich nicht als eigenständiges Wesen, sondern als Teil der Mutter.

»Ein Kind wird geboren, wenn es mit seiner Mutter keine Einheit mehr bildet und zu einer von ihr getrennten biologischen Größe

wird. Obwohl diese biologische Trennung den Anfang der individuellen menschlichen Existenz darstellt, bleibt das Kind doch, was seine Lebensfunktionen anbetrifft, noch ziemlich lange eine Einheit mit seiner Mutter.«, schreibt Erich Fromm in seinem Buch *Die Furcht vor der Freiheit*.

Erst dann, nach etwa zwei Jahren, beginnt sich das Kind zu lösen und eine eigenständige Identität zu entwickeln. Etwas, was es dadurch ausdrückt, dass es auf einmal nur noch »Ich, ich, ich« sagt. Oft genug wird das den Kindern immer noch als Egoismus ausgelegt, was selbstredend völliger Unsinn ist. In der Regel ist das auch spätestens der Zeitpunkt an dem die Erziehung, die Sozialisation anfängt, in deren Verlauf uns beigebacht wird, wie wir zu sein haben. Aber das nur am Rande.

Ganz sicher ist aber diese symbiotische Phase, dieses Paradies das, was wir uns zurück ersehnen und deswegen auch Grund genug, es als Beziehungsideal zu begreifen und zu formulieren. Die Zeit, in der in der Regel noch alles in Ordnung und – sehr wichtig – die Mutter *verfügbar* war, wenn wir sie brauchten oder wollten. Genau diese Verfügbarkeit wünschen wir uns in der Partnerschaft. Aber solange wir uns nach Symbiose sehnen, sehnen wir uns nach Abhängigkeit. Gleichgültig, wie sehr wir glauben, nach Liebe zu streben, ist unser eigentliches Ziel die symbiotische Abhängigkeit.

Die echte Liebe ist niemals eine Symbiose – sie ist eine Synthese. Sie kann erst entstehen, wenn beide *ganz* geworden sind und sich zumindest so weit entwickelt haben, um sich authentisch, aufrichtig und – wichtig – sowohl emotional als auch mental auf Augenhöhe begegnen zu können. Nur dann können beide auch miteinander wachsen, ohne sich zu behindern, sich dabei im Gegenteil unterstützen. Vor allem aber *können* beide erst dann Grenzen ziehen und ausdrücken, wenn sie soweit ganz geworden sind, dass sie sie spüren, wie auch deren Überschreitung.

Das ist ein weiterer Aspekt der Symbiose. In ihr *dürfen* die beiden Halben gar keine Grenzen haben. Sonst funktioniert das Ganze nicht mehr. Entsprechend übergriffig sind auch viele Beziehungen. Grenzen werden missachtet und verletzt, so sie denn überhaupt als solche spürbar sind. Respektlosigkeit ist in einer solchen Situation quasi vorprogrammiert.

In einer Synthese ist hingegen eine gleichberechtigte und gleichwürdige Kommunikation nicht nur möglich, sondern im Grunde unvermeidlich. Die Partner sind über das tief empfundene Gefühl miteinander verbunden, nicht durch Abhängigkeit und Zwang. Sie *brauchen* einander nicht, sondern empfinden es als Geschenk, gemeinsame Zeit zu gestalten und gemeinsam alles

auszuleben, was beide wollen. Aber sie haben auch kein Problem damit, wenn der Partner etwas für sich machen und Zeit mit anderen verbringen sowie neue Erfahrungen machen möchte.
So sehr in einer Symbiose die berechtigte Angst vorherrscht, das statische Konstrukt könnte Schaden nehmen und durch andere, außerhalb der Beziehung, in seiner Stabilität gefährdet werden, so sehr können Erfahrungen und Erlebnisse in einer Synthese als bereichernd und förderlich integriert werden.
Denn auch die Erwartung ist ein Resultat einer symbiotischen Haltung.
»Du darfst nur so oder so sein, damit ich bekomme, was ich brauche.« oder auch »Du darfst so oder so auf gar keinen Fall sein.«, sind implizite Forderungen, die als Ausdruck von Erwartungen an den anderen gestellt werden. Oft, ohne diese Erwartungen in Worten zu formulieren, sondern als stille, unterschwellige Botschaft. Oft habe ich von Vertretern beider Geschlechter gehört, sie hätten eben hohe Ansprüche und deswegen sei es so schwierig, den richtigen Partner zu finden. Das trifft es auch ziemlich gut. Denn der potenzielle Partner muss zunächst einen Anforderungskatalog erfüllen, den der Anforderer im Zweifel selbst nicht im Detail kennt, geschweige denn zu formulieren in der Lage ist – oder selbst zu erfüllen, was er vom anderen verlangt.
Vor allem die unbewussten Wünsche nach unbedingter Verfügbarkeit, die Hoffnung, jeden Wunsch von den Lippen abgelesen zu bekommen und erst gar nicht formulieren zu müssen. Nicht zuletzt, weil der Betreffende diese Wünsche im Zweifel gar nicht formulieren *kann*, da er sich selbst nicht kennt. In der Konsequenz kennt er seine Bedürfnisse sowie Wünsche ebenfalls nicht.
Das alles sind Spielarten der Symbiose.
In einer Synthese gibt es keine Forderungen, keine Erwartungen. Dort gibt es vor allem Raum und allenfalls endlose Neugier, den anderen zu erleben und zu erfahren, seine Gefühle, Gedanken, Wünsche, Träume und Ängste kennenzulernen – immer wieder neu kennenzulernen, da sich der Partner weiter entwickeln darf und wird.
Durch diese Freiheit ist echte Nähe möglich – weil sie im Raum zwischen zwei Ganzen entstehen darf, nicht kontrolliert werden muss, sondern sich stattdessen frei und kreativ entfalten sowie zugelassen werden kann. Und diese Nähe ist die Voraussetzung für echte Liebe.

Die Herausforderung

»Innerlich möchtest Du ständig andere dazu zwingen, Dich zu lieben. Der äußere Vorwand ist Anerkennung, doch letztlich willst Du die Menschen zwingen, Dich zu lieben, und erzwungene Liebe ist keine Liebe. Das Kind in Dir sieht das nicht.«

Eva Pierrakos, Bereit sein für die Liebe

Bevor wir uns ansehen, was wir dafür tun können, um unsere Beziehungserfahrungen zu ändern, müssen wir zunächst begreifen, aus welchen Gründen wir bislang nur die machen konnten, die wir gemacht haben. Wobei wir hier einem Phänomen begegnen, das sich auf so ziemlich allen Ebenen unserer Gesellschaft und unseres täglichen Lebens widerspiegelt:
Ein Problem, dessen Prinzip nicht verstanden ist, kann unmöglich gelöst werden.
Im Grunde eine bestechend klare und einfache Einsicht. Und doch kann man tagein, tagaus eine Menge Menschen dabei beobachten, wie sie Probleme zu lösen versuchen, die sie überhaupt nicht begreifen. Das reicht von den verzweifelten Unternehmungen, sich eine andere (künstliche, aber in jedem Fall fremde) Identität zuzulegen, sich über Ego-Prothesen vermeintlich aufwerten, bis hin zu den erfolglosen Versuchen, den aktuellen Liebesgefährten zum Wunschpartner verbiegen – oder besser – erziehen zu wollen. Was diese Versuche fundamental teilen ist, dass sie im Außen versuchen etwas zu verändern.
Und damit gehen sie an der eigentlichen Ursache zielsicher vorbei.

Noch nie haben ein neuer Haarschnitt, ein neues Auto, eine neue Handtasche oder gar ein neuer Partner eine Beziehungssituation verändert bzw. ein grundlegendes Problem gelöst.
Was diesen Versuchen weiterhin zugrunde liegt, sind Erwartungen – vor allem unausgesprochene Erwartungen.
Erwartungen, die als eine Art Qualifikations-Barometer dienen, wie gut der andere zu uns passt. Etwas, was Paul Watzlawik so treffend als *selbsterfüllende Prophezeiung* unter anderem in dem Titel eines seiner Bücher auf den Punkt gebracht hat. »Wenn Du mich lieben würdest, würdest Du gern Knoblauch essen.« Damit beschreibt er vortrefflich die Absurdität, die solchen Erwartungen zugrunde liegt. »Würdest Du nur dies oder jenes tun – anders tun, als Du es gerade tust – wären wir glücklich und wie für einander geschaffen.« Es sind Erwartungen dieser Art, die über vielen Beziehungssituationen schweben, wie das viel zitierte Damokles Schwert, ohne je mit einem einzigen Wort formuliert worden zu sein.
Aber abgesehen davon, dass unausgesprochene Erwartungen oder sogar Forderungen der sichere Tod jeder Beziehung sind, können sie in der Regel gar nicht erfüllt werden.

Beeindruckende Verleugnung

Wenn man den Menschen dann fragt, was genau ihn oder sie denn glücklich macht, bleibt die Antwort in den allermeisten Fällen aus. Die Person hat im Zweifel nicht die geringste Ahnung, was sie wirklich glücklich macht. Was sie im ersten Schritt möchte, sich vom anderen wünscht, ist, sie von dem schlechten Gefühl zu befreien, das sie für sich selbst in sich trägt. Der bereits erwähnte, in uns steckende Stachel, der bei jeder Gelegenheit, bei der kleinsten Bewegung auf sich aufmerksam macht und schmerzt. Einer der Gründe, warum sich die meisten Menschen in einer Art mentaler und emotionaler Schonhaltung bzw. Bewegungslosigkeit befinden. So, als ob man sich den Fuß verstaucht hat und nun humpelt, um bloß nicht die schmerzende Stelle spüren zu müssen. Um aber zu wissen, was uns wirklich glücklich macht, müssten wir uns zunächst selbst kennen. *Wirklich* kennen. Eine Verbindung zu uns und unserem Inneren haben. Und genau da wird es oft schon schwierig. Das Kennen der eigenen Person erfordert, sich mit sich selbst zu beschäftigen und intensiv auseinander zu setzen. Genau das verhindern die meisten Menschen mit allen ihnen zu Gebote stehenden und allseits angebotenen Mitteln. Sie finden hierfür ein geradezu fantastisches Arsenal an Möglichkeiten.

Das mediale Angebot hat ohne jeden Zweifel seinen Zenit erreicht und bietet so viele Variationen, dass wir nur noch den Finger ausstrecken und wählen brauchen. Oft zum Nulltarif. Im Grunde eine Art Schlaraffenland. Besonders die mobilen Geräte sind inzwischen eine wundervolle Möglichkeit, sich permanent beschäftigt zu halten und von sich selbst abzulenken.

Heute jemanden im normalen Leben kennenlernen? Keine Chance. Es sei denn, man erdreistet sich, jemanden aus seiner medialen Trance zu reißen, beim Whatsapp-Schreiben oder Pokemon Go Spielen zu stören. Möglichkeiten, die erschreckend breitflächig und willig angenommen werden. Und das, obwohl es Studien gibt, dass sich die meisten Singles wünschen, ihren Traumpartner im Supermarkt an der Kasse kennenzulernen. In der Realität sind die Menschen aber so hypnotisiert von ihrem Mobiltelefon, dass eine Begegnung nur stattfinden kann, wenn sie beim Tippen aus Versehen gegeneinander rumpeln. Wenn sie sich dann nicht nur empört angiften, ob der jähen, ungewollten Unterbrechung, ist vielleicht ein Kennenlernen möglich. Vielleicht.

Aber da sich die Menschen ohnehin selbst nicht kennen, können sie sich auch nicht wirklich begegnen und gegenseitig kennenlernen. Sie versuchen sich zu inszenieren, sich möglichst so zu geben und zu zeigen, wie sie glauben, dass es andere von ihnen erwarten. Sie versuchen sich zu verkaufen.

Je nachdem, wie nahe eine Person den gerade angesagten Idealen hierbei kommt, ist dieser Deal mehr oder weniger erfolgreich. Hierbei schafft sie es, den gewünschten Eindruck zu machen und so lange aufrecht zu erhalten, wie sich die eigene Person unterdrücken lässt. Aber die Fassade muss zwangsläufig bröckeln. Früher oder später. Und die Wahrheit darunter ist in der Regel eine herbe Ernüchterung.

Das sind die *normalen* Beziehungssituationen, in denen sich die Partner am Anfang schwer ins Zeug legen, es vielleicht sogar schaffen zu beeindrucken, aber unweigerlich die Maske fallen lassen und sich so zeigen müssen, wie und wer sie gerade sind, wenn ihnen unvermeidlich die Puste ausgeht. Nicht selten ist das auch schon das Ende der Beziehung, weil das Gegenüber eine andere Person vor sich sieht und sich zu Recht fragt, warum sie sich so verändert hat. Die Geschichte von Dr. Jekyll and Mr. Hide.

Doch warum schaffen wir es nicht, uns so zu zeigen, wie wir sind? Was macht es uns so schwer, authentisch zu sein?

Warum ist es so viel attraktiver, uns als etwas darzustellen, was wir eigentlich nicht sind?
Die Antworten auf diese Fragen sind das, was uns auf den folgenden Seiten beschäftigen wird. Sie sind essenziell, wenn wir aus diesen immer wieder erlebten Situationen erwachsen und neue Erfahrungen machen wollen. Wenn wir endlich einem Menschen *wirklich* begegnen und in einen Zauber eintauchen wollen, der sich nicht nach ein paar Wochen in einen schlechten Witz verwandelt, sondern dessen Glanz bleibt und sogar heller wird, mit jedem Bisschen, das wir vom anderen kennenlernen dürfen:

Fundamentale Fallstricke

Auf meinem Weg haben sich ein paar sehr einfache Gleichungen als immer wieder wahr und zutreffend herausgestellt.

- Wenn wir jemandem wirklich begegnen wollen, müssen wir uns erst selbst begegnen
- Wenn wir uns anderen zeigen wollen, müssen wir uns zunächst wirklich kennen
- Wenn wir mit einem anderen in Beziehung gehen wollen, brauchen wir zunächst eine Beziehung zu uns selbst
- Wenn wir von anderen respektiert werden wollen, müssen wir uns erst selbst respektieren
- Wenn wir echte Nähe zu einem anderen wünschen, brauchen wir zunächst die Nähe zu uns selbst
- Wenn wir jemand anderem vertrauen wollen – als essenzielle Grundlage für Nähe und Liebe – müssen wir uns zunächst selbst vertrauen, unserem Gefühl (für uns selbst) und unseren Entscheidungen – also *Selbstvertrauen* im wörtlichen Sinne entwickeln
- Wenn wir einen anderen lieben und von ihm geliebt werden wollen, müssen wir uns zuerst selbst lieben

Solange diese Voraussetzungen nicht gegeben sind, können wir uns noch so viele Partner suchen: wir werden immer wieder scheitern, weil wir im Wesentlichen immer aufs Neue dieselben

Beziehungserfahrungen wiederholen.
Und solange wir uns nicht zeigen wie wir sind, geben wir unserem Gegenüber keine Chance, auf uns einzugehen. Weil es im Zweifel nicht wissen *kann*, wer wir sind, was uns guttut und was uns verletzt.
Da wir uns in der Regel aber selbst nicht kennen, können wir Bedürfnisse und Gefühle nicht genau identifizieren, in Worten formulieren und entsprechend auch nicht ausdrücken. Somit muss es für einen Partner ein hoffnungsloses Ratespiel bleiben, sie erfüllen zu wollen – selbst wenn er oder sie das möchte. Da der Partner aber im Zweifel selbst nicht minder bedürftig und unreflektiert ist, wird daraus ein Teufelskreislauf. Auch der Partner erwartet, glücklich gemacht zu werden. In der Regel mündet das zunächst in Unzufriedenheit, dann in Streits – die nicht selten wie aus dem Nichts zu kommen scheinen – und am Ende im Aus der Beziehung.
Und genau weil wir unsere Bedürfnisse nicht exakt identifizieren können, ist es oft auch unmöglich, präzise zu formulieren, warum wir uns schlecht fühlen, enttäuscht werden und wir in der Weise reagieren, in der wir es tun. Das sind dann auch die Streitsituationen, die durch Ereignisse entstehen, die – nüchtern betrachtet – völlig belanglos sind. Sie treffen einen wunden Punkt – meist aus unserer Vergangenheit mitgebracht – den wir nicht klar benennen können, werden wir danach gefragt.
So, wie wir diese wunden Punkte nicht identifizieren und benennen können, können wir auch unsere Gefühle nicht ausdrücken. Schon gar nicht präzise. Wir spüren im Zweifel nur, dass es sich irgendwie nicht gut anfühlt, wünschen uns, jemand möge dafür sorgen, dass wir uns *endlich* gut, in jedem Fall aber besser fühlen.
Genau *das* soll unser Partner leisten, ohne, dass wir im Detail wissen, was er dafür tun müsste. Aber selbst wenn ein Partner uns liebevoll behandelt, uns die Liebe zu geben bereit ist, die wir uns wünschen, können wir sie im Zweifel gar nicht annehmen. Wir halten sie gar nicht aus, solange wir uns nicht selbst lieben, fühlen uns nicht wertvoll genug und müssen das, was wir uns so sehr wünschen, letztlich abwehren. Denn die Liebe und Nähe eines anderen können wir nur *ertragen*, wenn wir uns selbst nahe sind und uns selbst lieben.
Dass wir dabei in der Regel in Mustern gefangen sind, von deren Existenz wir nicht einmal wissen, macht das Ganze zusätzlich schwer. Oft glauben wir aus tiefer Überzeugung, dass wir die Dinge tun, weil wir sie tun möchten, ohne bewusst zu merken, dass wir nur ein erlerntes Programm ausführen. Ziemlich tückisch.

Wir wissen im Zweifel nicht, warum wir wie reagieren. Wir spulen eine als Überlebensmechanismus entwickelte Reaktion ab, die mit der aktuellen Situation nur wenig zu tun hat, wenn überhaupt.

Überlebensphysiognomie

Ein Grund für Reaktionen dieser Art ist, wie unser Gehirn strukturell funktioniert.

Wir speichern verletzende Situationen, denen wir in unserer Kindheit ausgesetzt sind, zusammen mit der Reaktion, die wir für diese Situation entwickeln und – sehr wichtig! – dem Gefühl, das wir in ihr erleben, als einen integrierten Datensatz im Gehirn ab.

Jedes Mal, wenn wir in dieselbe oder eine ähnliche Situation kommen, wird dieser Datensatz abgerufen. Wir reagieren, wie wir es damals als Überlebensmechanismus entwickelt haben und – wieder ganz wichtig! – *fühlen das Gefühl* dieser vergangenen Situation. Ein Gefühl, das im Zweifel mehrere Jahrzehnte alt sein kann. Unser Gegenüber sieht sich nicht selten einer Situation und Reaktion ausgesetzt, von der es keine Ahnung, womit es das verdient hat.

Aber solche Reaktionen sind kein böser Wille von uns oder einfach nur, wie es so schön besonders bei Frauen heißt, Zickigkeit. Sie sind ein Spiegel unaufgelöster Muster. Die Person weiß im Zweifel nicht, warum sie so reagiert, ist ihrem Affekt selbst hilflos ausgeliefert und kann hinterher nicht mehr wirklich erklären, warum sie so reagieren musste. Erklären natürlich ohnehin nur, wenn nach einer solchen Situation eine intensive und auf Erkenntnis abzielende Auseinandersetzung stattfindet – was die absolute Ausnahme ist.

Die Regel ist, dass die Themen so lange wie möglich tot geschwiegen oder trivialisiert werden. Oder es kommt direkt beim ersten Zusammenstoß dieser Art zur Trennung, in der Hoffnung, beim nächsten Partner wird alles besser.

Das Problem ist, dass wir unser eigentliches Muster nicht sehen *können*, solange wir unbewusst und in ihm gefangen sind. Dabei ist das *Prinzip* des Problems, von dem wir hier sprechen werden, recht einfach – die *Umsetzung* seiner Lösung hingegen nicht mehr ganz so unkompliziert. Aber durchaus machbar.

Dazu müssen wir uns *nur* mit einem Bereich beschäftigen, den wir normal meiden, wie der Teufel das Weihwasser: unserem Inneren. Auch für mich war es erforderlich, dass ich mich mit Bereichen in meinem Leben beschäftigte, mit denen ich mich bislang nicht wirklich beschäftigen wollte und in denen ich mich folglich auch nicht wirklich gut auskannte. Das ist eben ziemlich typisch bzw. symptomatisch für das Problem. Doch bevor wir uns dieses Problem näher ansehen, ist es wichtig, dessen Gründe zu verstehen.

Noch wichtiger aber ist es zunächst zu verstehen, dass uns diese Situation nicht bewertet, nicht zu *schlechten* oder *dummen* Menschen macht. Vielmehr zeigt sie uns, dass wir hilflos, oft verzweifelt und den Defiziten, die wir aus unserer Kindheit mitbringen, wehrlos ausgeliefert sind.

Jeder Mensch ist zu jedem Zeitpunkt das Beste, was er sein kann. Ungeachtet, wie wenig entwickelt er tatsächlich ist. Auch die Menschen, die in ihren kleinkindlichen Mustern gefangen sind, versuchen so tapfer und gut wie möglich, ihren Weg zu gehen und ihren Alltag zu meistern. Dass sie dabei oft scheitern und vor ihren Herausforderungen stehen, wie vor einer unlösbaren Rechenaufgabe, macht sie weder dumm, noch schlecht. Selbst wenn sie versuchen davonzulaufen, zu verdrängen und Angst vor ihrer eigenen Realität haben, bewertet sie das nicht negativ. Wir versuchen immer so gut wir es können mit unserem Leben umzugehen. Dass das bei vielen nicht sonderlich von Erfolg und schon gar nicht von dem Gefühl des Glücklichseins gekrönt ist, stellt sich bei näherem Betrachten nicht einfach als Unfähigkeit oder gar Dummheit heraus, wie es gerne reflexartig behauptet wird. Es ist vielmehr das logische Ergebnis einer grundlegenden Fehlentwicklung.

Angst als Schutzschild

Auch die Angst, die wir davor haben, uns selbst zu begegnen, macht uns nicht schwach.

Angst ist ebenfalls ein Überlebensmechanismus, den wir entwickelt haben, um uns vor den Verletzungen zu schützen, denen wir ausgesetzt waren und in Teilen immer noch sind. Verletzungen, die wir in unseren Beziehungen wiederholen müssen, um sie auflösen zu können. Die Angst möchte uns helfen, nicht gar so arg verletzt zu werden. Sie steckt im Kopf und ist der Warnmechanismus, uns von Situationen fern zu halten, in denen wir Schmerz finden. Aber der Kopf – so scharf der Verstand auch sein mag – wird

uns im Zweifel immer wieder genau in diese Situationen lenken, in denen wir alte Muster wiederholen und ergo verletzt werden. Auch oder gerade weil er das eigentlich nicht will. Eine klassische, selbsterfüllende Prophezeiung.
Der Schmerz ist leider unausweichlich, wenn wir den Mut zu haben beginnen, uns mit unseren Themen zu beschäftigen. Er ist der Weg, der in unser Inneres und letztlich dahin führt, wo wir hin möchten. Unser Verstand versucht uns hiervor zu beschützen. Die Angst ist hierbei sein Werkzeug. Sie hat das Ziel, alles zu vermeiden, uns vor dem zu schützen, was uns potenziell wehtut. Aber in dem Maße, wie uns Angst und Verstand vor dem *Schlechten* schützen wollen, schützen sie uns auch vor dem, was gut für uns ist.
Wir können uns unsere Angst vorstellen, wie ein Schwert, das wir in der Hand tragen. Das Schwert dient uns zur Verteidigung. Solange wir uns aber schützen und mit diesem Schwert verteidigen müssen, sind wir am Kämpfen. Unser Ziel aber ist es, so sehr zu uns selbst zu finden, dass unser Herz die Führung übernehmen darf und wir das Schwert auf den Boden legen können – aufhören zu kämpfen. Denn in der Regel kämpfen wir vor allem gegen uns selbst.
Ein Kampf, den wir nicht gewinnen können. Gleichgültig, welcher Teil in uns gewinnt – ein anderer verliert. Nicht selten verletzen wir uns unbewusst selbst, bevor es jemand anderes tun kann und vor allem, um die zu schützen, die uns tiefe Wunden zugefügt haben. Wir opfern uns lieber selbst, bevor wir die Verursacher zur Rechenschaft ziehen.
Die Angst ist für uns ein wichtiger Wegweiser. Die Situationen, vor denen wir Angst haben, sind *exakt die*, denen wir uns stellen müssen. Genau die Situationen, die uns Angst bereiten, sind die, in denen wir wichtige Antworten finden können und uns selbst begegnen. Aber auch den Verursachern, die wir zunächst schützen müssen.
Es ist – nochmal – sehr wichtig zu sehen, dass uns all das nicht schlecht, dumm oder schwach sein lässt. Es stellt uns vor die Herausforderung, die Mechanismen sowie die Bedürfnisse, die diesen Mechanismen zugrunde liegen, und die Gründe für diese Bedürfnisse zu verstehen, um sie dann auflösen zu können.

Schuld vs. Verantwortung

Die Differenzierung der beiden Worte *Schuld* und *Verantwortung* ist ein wichtiger Schritt auf dem Weg in die Heilung. Sie werden gerne equivalent verwendet, obwohl sie etwas sehr Unterschiedliches ausdrücken – ähnlich wie die Vermengung von effizient und effektiv.

Wir haben keinerlei Schuld daran, was uns im Rahmen unserer Sozialisation widerfahren ist und somit auch nicht an dem Entwicklungsstand, auf dem wir uns befinden. Unsere gesamte gesellschaftliche und soziokulturelle Struktur ist darauf ausgerichtet, dass wir uns gar nicht anders und vor allem nicht weiterentwickeln *können*. Nicht zuletzt unser engstes, soziales Umfeld – allem voran unsere Eltern – sorgen dafür, dass wir uns genauso entwickeln müssen.

Die Familie ist hierbei das kleinste, uns bekannte System.

Ein statisches System – vergleichbar mit einem Kartenhaus. Dieses System funktioniert nur, wenn jede Karte an ihrem Platz ist und tut, was von ihr erwartet wird. Fängt sich eine Karte an zu entwickeln – hat also der Mensch den Mut, sich auf den Weg zu begeben, um an sich zu arbeiten und seine Muster aufzulösen – gerät dieses Kartenhaus unweigerlich ins Wanken, weil sich ein Bestandteil daraus zu lösen beginnt. Die natürliche Reaktion der restlichen Karten – oder auch Familienmitglieder – ist, die Karte mit allen Kräften wieder an ihren Platz zurückzuschieben.

Hierzu werden uns im Verlaufe unseres Großwerdens mentale und emotionale Knöpfe installiert. Knöpfe, auf die unsere vor allem Eltern, manchmal auch Geschwister, im Bedarfsfall drücken können. Einer dieser Knöpfe ist ein schlechtes Gewissen. Wenn wir uns drohen zu entwickeln, bekommen wir von allen Seiten ein schlechtes Gewissen eingeredet, mit dem unbewussten Ziel, dass wir uns richtig schlecht dabei fühlen, es zu wagen, in einen Wachstumsprozess zu gehen.

Warum?

Zunächst, weil alle instinktiv spüren, dass eine solche Veränderung das Kartenhaus unweigerlich zum Einsturz bringen und die restlichen Karten dazu zwingen wird, sich neu zu positionieren. Das will niemand. Unter keinen Umständen. Ungeachtet der Tatsache, wie unglücklich sich alle in diesem Kartenhaus fühlen. Viel schlimmer aber ist, dass der oder die sich Entwickelnde den übrigen Angehörigen mit der beginnenden Veränderung den Spiegel vor die Nase hält, dass sie selbst sich nicht verändern. Und sie fühlen dabei, wie falsch das ist. Genau *das* wollen sie aber weder sehen, noch fühlen. Es soll alles so weiterlaufen wie bisher – gleichgültig wie furchtbar es empfunden wird.

Der Mensch, der sich zu entwickeln beginnt, wird unweigerlich mit

seinem Schmerz und seiner Verletztheit in Berührung kommen und beginnen, sie auszudrücken. Aber mit jeder Verletzung, die er ausdrückt, einfach nur, um sich ihrer bewusst zu werden, hält der sich Entwickelnde den anderen ihre eigenen Verletzungen vor Augen, die diese aber nicht sehen können und/oder wollen. Etwas, was sie unter gar keinen Umständen zulassen können.
Die natürliche, reflexartige Reaktion ist, diejenige Person, die sich entwickeln möchte, anzuklagen und nach Kräften zu behindern. Mit Aussagen von der Qualität wie etwa: »Man muss sich auch mal zusammenreißen.« oder »Stell' Dich mal nicht so an und verhalte Dich endlich wieder normal.« versuchen sie dem Veränderungswilligen zu zeigen, wie abartig er ist und wie unnormal. Wie gesagt: der Knopf *Schlechtes Gewissen*.
Auch sie machen das nicht mit böser Absicht. Sie verteidigen nur ihre eigenen, unaufgearbeiteten Muster und geben sie so im Zweifel weiter. Unbewusst. Als ein emotionales Erbe. Das Tragische ist, dass sie hierdurch – ohne es zu wollen – zu Tätern werden. Auch sie haben an ihrem Zustand keine *Schuld*. Aber jetzt kommen wir zu dem zweiten Wort in diesem Kontext: *Verantwortung*.
Auch wenn ich keine *Schuld* an dem habe, was mir widerfahren ist und mich in bestimmte Muster sowie aus ihnen resultierende Verhaltensweisen gezwungen hat, so behalte ich uneingeschränkt die *Verantwortung*, mich zu entwickeln und diese Muster aufzulösen.
Tue ich das nicht, werde ich unweigerlich ebenfalls zu einem Täter – wenn auch sicher nicht mit böser Absicht. Das wird besonders dramatisch, wenn ich Kinder habe und meine unaufgearbeiteten Muster auf sie übertrage. Genau *das* haben unsere Eltern mit uns gemacht und machen es weiter, solange wir es zulassen.
Aber aus welchem Grund vermeiden so viele Männer und Frauen die Beschäftigung mit ihrer Person?
Die Antwort ist sehr einfach. Weil sie sich Erlebnisse und deren Wirkungen ansehen müssten, die sie sich bisher betont nicht ansehen *wollten* – wobei das kein bewusster Vorgang ist, sondern nur eine Ahnung ... weil sie nicht aufhören können, vor bestimmten Erkenntnissen davonzulaufen ... weil sie nicht stehen bleiben und sich der Gefahr des Unkontrollierbaren aussetzen wollen. Herausforderungen, die sie bisher mit allen Kräften vermieden und so gut es geht verdrängt bzw. betäubt haben.
Aber wer versucht vor sich selbst davon zu laufen, muss früher oder später feststellen, dass die eigenen Themen und Muster immer schneller sind. Das eigene Spiegelbild bleibt immer dasselbe, wie sehr wir auch versuchen, den Spiegel zu verändern.

Ich finde es tragisch zu sehen, wie sehr die Menschen bemüht sind, an dem festzuhalten, was sie kennen und dabei oft sehr darunter leiden. Wie sehr sie sich betont nicht verändern und immer wieder darüber erstaunt sind, dass alles so bleibt, wie es ist. Auch das ist eine dieser Erwartungen an wen auch immer, dafür zu sorgen, dass sich etwas ändert, es endlich gut wird. In jedem Fall aber besser als bisher. Am liebsten, ohne selbst etwas dafür tun oder bei sich ändern zu müssen.
Aber es ist ein zwingender Schritt, den Mut zu haben, Verantwortung für uns selbst zu übernehmen, wenn wir unsere Muster verstehen und auflösen wollen, um emotional zu wachsen und in einen Zustand zu kommen, in dem wir völlig neue und schöne Beziehungserfahrungen machen können.

Zusammenfassung

Das Problem, dem wir uns stellen müssen, wenn wir die mutige Entscheidung treffen, in einen persönlichen Wachstumsprozess zu gehen ist, dass wir uns mit dieser Entscheidung zunächst keine Freunde machen. Das ist nicht einfach auszuhalten, weil wir uns alle das Gefühl des angenommen Seins wünschen. Besonders von denen, die uns am nächsten stehen.
Die große Herausforderung ist es auszuhalten, dass es vor allem diese uns am nächsten Stehenden sind, die uns ablehnen und auf unserem Weg behindern müssen. Nicht aus bösem Willen, sondern aus instinktivem Selbstschutz.
Es braucht viel Mut und Entschlossenheit, sich den eigenen Themen zu stellen, der eigenen Verletzlichkeit und den Schmerzen, die wir in uns tragen, zu begegnen und sie auszudrücken – ungeachtet der Konsequenzen.
Dabei ist es wichtig zu lernen, Begrifflichkeiten zu differenzieren, um so in die Heilung zu kommen, uns aus der Opfer-Position zu lösen und ein inneres, emotionales Wachstum zu ermöglichen.
Ich wünsche jedem Menschen den Mut, diesen Schritt zu gehen – egal, wie viele Widerstände sich dieser Entscheidung und diesem Schritt in den Weg stellen.

Der Geschlechter-kampf

»Der Besitz von Dingen und Lebewesen wird, so verspricht es uns die Gesinnung unserer Kultur, uns Sicherheit bringen. Tatsächlich aber trennen uns die daraus entstehenden zahlreichen künstlichen Bedürfnisse nur noch mehr von uns selbst.«

Arno Gruen, Verrat am Selbst

Ein Terminus, der mir oft auf meinem Weg begegnet ist –
Geschlechterkampf.

Ein Sinnbild für blanken Unsinn. Absurd. Für mein Empfinden pervers. In keiner Weise argumentativ haltbar und auf ganzer Linie kontraproduktiv. Dennoch real existent. Und damit soziokultureller Ausdruck des krankhaften Selbstbildes, das unser abendländischer Kulturkreis vor etwa zehntausend Jahren entwickelt und nicht zuletzt in seinen Religionen tief verankert hat.

»Und selbst wenn sie dröge geschrieben sind, finden sich Männer und Frauen in ihren jeweiligen Beobachtungen, Bewertungen und Vorurteilen über die Beschränktheiten des jeweils anderen Geschlechts in der Mehrzahl doch irgendwie bestätigt. Und das erzeugt ja auch ein gutes Gefühl.«, schreibt Gerald Hüther in seinem Buch *Männer*.

Was genau aber entsteht, wenn sich zwei Prinzipien – das männliche und das weibliche Prinzip –, die sich gegenseitig bedingen und nur *miteinander* glücklich werden können, bekämpfen?

Zumindest ganz sicher nicht das Erhoffte.

Der Geschlechterkampf ist *das* Sinnbild für die völlige Hilflosigkeit, der wir in Beziehungsfragen in der Regel ausgeliefert sind. Ein

Ausdruck, wie gefangen wir in unseren Mustern sind, deren Symptome wir ausleben, ohne auch nur eine Ahnung von ihrer Existenz zu haben, geschweige denn, wie wir sie auflösen können. Wobei die Frauen in diesem Kampf auf dem Vormarsch zu sein und ihre männlichen Gegner kräftig einzuschüchtern scheinen. Scheinen deswegen, weil das vor allem in der medialen Wahrnehmung und bei der jungen Frauengeneration sichtbar ist. Mit krassen, verletzenden oder zumindest abgebrühten Sprüchen zeigen sie den männlichen Vertretern, wo der Hammer hängt. Diese versuchen ihrerseits zu kontern und sich durch noch mehr Muckis, abgedroschenes Vokabular und Checker-Inszenierung zumindest als stark und unangreifbar zu zeigen. Was plakativ in Hip-Hop Songs und Videos gipfelt, in denen die Frau von einem halbstarken Würstchen zur billigen Schlampe degradiert wird. Stehen diese Jungs einer solchen Frau im realen Leben leibhaftig gegenüber, bringen sie höchstwahrscheinlich keinen Mucks heraus.

Auch in Filminszenierungen hat sich das Bild gewandelt.

Die Frauen werden als stark, selbstbewusst, gewaltbereit und – auch im wörtlichen Sinne – schlagfertig gezeigt, die aber im Zweifel den stärkeren Helden brauchen, um ihre Mission zu erfüllen oder zu überleben.

Im realen Leben hingegen sind überwiegend noch Relikte des alten Rollenbildes sichtbar. Die Männer unterdrücken oder dominieren die Frauen nach wie vor, mehr oder weniger subtil. Daran hat auch die Emanzipation nichts ändern können. Nur, dass sich die Frauen heute laut beklagen können und erzwungener Beischlaf in der Ehe sowie das Schlagen von Frauen inzwischen zumindest strafbare Delikte sind. Die Übergriffe hingegen – ob durch Männer oder Frauen – sind, wenn überhaupt, nur unwesentlich zurückgegangen. Auch wenn sie heute andere Formen angenommen haben.

Eine Form, in der sich dieser obskure Geschlechterkampf auch ausdrückt, sind so genannte Flirt-Regeln. Wann darf man sich nach dem ersten Date melden, um interessant zu wirken? Wie viel Wertschätzung darf man dem anderen geben, ohne dabei zu viel Boden zu verlieren? Wann darf ich wie viel Gefühl zeigen, um den anderen entweder nicht zu überfordern oder meinen Wert zu sehr nach unten zu schrauben?

Auch hier verdienen sich Autoren für Flirt-Ratgeber sowie Frauen- und Männermagazine eine goldene Nase, unablässig Tipps und Tricks gebend, die den sicheren Weg zu einem passenden Partner und die Eintrittskarte in eine glückliche, aber vor allem *beständige* Partnerschaft verheißen.

All diesen Maßnahmen liegt die Hoffnung zugrunde, dass wir uns nur richtig genug verhalten müssen, damit es endlich klappt mit dem Traumpartner. Oder anders ausgedrückt: sie vermitteln die Illusion, diesen Vorgang *kontrollieren*, nach den eigenen Wünschen gestalten zu können, indem wir im Umgang mit dem erwählten Menschen alles richtig, in jedem Fall richtiger als bisher machen.

An dieser Stelle erscheint es mir sehr zweckdienlich, einige Hintergründe zu beleuchten. Sie sind nicht nur Ursache des Geschlechterkampfes selbst, sondern so ziemlich aller Probleme unserer Welt. Sie zu verstehen ist, meiner Erfahrung nach, ein wichtiger Meilenstein, um auch die eigenen Themen anders einsortieren zu können. Gleichgültig, ob als Mann oder Frau.

Was mir wichtig ist zu betonen: es geht auch hier nicht um eine Bewertung.

Weder Frauen noch Männer sind besser oder schlechter. Aber ihr Umgang mit sich selbst sowie gegenseitig ist unverändert unglücklich und somit Grund für die schwierigen Beziehungskonstellationen, die nun mal nach wie vor die absolute Regel sind, nicht die Ausnahme. Wie bereits gesagt, müssen wir die Probleme wirklich verstehen, wenn wir sie lösen wollen.

Das schwächere Geschlecht

Seit ich ein Junge bin, ist mir immer wieder begegnet, dass die Frau schwächer sei als der Mann. Dass der Mann der Frau haushoch überlegeben ist. An körperlicher Stärke ebenso, wie an Tat- und Entschlusskraft. An Vernunft sowieso und vor allem an Rationalität. Wir sind die Macher, die Checker. Die Frauen *brauchen* uns. Als Versorger, als Väter, als den entscheidenden Faktor für Überleben und persönliches Glück.

Eine komfortable Position, wenn man im Begriff ist, ein Mann zu werden. Ob in Filmen, Liedern oder in Sprache allgemein: es ist klar, dass die Frau uns – den Männern – nicht das Wasser reichen kann.

Was nicht das Geringste daran änderte, dass ich mir oft bei Mädchen und später jungen oder älteren Frauen so erbärmlich klein und schwach vorkam. Auch das Getue meiner Mitschüler, das sich Aufplustern und in Szene setzen, ließen bei mir, neben einem peinlichen, auch das Gefühl zurück, dass an diesem Bild

etwas nicht stimmte.
Noch viele Jahre konnte ich dieses Gefühl nicht auflösen.
Auch die zunächst jungen und dann immer älter werdenden Männer um mich herum ließen bei mir nicht das Gefühl zurück, sie seien sonderlich überlegen. Im Gegenteil sind mir viele Situationen begegnet, in denen ich diese Überlegenheit immer wieder vermisste, mir ernsthaft die Frage stellen musste, warum zum Geier sich diese Typen so zum Affen machten. Bevorzugt, wenn Frauen anwesend waren. Das Gebaren bewegte sich für mein Empfinden oft an der Ertragensgrenze. Aber offensichtlich war ich der Einzige, der das so sah. Sowohl Männer, als auch Frauen schienen das anders zu erleben. Denn immerhin kamen diese Äffchen an. Ganz im Gegenteil zu mir. Insgeheim beneidete ich sie, denn sie schafften etwas, was ich noch lange Jahre nicht schaffen sollte: sie bekamen die Frauen herum.
Ich dachte immer wieder, es seien nur meine persönliche Unzulänglichkeit, meine eigene Unentwickeltheit und meine Themen bzw. Muster, die mich immer wieder in dieses Gefühl zwangen, klein und schwach, in jedem Fall aber nicht genug zu sein. Teilweise empfand ich pure Panik, wenn ich eine Frau sah, die mir so richtig gut gefiel. Besonders, wenn sie mir ihrerseits spiegelte, dass sie mich auch gut fand, an mir interessiert war. So sehr ich mir wünschte, sie zu erreichen, sie kennenzulernen und gegebenenfalls zu erobern, so wenig war ich in der Lage, mich ihr und der Situation zu stellen.
Ich war nicht in der Lage, mich mir selbst und dem Gefühl zu stellen, das eine solche Frau in mir auslöste.
Bis mir irgendwann dämmerte, dass das nicht bloß mein eigenes, kleines, privates Problemchen, sondern eine kulturübergreifende Erscheinung ist. Auch wenn sie sich unterschiedlich darstellt und in verschiedenen Ausprägungen ausgelebt wird. Was sich von einer dumpfen Ahnung zu einer zunächst persönlichen Einsicht entwickelte, wurde durch diverse Recherchen zu einer umfassenden Erkenntnis.
Nicht die Frau ist das schwächere Geschlecht, sondern der Mann ... also ... ich.
Für eine Schrecksekunde fühlte ich mich von diesem Gedanken und dem Gefühl, das dieses in mir auslöste, bedroht, um danach ein unbeschreibliches Gefühl der Befreiung empfinden zu dürfen. Meine Angst war nicht bloß das ultimative Zeugnis dafür, dass ich eine Memme war. Unmännlich und dem omnipräsenten Stigma ausgeliefert, ein Schwächling zu sein. Sie war die Konsequenz einer pathologischen Veranlagung. Einer pathologischen Veranlagung,

die bei den Äffchen dafür sorgt, laut sein und sich aufplustern zu müssen. Bei mir drückte sie sich komplementär in Schüchternheit, Angst und Stille aus.
»Sie sind somit von Anfang an das in Bezug auf ihre biologische Konstitution schwächere Geschlecht. Männliche Embryonen sterben deshalb auch schneller ab, gibt es während der Embryonalentwicklung irgendwelche Schwierigkeiten.«, schreibt Gerald Hüther in seinem Buch *Männer*.
Ich durfte dann zunehmend erleben, dass in der Anerkennung dieser vermeintlichen Schwäche, meine eigentliche Stärke lag.
Die Last zu beschreiben, die mir in diesem Moment von meinen Schultern glitt, ist mir selbst mit meiner inzwischen entwickelten Wortgewandtheit nicht möglich. Es war in jedem Fall ein unbeschreibliches Gefühl der Befreiung. Denn ich begriff, dass ich nicht mehr stark sein muss. Im Gegenteil, das Eingestehen meiner Schwäche und meines unterlegen Seins meine eigentlichen Stärken waren und seither sind. Wobei es sich gar nicht um Schwäche oder unterlegen Sein im wörtlichen Sinne handelt. Vielmehr handelt es sich um das Loslassen einer Idee des besser und stärker sein *Müssens*. Um das Verabschieden des Zwangs, mich in der Wahrnehmung der Welt um mich herum – besonders in der für mich attraktiver Frauen – beweisen und als patent darstellen zu müssen.
Im Gegenteil durfte ich seither immer mehr, tiefer und eindringlicher begreifen sowie fühlen, dass der fragwürdige Versuch, stark zu wirken, unangreifbar – ja unverwundbar – nur ein unglücklicher Kleinjungentraum ist. Das Vorbild unzähliger Action-Helden, die über die Leinwand wüten, hinter sich eine Spur aus Gewalt, Blut und Tod herziehend. Oft selbst am Rande des Todes, verwundet, blutverschmiert, aber jeder Herausforderung trotzend und – sehr wichtig – ein strahlender Held, nicht selten die Belohnung in Form der Liebe einer wunderschönen Frau bekommend.
Und da sind wir auch schon beim Kern der Betrachtung angekommen.
Wenn wir ganz ehrlich sind, gibt es nichts Wichtigeres für uns, als die Anerkennung und Liebe der einen Frau, die uns endlos verzaubert und uns in die Wehrlosigkeit schickt. Wenn wir noch ehrlicher sind, ist es genau diese eine Frau, die dafür sorgt, dass wir die Hose zum Bersten voll haben. Im Falle von Homosexuellen wage ich mich zu behaupten, dass sich das Wort *Frau* einfach durch *Mann* ersetzen lässt. Das Prinzip ist dasselbe. Was wir empfinden, wenn wir dieser einen Frau begegnen, ist das, worauf ich in diesem Kapitel hinaus möchte.

Angst.
Unsicherheit.

...zum Teil auch Scham.

Das ist übrigens bei Machos und Aufreißern auch nicht anders. Sie gehen nur anders damit um. Das latent Aggressive, Unterdrückende und Dominierende ist nichts anderes als ein Ausdruck von Angst und Unterlegenheit. Ich muss nur aggressiv reagieren, nur dominieren und unterdrücken, wovon ich mich bedroht fühle. Auch der Zwang, erobern und möglichst viele Damen als Trophäen erbeuten – auf einen Nenner gebracht, herabwürdigen – zu müssen, um sich selbst zu beweisen, wie sexuell attraktiv, ja unwiderstehlich Mann ist, sind Formen der Angst. Nicht umsonst sind notorische Fremdgänger in der Regel selbst krankhaft eifersüchtig. Sie müssen sich selbst beweisen, dass sie alles flachlegen können, was nicht bei Drei auf den Bäumen ist, sind aber selbst sehr verletzlich, wenn sie das Gefühl bekommen, beliebig und austauschbar zu sein. Last but certainly not least ist Konkurrenzverhalten ebenfalls immer nur ein Ausdruck von Angst. Wenn ich das Gefühl habe, ein anderer könne mir etwas wegnehmen, beginne ich zu verteidigen, versuche ich, besser zu sein. Das gilt besonders im Kontext Frau. Ich muss mich nur aufplustern und gegen vermeintliche Konkurrenten durchsetzen, wenn ich das Gefühl habe, sie könnten mir gefährlich werden.

Wir werden im weiteren Verlauf die Gründe für diese Verhaltensformen kennenlernen.

Ich möchte hier einmal mehr anmerken, dass es nicht darum geht, den Mann einfach nur als dumm und unzulänglich zu denunzieren. Er ist nicht einfach nur unfähig. Aber er ist nicht ehrlich, nicht aufrichtig. Nicht zu sich selbst und in der Konsequenz nicht zu seiner Umwelt. Seit etwa zehntausend Jahren redet er sich selbst und den Frauen ein, er sei stärker als sie. Mehr noch redet er sich selbst und den weiblichen Vertretern ein, dass sie ihn brauchen. *Zwingend* brauchen, um zu überleben. Das ist nicht zuletzt die Basis der großen Religionen – mit Ausnahme des Buddhismus. In ihnen werden Frauen zu Menschen zweiter Klasse degradiert, das Weib als schlecht und dem Manne zu dienen verpflichtet beschrieben. Ein Paradigma, das auch heute noch in vielen Teilen der Welt sehr lebendig ist.

Wir werden auch auf diesen Komplex noch im Detail eingehen.

In einem Land wie Deutschland mag das auf den ersten Blick albern wirken. Sind die Frauen hier nicht gleichberechtigt? Emanzipiert? Dürfen sie hier nicht alles, wann und wie sie es wollen?

Nun, wirft man einen Blick auf das Lohngefälle, das noch immer an vielen Stellen herrscht, fällt einem vielleicht auf, dass es doch nicht so weit her ist, mit der Gleichstellung. Auch die Frauenquote in den Chefetagen großer und mittelständiger Unternehmen spricht eine andere Sprache. Selbst wenn die Mittel subtiler geworden sind, als die Verschleierung der Frauen im Nahen Osten oder ein Nonnengewand, so schimmert die Diskriminierung unverändert an diversen Stellen in ihrem Licht.

Und sei es nur in Form frauenfeindlicher Äußerungen, wie sie gerne in reinen Männerrunden, bevorzugt durch Alkohol motiviert, fallen. Oder in Form von degradierenden Kommentaren, wenn eine Frau vorbeiläuft, die offensichtlich sehr gut gefällt, sexy und selbstbewusst wirkt. Da fallen dann Sätze wie: »Guck' Dir die geile Sau an. Von der würde ich mir jetzt auch einen blasen lassen.« Gleichgültig, ob der Kommentator liiert oder verheiratet ist.

Immer wieder sind mir solche Situationen begegnet und ich habe sie immer als verletzend und entwürdigend empfunden. Auch oder gerade mir selbst und dem Bild gegenüber, das ich von Frauen in mir trug. Das einzige, was mir blieb, war fremdschämen.

Aber was sind die Gründe für diese wie auch immer geartete, mehr oder weniger sichtbare Unterdrückung? Warum müssen wir aus Frauen Schlampen, billige Flittchen und Huren machen? Wer sich die Pornoindustrie ansieht, findet dieses Bild in Reinkultur. Ist ein Mann nur ein richtiger Kerl, wenn er eine Frau dreckig behandelt und erniedrigt, ihr so zeigt, was für ein harter Typ er ist?

Um diese Fragen zu beantworten, müssen wir verstehen, was den Mann – und ich muss es hier betonen – den *unentwickelten* Mann dazu treibt, unbewusst in solche Reaktionen zu driften. Das, was er eigentlich ausdrückt, ist nicht Stärke und Überlegenheit, sondern das genaue Gegenteil: Angst und Unsicherheit.

Aber was ist Quelle dieser Angst und dieser Unsicherheit?

Geburt eines Mythos

Hier lohnt ein Blick über die Schulter in unsere Menschheitsgeschichte. In die Zeit, als die Frau regierte und die frühmenschliche Spezies in einem Matriarchat lebte. In dieser Zeit waren es die Frauen, die bestimmten. Ganz sicher anders, als die Männer seither. Nicht mit Gewalt und Schmerz, sondern mit Weisheit und Spiritualität. Es waren vor allem die Hohepriesterinnen, die die Stämme anführten. Manche wählten sich einen Gemahl. In der Regel aber nahmen sie sich die Männer, die sie wollten und zeugten mit ihnen ihre Kinder. Das galt nicht nur für die Priesterinnen, sondern auch für die übrigen Frauen. Wir vergessen nur allzu oft und gerne unseren animalischen Ursprung. Und Monogamie ist nur in wenigen Tiergattungen üblich. Wobei uns die wenigen noch intakten, indigenen Völker zeigen, dass der Mensch eigentlich grundlegend monogam ist.

Das Entscheidende ist: die Frau *gebietet* über das Leben.

Sie entschied und entscheidet, wann sie mit einem Mann ein Kind bekam bzw. bekommt oder nicht. Vergewaltigungen betont ausgenommen. Sie konnte und kann mit zehn verschiedenen Männern zehn oder mehr Kinder zeugen und wird zu jedem einzelnen dieser Kinder eine innige, einzigartige Beziehung haben. Eine Beziehung, die kein Mann jemals vollständig wird nachvollziehen können. Wir reden an dieser Stelle betont nicht von gestörten Mutter-Kind-Verhältnissen.

Genau *hier* sehen wir das Kernproblem des Mannes. Er ist technisch zwar notwendig für den Zeugungsakt. Das ja. Aber es ist rein biologisch betrachtet völlig unwichtig, *welcher* Mann nun gerade seinen Samen spendet. Künstliche Befruchtung verleiht diesem Umstand ein weiteres, verschärfendes Drehmoment. Im Übrigen eine Erfindung des Mannes und damit ein weiteres, eindrucksvolles Beispiel, wie er sich fleißig immer wieder sein eigenes Grab schaufelt. Ist die Frau fruchtbar und der Mann nicht gerade steril, kann mit recht hoher Wahrscheinlichkeit ein Kind dabei herauskommen.

Der Mann ist ergo in diesem Zeugungsakt *absolut austauschbar* – ob er will oder nicht.

Und so wurde es auch vor tausenden von Jahren praktiziert. Die Frauen nahmen sich die Männer ihrer Wahl und Gunst und ließen sich von ihnen nach Herzenslust begatten. Postmodern avantgardistische Konzepte, wie die echte Liebe – von der dieses Buch handelt – gab es damals, zumindest der Überlieferung zufolge, nicht.

Und genau aus diesem Grund erhob sich der Mann und begann seine körperliche Stärke dafür zu benutzen, die Frau zu unterdrücken. Er begann ihr beizubringen, dass sie schwach und ihm unterlegen sei, sie ihn brauche und sich ihm zu unterwerfen habe. Und wehe, sie sieht einen anderen an. Der Mann hat seither viel unternommen, um die Frau in diese Rolle zu konditionieren. Und sei es mit roher Gewalt oder dadurch, dass er sie vermummt, genital beschneidet oder ihre Keuschheit als Bedingung für die Ehe fordert.

Faktisch *müssen* wir Männer die Frau herabwürdigen, weil wir das Gefühl der Entbehrlichkeit und Austauschbarkeit nicht ertragen.
Was sich nicht zuletzt durch unermüdliche Versuche ausdrückt, der tollste Hengst sein zu müssen, den die Frau je hatte. Nicht selten zwanghaft brauchen wir die Bestätigung, den größten Schwanz zu haben, die geilsten, potentesten Liebhaber und überhaupt das Beste zu sein, das die Frau jemals hatte. Keine Götter neben mir, lautet das Motto. Wir brauchen zwanghaft den Superlativ, *müssen* das Beste, Größte, Tollste sein. Die vaginale Selbstbestimmung der Frau – so sie denn gelebt wird – ist für die meisten von uns wie eine imaginäre Rasierklinge, die uns durch unser Gehirn und unsere Eichel gezogen wird.
Deswegen müssen wir uns aufplustern, versuchen, uns durch übertriebenes Gehabe Geltung zu verschaffen. Bedeutung. In vielen unsicheren Gesten ausdrückend, wie viel Angst wir dabei tatsächlich haben, wir könnten entlarvt sowie der kleine Junge entdeckt werden, der oft in uns wohnt und unser Handeln diktiert. Nicht zuletzt durch laut Sein, Schreien und auf uns aufmerksam machen, versuchen wir unsere Schwäche zu überdecken und sowohl uns selbst, als auch unserer Umwelt zu verkaufen, dass wir Player und potent sind, alles im Griff haben und man mit uns rechnen muss.
Der englische Terminus *to manhandle someone* beschreibt es einmal mehr sehr treffend: jemanden grob behandeln. Männlich muss grob, ruppig, rau und kraftvoll sein, sonst ist es nicht männlich genug. Was sich auch in Begrüßungszeremonien unter Jungs und Männern ausdrückt. Das kraftvolle ineinander Schlagen von Händen und ein kurzes die Schultern aneinander drücken. Ein herzliches sich Umarmen wird schon von vielen Männern als grenzwertig eingestuft. Ein sich gegenseitig, beispielsweise auf die Wange Küssen geht gar nicht. Da brechen sofort alle in der Person gespeicherten, homophoben Energien durch.
Um der Welt zu zeigen, wie überlegen sie sind, müssen Männer Großartiges tun, ein Unternehmen führen, einen Krieg anzetteln, versuchen Gewicht zu bekommen – *wichtig* zu sein oder auch gewichtig. In der Hoffnung als potent, stark und männlich wahrgenommen zu werden. Als Alpha. Aber echte Alphas brauchen das nicht, müssen sich nicht für eine Außenwahrnehmung inszenieren, sondern wissen und fühlen in jeder Zelle, wer sie sind. Alphas sind nur in Ausnahmefällen laut, ansonsten still und zurückhaltend, aber dennoch werden sie registriert, haben die Menschen Respekt vor ihnen. Die übrigen von uns sind vor allem hilflos und versuchen alles Mögliche, um Eindruck zu schinden,

um vor allem bei den Frauen Wirkung zu erzielen und von ihnen als attraktives und potentes Männchen gesehen zu werden.
Oder richtiger: als attraktivstes und potentestes Männchen.
Wir versuchen uns hierdurch zu erzwingen, was wir tief in unserem Inneren nicht glauben bekommen zu können, weil wir es als Person wert sind: wirklich geliebt zu werden. Als der, der wir sind. Unbewusst fürchten wir, nur das austauschbare Männchen zu sein, das darauf reduziert wird, seinen Samen zu geben, um hierdurch eine Zeugung zu ermöglichen. Ein Penis auf zwei Beinen. Um unserer Selbst willen geliebt zu werden, so, wie wir sind, halten wir oft für ausgeschlossen, ohne es bewusst zu wissen. Deswegen müssen wir uns versuchen, aufzuwerten. Durch möglichst bullige, PS-starke Autos, durch Muskeln – nicht selten unter Einsatz von Eiweißpräparaten, bis hin zu Steroiden – durch Geld, wenn möglich Macht, Prestige und Stellung. Also alles Ausdrucksformen für Potenz.
Oder auch einfach ausgedrückt: Ego-Prothesen.
Auch Frauen sind solche Ego-Prothesen. Sie sind in diesem Kontext nichts weiter als Schmuckstücke für unsere Außendarstellung. Frauen, denen wir uns eigentlich unterlegen fühlen, denen wir dann aber, wenn wir sie *geknackt* haben, das Gefühl vermitteln müssen, uns unterlegen zu sein. Durch Herabwürdigung. Nicht selten durch Fremdgehen. Da wir ohnehin nicht wirklich daran glauben, um unserer Selbst willen geliebt zu werden, müssen wir uns zumindest beweisen, wie unwiderstehlich wir sind.
Leider sehr unglückliche Strategien, die zielsicher verhindern, was wir uns eigentlich wünschen.
Denn eigentlich wünschen wir uns nichts mehr, als um unserer Selbst willen geliebt zu werden. Und dabei sind wir eigentlich schwächer, verletzlicher und liebesbedürftiger. Da wir das aber nicht sein *dürfen*, müssen wir das Vorzeichen umdrehen und uns als stark, hart und männlich inszenieren. Im Gegenzug müssen wir alles, was weich und gefühlsbetont ist, als unmännlich, weibisch und schwach, in jedem Fall als minderwertiger auslegen. Homophobie ist übrigens ein Ausdruck dieser Haltung.
Dabei ist es – rein biologisch betrachtet – völliger Unsinn, das Weibliche als schlechter oder unmännlich abzuwerten. Wenn wir uns die Chromosomen ansehen, sind wir Männer zu fünfundvierzig Sechsundvierzigstel eine Frau. Denn von den dreiundzwanzig Chromosomenpaaren sind zweiundzwanzig weiblich – also ein X – und nur ein einziges gemischt. Es ist genau ein einziges Y-Chromosom, das uns zu einem Mann macht.
Ergo muss ich, um ein echter Kerl zu sein, *zwingend* meine

weiblichen, weichen Anteile integrieren, als Teil von mir begreifen und mir uneingeschränkt zugestehen.
Tue ich das nicht, schneide ich einen großen Teil von mir ab. Da muss ich mich nicht wundern, wenn ich mich unvollständig fühle. Weil ich es in der Tat in einem solchen mentalen und vor allem emotionalen Zustand *bin*.
Selbstverständlich habe ich das *uneingeschränkte Recht* verletzlich zu sein, Gefühl zu zeigen und zu weinen. Rotz und Wasser, wenn mir danach ist. Nur so kann ich *ganz* und in der Konsequenz authentisch sein. Nur so kann auch die Frau an meiner Seite lernen, was mir wehtut, wo meine Grenzen sind und an welchen Stellen ich gegebenenfalls wunde Punkte habe. Ich darf auch offen damit umgehen, dass ich der Einzige, der Eine für sie sein will, mir wünsche, dass sie nie jemanden so geliebt hat, wie mich. Ich darf mir sogar wünschen, sie wäre mir als Jungfrau begegnet, hätte nie einen anderen vor mir gehabt. Auch wenn das noch so unrealistisch ist. Aber wenn ich aufrichtig sein will, muss ich mich meinen Gefühlen stellen, selbst auf die Gefahr hin, von der ganzen Welt ausgelacht und als Spinner abgestempelt zu werden. Wenn ich meiner Partnerin so offen und aufrichtig begegne, hat auch sie die Möglichkeit, mir offen zu begegnen, sich zu zeigen und wir haben beide die Chance uns ehrlich kennenzulernen. Nur so kann letztlich echte Nähe entstehen und dieses postmodern avantgardistische Konzept echter Liebe.
Aber leider dürfen wir genau *das* nicht lernen. Das Ausdrücken von Gefühl. Fühlen per se. Wir lernen das genaue Gegenteil. Unverändert werden wir von kleinstem Kindesalter an auf Mann getrimmt und stellenweise zu emotionalen Krüppeln erzogen. Herbert Grönemeyer hat das meisterhaft in seinem Lied *Männer* ausgedrückt. Wir haben in der Regel keine Chance.

Die Rolle der Erziehung

Noch immer wird in der Erziehung ein signifikanter Unterschied zwischen Jungs und Mädchen gemacht. Natürlich nur zu unserem Besten. Um uns auf die harte Welt *da draußen* vorzubereiten. Vielleicht auch, damit wir nicht die Angst und den Schmerz über unsere Austauschbarkeit fühlen müssen. Während Mädchen weinen und sich Zärtlichkeit wünschen dürfen, müssen Jungs tapfer sein und sich genügsam mit dem an Berührung sowie

Liebkosung abfinden, was ihnen im Rahmen der Mannwerdung zugebilligt wird.

Ein Alltagsbeispiel illustriert dies treffend.

Ein zweieiiges Zwillingsgeschwisterpärchen wird von ihrem Vater morgens in den Kindergarten gebracht. Sie sind etwa drei Jahre alt und noch ganz neu im Kindergarten, in der so genannten Eingewöhnungsphase. Also in der Phase, in der sie noch unverhohlen durch Weinen und sich Wehren ausdrücken, dass sie nicht abgeschoben werden, sondern bei ihren Eltern sein wollen. Das Mädchen sitzt dabei weinend auf dem Arm des Vaters, der sie immer wieder küsst und mit besänftigenden Worten zu trösten versucht. Den Jungen führt er an seiner Hand, ohne weiteren Körperkontakt oder Zuspruch. Im Gegenteil wird ihm immer wieder von dem Vater gesagt, er solle sich nicht so anstellen.

Bei diesem Beispiel handelt es sich noch um eine sehr subtile Form der Ungleichbehandlung. Die Skala für noch heftigere Formen ist nach oben hin offen. Aber selbst dieses Beispiel zeigt, wie Jungs systematisch abgerichtet und – ganz sicher ohne es zu wollen – verletzt werden. Der Vater möchte dem Jungen sicher nichts Böses, aber er kann nicht mehr spüren, was er seinem Sohn mit seiner Reaktion antut.

Verletzungen, die Jungs nicht selten dazu treiben, Helden werden zu wollen, zum Militär zu gehen, um ihren Vätern zu beweisen, was für Kerle sie sind. Wie von ihnen erwartet tapfer, zäh und echte Kämpfer. Auch wenn sie nicht beim Militär oder der Fremdenlegion enden: noch immer gibt es genug Jungs, die sich in halsbrecherische Situationen begeben, um zu zeigen, wer sie sind und was sie drauf haben, um vielleicht doch noch das Quäntchen Anerkennung und Liebe zu bekommen, das ihnen so eisern versagt wurde. Wie in dem nächsten Zitat trefflich illustriert.

»Andererseits ist es krude, deinen Vater berührt zu sehen, weil sie dir die Eingeweide zerfetzt haben. Wann würde Samuel sich wohl dazu durchringen zu sagen: Ich liebe Dich? Wenn sie ihn in Einzelteilen hereintrügen? Schon eigenartig mit Samuel. Durch keine Charakterschule wäre Arik lieber gegangen, doch gab es Zeiten, da hätte er all das freudig eingetauscht gegen ein bisschen Liebe. Und wahrscheinlich lieben sie ihn ja sogar, wie Jehuda nicht müde wird zu betonen ... , nur dass weder Vera noch sein Vater ihre Gefühle je nach außen getragen haben. Dieser Mangel an Zuwendung erzeugt auf Dauer ein Loch in dir, gegen das alle Einschusslöcher der Welt ein Klacks sind, einen immerwährenden Hunger.«, schreibt Frank Schätzing in seinem Buch *Breaking News* über einen jungen Israeli, der in einem

Gefecht schwer verwundet wurde.
In unseren Breitengraden hat sich da schon viel zum Positiven hin verändert. Das Schlagen von Kindern ist zumindest im deutschsprachigen Raum eine Straftat. Entsprechend passiert es nicht mehr so häufig. Aber die seelische Verletzung ist absolut normaler Alltag – zum großen Teil unbewusst und unbeabsichtigt. Die Väter in diesen Beispielen haben ganz sicher als Kind ähnliche Erfahrungen machen müssen und geben diese nun ungefiltert und vor allem unreflektiert an ihre Söhne weiter. So wird die Saat der Gewalt weitergetragen. Und hierdurch werden aus ehemaligen Opfern Täter. Doch auch viele Frauen stimmen mit ein und meinen, ihre Söhne zu Männern machen zu müssen, da auch sie ihr Leben lang, nicht zuletzt durch ihre Väter, auf dieses Verständnis konditioniert wurden. Und so entstehen neue Männer, die sich sehr früh von ihren Gefühlen abschneiden *müssen*, wenn sie nicht an ihnen zugrunde gehen wollen. Der Schmerz darüber, dass die ureigenen Bedürfnisse nicht nur nicht gesehen, sondern unterdrückt werden müssen, ist für diese Jungs im Grunde unerträglich.
Wer kann es ihnen verübeln, wenn sie dann im Erwachsenenalter Gefühle nicht mehr fühlen und ausdrücken können?
Spannend war in dem Kontext für mich zu erfahren, dass es in indigenen Völkern, bei denen Zärtlichkeit zwischen Männern völlig normal und nicht als unmännlich verpönt ist, scheinbar keine Homosexualität gibt. Eine Erkenntnis, die mich zumindest zum Nachdenken anregte.
Sie warf bei mir auch die Frage auf, ob die fehlende Liebe und Zärtlichkeit unter Männern auch die Motivation für beispielsweise den Drang zum Raufen und für Mannschaftssport ist. Dort können Jungs und Männer in Kontakt kommen – wenn auch zum Teil sehr rauen Kontakt. Dort müssen sie nicht fürchten als weibisch oder gar schwul angesehen zu werden. Nein, nein. Sie reiben sich körperlich ja nur im Kampf gegeneinander. Ganz im heroischen Erbe der Gladiatoren. Wahre Helden, die sich gegenseitig die Knochen zertrümmern, um einen glorreichen Sieg zu erringen, Großartiges zu leisten und sich so der Anerkennung ihrer Umwelt zu versichern.
Dieses Getue ist für mein Empfinden so absurd und sinnlos sowie – wie ich finde – sehr unaufrichtig. Wir können nicht zulassen, dass wir auch den körperlichen Kontakt zu anderen Männern wollen, müssen ihn in Wegen inszenieren, die sich mit dem Männlichkeitswahn vereinbaren lassen. Da fällt es mir nicht leicht, der Versuchung, das zu bewerten, zu widerstehen. Das muss ich

zugeben.
Dasselbe Problem habe ich, wenn ich unfreiwillig einem Dialog zweier Männer beiwohnen muss, die sich über Fußball unterhalten. Wenn sie anfangen von *wir* zu sprechen – damit den Club meinen, für den sie sich entschieden haben, Fan zu sein – muss ich mich sehr zusammenreißen, sie nicht innerlich abzuwerten und mir vergegenwärtigen, dass sie nicht anders können. *Wir* sind in der letzten Saison abgestiegen und *wir* werden es wieder in die ... Liga schaffen. Sehr bedauerlich.
Ich wünsche diesen Männern von Herzen, dass sie irgendwann den Weg zu einer eigenen Identität finden und sich nicht mehr mit irgendwelchen anderen Menschen, Vereinen und/oder einem Land identifizieren müssen. Nicht mehr zur WM oder EM ihre Autos mit Flaggen schmücken müssen, in der Annahme und Hoffnung, sie würden damit endlich zu etwas gehören, was wichtig und richtig ist.
Ich habe in meiner Kindheit selbst eine Situation erlebt, die ich nie vergessen werde, da sie, wie ich finde, sehr eindrucksvoll beschreibt, wie entartet und pervers der Kontakt unter Jungs, aber auch später unter Männern sein kann.
Es ist die Geschichte von einem meiner Mitschüler. Tarek. Ein Junge mit türkischem Migrationshintergrund, der, wie ich sehr wohl wusste, sehr oft geschlagen wurde. Mein damalig bester Freund war ebenfalls ein Junge mit türkischen Eltern. Auch er kam regelmäßig montags in die Schule, den Rücken voller grüner und blauer Striemen, da ihn sein Vater am Wochenende mal wieder körperlich gezüchtigt hatte. Ein Vater, den ich im Übrigen als sehr angenehm und sympathisch erlebt hatte. Also auch ein Mann, der nicht einfach nur böse war, sondern weitergab, was ihm selbst angetan wurde und was er als richtig gelernt hatte zu verstehen. In meinem kindlichen Umfeld war Gewalt generell nichts Ungewöhnliches. Meine Beziehung zu Tarek war sehr ... krank. Wie prügelten uns unablässig. Ich habe ihm dreimal, er mit zweimal ein Loch im Kopf beschert, das genäht werden musste. Als ich dann zum Ende der dritten Klasse diese Schule verließ, war Tarek der einzige aus meiner Klasse, der in Tränen ausbrach, weil ich ging.
Ich weiß nicht, was aus ihm geworden ist.
Wenn wir Männer uns eingestehen, Gefühle haben, uns Berührung und Zärtlichkeit wünschen zu dürfen, wenn wir uns auch Momente zugestehen können, in denen wir schwach sind, uns wie ein Häufchen Elend und einer Situation ausgeliefert fühlen, dabei tatsächlich Rotz und Wasser heulen, haben wir nicht nur die Chance, unsere eigentliche Stärke zu erkennen und auszubilden,

sondern auch von einer Frau wirklich geliebt werden zu können. Wir geben ihr die Chance uns im wörtlichen Sinne be-greifen zu können, uns wirklich als das zu sehen, was wir sind, uns nahe zu kommen und gemeinsam innige Zärtlichkeit zu erleben.
Abgesehen von dieser wundervollen Belohnung ist es schlicht unendlich befreiend, nicht mehr den Starken spielen zu müssen, sondern einfach sein zu dürfen, wer ich eigentlich bin.
Wobei das in keiner Weise dem widerspricht, was wir als *männliches Prinzip* begreifen dürfen.
Dieses Prinzip drückt sich durch in der Tat männliche Eigenschaften aus. Beschützen, Aktivieren, Eindringen, Entscheiden, mit viel Energie in eine Situation gehen. Auch das Fordern, ohne zu überfordern.
Das Sinnbild des männlichen Prinzips ist das Quadrat, auch symbolisiert durch die Zahl Vier. Stabilität, Rationalität, Geradlinigkeit. Richten und Bewerten, wobei das nicht im Sinne von Abwerten, sondern im Sinne von Wert-gebend zu verstehen ist. Das archaische Symbol für Männlichkeit ist das ^ – einen Phallus repräsentierend.
Im Begleiten eines Kindes – und ich wähle hier sehr bewusst nicht das Wort *Erziehen* –, ist es die Aufgabe des Mannes, Werte zu vermitteln, Entscheidungswege aufzuzeigen, das Kind dabei zu unterstützen, Lösungen zu finden und Optionen sowie die mit ihnen verknüpften Risiken für sich bewerten zu lernen. Eine hohe Kunst, die den Mann – so er seine Rolle ernst nimmt und entsprechend entwickelt ist – zu einem wichtigen Bestandteil des Wachstumsprozesses eines Kindes werden lässt.
Hier können wir unserer Austauschbarkeit entrinnen, sie als verantwortungsbewusster und verlässlicher Begleiter sowie Partner ausgleichen und so ein integraler Bestandteil des Familiengefüges werden.
»Natürlich hat auch der Partner Einfluss auf das Wohlergehen der Schwangeren. Aus entsprechenden Untersuchungen geht hervor, dass Frauen, die aus einer Partnerschaft mit einem missbrauchenden oder vernachlässigenden Ehemann kommen, im Vergleich zu anderen, die in einer sicheren und unterstützenden Ehesituation leben, ein doppelt so hohes Risiko haben, ein emotional oder psychisch behindertes Kind auf die Welt zu bringen.«, schreiben Gerald Hüther und Inge Krens in ihrem Buch *Das Geheimnis der ersten neun Monate*.
Darin liegt somit die Chance für uns Männer, uns fördernd und liebevoll einzubringen. Nicht, indem wir abwerten oder bestrafen, meinen, durch so genannte Machtworte zu zeigen, dass wir das

Sagen haben. Sondern indem wir zärtlich sind, uns fürsorglich einbringen und dabei durch konsequente Geradlinigkeit und Verlässlichkeit Sicherheit vermitteln. Nicht, indem wir den Chef raushängen lassen, sondern zu einem besonnenen Berater und Vermittler werden. Indem wir der Frau an unserer Seite beistehen und sie liebevoll, empathisch sowie zärtlich behandeln, sie bei allem unterstützen und so zu einem Rollenvorbild werden – für Jungen und Mädchen.

Wenn wir uns hingegen entziehen, nur hin und wieder die so genannte Hubschrauber-Methode anwenden – auftauchen, landen, viel Staub aufwirbeln und wieder verschwinden – mutieren wir zu einer unglücklichen Karikatur von Männlichkeit. Wenn wir in der wenigen Zeit, die wir investieren darüber hinaus meinen, den Bestimmer, den harten Mann demonstrieren zu müssen, dürfen wir uns nicht wundern, wenn wir den Respekt und die Liebe unserer Familie verlieren.

Es ist der Mann, der sich emanzipieren, sich aus einem völlig überholten Selbstbild befreien muss. Dabei *dürfen* wir unsere eigene Verletzlichkeit und Zartheit spüren, um sie dann mit der einen Frau zu teilen. Es erfordert viel Mut und *wahre* Stärke, sich der eigenen Sensibilität zu stellen, anstatt sie immer wieder hinter aufgesetzter Männlichkeit verbergen zu wollen. Ein echter Kerl ist verletzlich und gesteht sich Momente zu, in denen er klein und schwach sein darf.

Der Anspruch hart und stark zu sein macht alle zu Verlierern – am meisten uns selbst.

Das stärkere Geschlecht

Wenn ich das männliche Prinzip beschreibe, darf ich die Beschreibung des weiblichen Prinzips natürlich nicht schuldig bleiben.

Wie ich annehme, wird besonders unter Frauen die Frage entstehen, ob ich das als Mann überhaupt kann. Oder besser nur zu können glaube. Gibt es überhaupt Männer, die Frauen verstehen – außer Homosexuellen? Oder schwingt sich hier nicht nur ein Mann empor und *behauptet*, Frauen zu verstehen?

Nun, zunächst hat das weibliche Prinzip nur bedingt etwas mit Frauen zu tun. Schon gar nicht mit heute *normalen* Frauen und noch weniger mit so genannten, emanzipierten Frauen in unserem Kulturkreis. Das Prinzip verkörpert vielmehr die Summe von Eigenschaften, die durch und durch weiblich, aber genau aus diesem Grund so selten sind. Faktisch sind so ziemlich alle Frauen, die mir in meinem Leben begegneten, von diesem weiblichen Prinzip Lichtjahre entfernt – mit exakt zwei Ausnahmen.

Bevor wir uns aber die Gründe hierfür ansehen, möchte ich das weibliche Prinzip gerne beschreiben. Wir sollten wissen, wovon wir reden, wenn wir es uns genau ansehen wollen.

Das weibliche Prinzip verkörpert – ergänzend zum männlichen – Passivität, Empfangen, Einlassen, sich fallen lassen, sich hingeben. Geduldiges, vertrauendes Warten und Zulassen. Das Reifenlassen, bis die Frucht in neues Leben übergeht. Im Einklang mit den natürlichen Rhythmen, ohne Eile, ohne etwas zu forcieren.

Das Symbol des weiblichen Prinzips ist der Kreis, der nicht nur Mutter Erde und die Planeten, sondern auch das organische Ganze beschreibt. Nicht rational, klar und gerade, sondern emotional, rund und natürlich. Übrigens ein heidnisches Symbol im Paradigma der katholischen Kirche. In ihm stecken auch die Naivität und das sehr selbstgefällige Bild, alles drehe sich nur um sich selbst, ohne dabei jedoch egozentrisch zu sein. Ein Selbstverständnis, geprägt von Urvertrauen, das wohl naturgegeben so ist, beschützt doch das ursprünglich Weibliche instinktiv die Nachkommenschaft und sorgt dafür, dass sie überleben und gedeihen kann. So zumindest die archaischen Muster, die hypothalisch in uns allen verankert sind und wirken, ohne, dass wir es merken.

Aber so wie der Mann nicht nur männlich, ist die Frau nicht nur weiblich. Beide Prinzipien sind in *jedem* Menschen vorhanden, nur unterschiedlich stark ausgeprägt. Sie bilden im Idealfall ein harmonisches Ganzes, dessen Eigenschaften und Kräfte sich optimal ergänzen und hierdurch den schöpferischen Akt des Seins und der Verschmelzung ausdrückt. Auch in der Frau sind männliche, aktivierende Anteile. Nur nicht so ausgeprägt wie im Mann. Zumindest, wenn die Frau integriert sowie emotional gesund ist und sich natürlich entwickeln darf.

Auch in homosexuellen Beziehungen finden sich diese beiden Prinzipien. Auch in ihnen lassen sich Partner beobachten, von denen einer deutlicher dem männlichen und einer mehr dem weiblichen Prinzip zuordenbar ist. Genauso, wie es heterosexuelle Paare gibt, in denen die Frau den dominierenden, männlichen und der Mann den weiblichen Teil einnimmt.

Das archaische Symbol des Weiblichen ist die Umkehrform des Männlichen. Das wie ein V aussehende Zeichen als Sinnbild für die Vagina, das Empfangen, für den heiligen Gral. Das göttliche Gefäß, das den Phallus empfängt und in der Vereinigung neues Leben

zeugt.
Die Urkraft der Frau, des weiblichen Prinzips, ist atemberaubend. Ganz sicher ist diese Kraft einer selbstbewussten – also einer im wörtlichen Sinne *sich ihrer selbst bewussten* Frau – einer der Gründe, warum der Mann anfangen musste, sie zu unterdrücken. Weil er sich dieser Kraft nicht gewachsen fühlte und fürchtete, sie würde ihn allzu sehr dominieren, wenn er sie zulässt. Oder anders: der Mann *hat* diese Kraft erleben sowie ertragen müssen und sich auch deswegen erhoben, um sie in *seine* Schranken zu weisen. Vermutlich nicht aus bösem Willen, sondern aus purer Verzweiflung.
Er redet der Frau seit Jahrtausenden ein, dass nur die männlichen Werte, das männliche Prinzip das Richtige ist. Rechts – also die männliche Seite – ist gut und recht, links – also die weibliche Seite – ist schlecht oder auch linkisch. Eine unablässige Kampagne, die immer wieder auf allen Ebenen des Erlebens betont, dass nur das Männliche gut sein kann und das Weibliche minderwertiger sei. Leider mit Erfolg.
Heute ist von dieser weiblichen Kraft im alltäglichen Erleben nicht mehr viel zu spüren. Wenn ich mir die Frauen unserer Zeit ansehe, entdecke ich nichts oder doch zumindest sehr wenig von der urtümlichen, archaischen Kraft, die eigentlich in den Frauen schlummert. Ich sehe etwas sehr anderes.
Die urtümliche, weibliche Energie ist einer männlichen Kopie gewichen, dem Nacheifern männlicher Werte, dem sich Anpassen an männliche Symbolik und eines männlichen Wertesystems, in der Annahme bzw. sich eifrig einredend, hierdurch besonders gleichberechtigt zu sein. Ob in Sprache oder Gebärde, in der Art mit sich selbst oder anderen umzugehen: die Frauen stehen sprichwörtlich ihren Mann. Immer mehr Frauen wollen Jobs machen, die eigentlich männlich sind – die für mein Empfinden fragwürdigste Form sind Frauen, die zum Militär gehen –, reden, denken und fühlen wie Männer, schauen Fußball und Formel 1. Sie bedienen sich männlicher Begrüßungsformen und demonstrieren durch beispielsweise high five und männliche Checker-Gestik ihre Angepasstheit. Darüber hinaus gilt es als Zeichen besonderer Stärke, wenn Frauen tough, zackig und hart, also das Sinnbild einer so genannten Power-Frau sind. Sprich: wenn sie besonders unweiblich sind. Scheinbar vollständig in dem Bild assimiliert, möglichst männlich sein zu müssen, sind sie damit nur noch ein Phantom ihrer eigenen Weiblichkeit.
Dabei versuchen sie aber gleichzeitig, ihre weiblichen Attribute auszuprägen, besonders schön und sexy zu sein. Irgendwie sehr

weiblich, dabei aber auch irgendwie sehr männlich.
Das Annektieren männlicher Werte hat nur leider nicht das Geringste mit Gleichberechtigung zu tun, sondern mit Unterwerfung.
Auch wenn junge Frauen heute sehr hart und kraftvoll wirken, mit krassen Sprüchen aufwarten und den Jungs sehr klar zeigen, dass sie nichts zu melden haben, so ist das kein Zeichen von Gleichberechtigung, von weiblicher Urkraft, sondern nur das Ausleben einer extrem männlichen Seite.
»...die positiven Seiten dieser Gleichheitstendenz dürfen uns nicht darüber hinwegtäuschen, daß es sich hier auch um die Tendenz zur Ausmerzung von Unterschieden handelt. Man erkauft sich die Gleichheit eben zu dem Preis, daß die Frauen gleichgestellt werden, weil sie sich nicht mehr von den Männern unterscheiden.«, schreibt Erich Fromm in seinem Buch *Die Kunst des Liebens*.
Oft habe ich erlebt, dass es die Frauen innerlich förmlich zerreißt, den ganzen Anforderungen, die sie an sich gestellt fühlen und selbst stellen, erfüllen zu wollen. Hure, ohne dabei billig zu sein, Geliebte, Hausfrau, Mutter, intelligent, gebildet, fleißig, patent, schlagfertig, abgebrüht und dabei aber gleichzeitig warmherzig, liebenswürdig und trotz aller Männlichkeit unwiderstehlich weiblich anziehend – nach Möglichkeit dem durch latent anorektisch wirkende Models und Filmdiven verkörpertem Schönheitsideal nacheifernd.
Frauenzeitschriften und Promi-Magazine helfen dabei, die Frau in diesem Hamsterrad zu halten, ihr unablässig zu suggerieren, dass sie nur aussehen müsste, wie die gerade angesagten Stars und Sternchen, mit Personal Trainer geformten Traumfiguren, um endlich den Supermann bekommen und glücklich werden zu können, im nächsten Atemzug die neuesten Diäten und Fitness-Tricks anbietend, um diesen Traumfiguren doch zumindest einen Millimeter näher zu kommen.
Wie soll das funktionieren?
Dass die Frauen hierbei fragmentieren, in dem enervierenden Spannungsbogen sich zum Teil widersprechender Werte schier wahnsinnig werden *müssen*, ist im Grunde nur logisch. Was sie hierbei ebenfalls logischer Weise nicht entwickeln *können*, ist eine weibliche Identität.
Die Frauen werden auch von Vätern erzogen, die ihnen von kleinstem Kindesalter an erzählen, dass vor allem die männlichen Werte die richtigen sind. Väter, die sich dadurch auszeichnen, selbst völlig desintegriert zu sein und im Zweifel keine Ahnung zu haben, wer sie sind, keine ausgebildete, männliche Identität haben und nur unreflektiert weitergeben, was sie selbst erleben mussten. So

sie denn in einer Beziehungslandschaft, in der Patchwork-Familien die absolute Regel geworden, überhaupt vorhanden sind. Flankiert von Müttern, die ihrerseits von solchen Vätern erzogen wurden, nicht weniger desintegriert sind und ebenfalls das Erlebte auf ihre, in diesem Fall, Töchter übertragen.
Ein emotionales Erbe.

Idealisierter Traum

In der Mutter-Tochter-Beziehung hat dieses Erbe eine spezielle Qualität.
In unserer männlich dominierten Welt, in der die Frau zusehen muss, wie sie einigermaßen heil durchkommt und in der sie sich nur selten wirklich ausleben sowie in voller Blüte entfalten kann, bleibt ihr oft nur eine soziale Karriere. Sprich: Hausfrau und Mutter. Wobei das besonders in Großstädten allein aus wirtschaftlichen Gründen nicht mehr so einfach geht. Dort muss sie dennoch oft arbeiten und Geld verdienen. Will sie dabei in Jobs, die mehr Karriere, Einkommen und Ansehen verheißen, bleibt ihr scheinbar nur der Weg, noch männlicher zu sein, als ihre männlichen Kollegen. Verweigert sie diese Selbstaufgabe, muss sie sich mit Stellungen zufrieden geben, mit denen sich zumindest nicht prahlen lässt. Was in unserer auf Außenwirkung programmierten Welt durchaus ein Problem sein kann, solange wir nicht integriert und in der Selbstliebe angekommen sind. Dass sie in der Regel dabei immer noch weniger Lohn erhält, als ein Mann, ist an vielen Stellen nach wie vor Realität.
Schafft sie es dann, statt einer wirtschaftlichen, eine soziale Karriere zu machen – sprich ein Kind oder mehrere zu bekommen – vererbt sie in der Regel an den Sohn ihren Ehrgeiz und an ihre Tochter ihr *Leid*. Natürlich nicht aus bösem Willen, sondern unbewusst.
Dieses Prinzip ist mir unzählige Male begegnet. Mütter, die dafür sorgten, dass es ihren Töchtern auf keinen Fall besser gehen durfte, als ihnen selbst, sie auf keinen Fall glücklich und schon gar nicht glücklicher werden ließen. Dabei stets bemüht, ihnen zu versichern, dass sie nur ihr Bestes wollten – was in ihrer bewussten Wahrnehmung auch stimmte. Aber diese bewusste Wahrnehmung ist eben so lange tückisch und von der faktischen Wahrheit weit entfernt, solange die Person nicht bei sich und der Liebe zu sich selbst angekommen ist – was dem Normalfall entspricht.

Und in diesem Paradigma gefangen, versucht die Frau zu finden, was sie sich wünscht, dabei dem Bild nacheifernd, nur eine glückliche Familie haben und im Shopping-Rausch aufgehen zu müssen, um das zu erreichen. Ein Bild, das nicht zuletzt von Waschmittelwerbungen in Reinkultur transportiert wird. Der Wunsch nach der heilen Welt, blauer Himmel, saftig grüne Wiesen, auf der eine hübsche, vor Glück strahlende Mutter, ganz in Weiß hockend, zwei ebenfalls ganz in Weiß gekleidete Kinder in Empfang nimmt, beide ebenfalls lachend und sie in ihre Arme schließt. Das Ganze beobachtet von einem ebenfalls ganz in Weiß gekleideten Ehemann, der lässig und zufrieden lächelnd gegen den Rahmen der Terrassentür des luxuriösen Hauses gelehnt steht und einen Garant für Wohlstand, Sicherheit sowie Familienglück verkörpert.
Ich habe Frauen kennengelernt, die genau dieses Ideal lebten. Frauen, die mit materiell sehr wohlhabenden Männern verheiratet waren, Kinder hatten, eine stattliche Villa, jeden Monat ein nicht minder stattliches Sümmchen auf ihr Konto überwiesen bekamen, das sie zur freien Verfügung hatten, nicht arbeiten gehen brauchten und es tatsächlich auch nicht taten. Also all das hatten, was sich viele Frauen nach wie vor wünschen. Die Frauen, die dieses Ideal lebten, wurden von allen Seiten als Rollenvorbild bewundert und mit neidischem Zuspruch überhäuft. Auch oder gerade von denen, die studiert und Karriere gemacht hatten. Aber waren sie deswegen glücklich?
Keineswegs.
Auch sie brauchten das Pendant zu dem, was ich für die Männer bereits beschrieben habe: Ego-Prothesen.
Die wichtigsten Verbündeten waren hierbei Gucci, Louis Vuitton, Prada und wie die Marken alle heißen. Das Geld wurde sorgsam in teure Kleidung und Schuhe, Handtaschen sowie andere Accessoires investiert, jede Aktion und jeder Kauf peinlich genau mit einem Selfie – unter Zuhilfenahme von speziellen Apps zur Verschönerung – dokumentiert, auf Instagram und Facebook einer breiten, anonymen Audience feil geboten und sich an den Likes sowie bewundernden Kommentaren geweidet. Blieben diese aus oder entsprachen nicht dem erwarteten Umfang, brach eine Welt zusammen, war es pure Panik, die aus den folgenden Reaktionen sprach.
Das Verhalten eines Junkies.
Nicht zuletzt narzisstisches Verhalten. Die Sucht nach Bestätigung, nach Rückmeldung und Bewunderung. Nur, wenn diese Bestätigung kontinuierlich spürbar ist, fühlen sich diese Frauen einigermaßen gut. Bleibt sie aus, sind sie am Boden zerstört, weil ihnen

nichts bleibt. Alles, was sie haben, sind ihre Ego-Prothesen und die Reaktionen im Außen, die sie mit ihnen provozieren.
Auch die Beziehungen sahen entsprechend aus – sowohl zu den Gatten, als auch zu den Kindern. Wurde das Geld für teuren Fummel verpulvert, mussten sich Mann und Kinder mit Essen von den bekannten Discountern zufrieden geben, nicht selten in Form von Fertigmischungen und Tütensuppen. Wobei sich niemand beschwert, wenn man nichts anderes kennt.
Der Mann wurde zwar mit Körperlichkeit versorgt – immerhin musste die Finanzierung der permanenten Selbstinszenierung gesichert werden – aber wirklich innige Nähe und Zärtlichkeit waren nicht zu erkennen. Es glich mehr einem wohlwollenden sich Arrangieren. Ein Deal, bei dem beide gaben, was sie zu bieten hatten. Wobei die Frau auch gerne etwas nachhalf und einen Teil ihres frei verfügbaren Geldes in den Erhalt ihrer äußeren Form, beispielsweise in Form von Botox, investierte. Wenn die Zeit ihren Tribut fordert und Frau nichts anderes anzubieten hat, als ihre äußere Erscheinung, wird es mit zunehmendem Alter nur nicht leichter und immer enger, attraktiv zu bleiben.
Die Frauen beteuerten natürlich bei jeder Gelegenheit, dass sie ihren Mann und auch ihre Kinder auf jeden Fall liebten. Nur spricht die gesamte Lebensführung eine andere Sprache.
Wer sich immer wieder inszenieren und in einer mehr oder weniger breiten Außenwahrnehmung darstellen muss, durch aufgepimpte Selfies und möglichst teure Ego-Prothesen, ist von der Fähigkeit zu lieben weit entfernt. Wer darüber hinaus seine Mittel in den Kauf von teuren Handtaschen und Schuhen investiert, hingegen Essen nur eine beiläufige Bedeutung bemisst, zeigt sehr klar, wo die Prioritäten gesetzt sind. Das gesamte Verhalten drückt nur immer wieder aus, dass es nicht um das Selbst, das für sich selbst und innere Harmonie Sorgen geht.
Es geht ausschließlich um die Wirkung in der Außenwahrnehmung, um die Bestätigung durch andere.
Der Mann einer solchen Frau kann theoretisch noch so liebevoll und wertschätzend sein: wenn nicht zig andere Männer und Frauen immer wieder metaphorisch vom Stuhl fallen, weil Miss Diva mit ihrer neuesten Handtasche, den neuesten Schuhen – bevorzugt mit so hohen Absätzen, dass sie im Grunde einen Rollator bräuchte, um nicht nach vorn überzukippen – auf dem imaginären Laufsteg zu glänzen vermag, fühlt sie sich klein und schlecht.
Woran erinnert das? Richtig! An Narzissmus. Und genau das ist es. Bringt diesen Frauen ihr gelebtes Ideal etwas? Offensichtlich nicht. Alles, was sie haben, ist völlig egal, weil nur von kurzer Lebensdau-

er. Was wirklich wichtig ist: das, was sie *nicht haben*. Einmal mehr ein Fass ohne Boden.
Ist die Handtasche für 3.000,- Euro genug? Nein! Weil es gibt noch eine, die kostet 5.000,- Euro. Und wenn die im Schrank steht, nachdem sie immerhin für ein, vielleicht sogar zwei Selfies hergehalten und entsprechend viele Likes generiert hat, findet sich ganz sicher noch eine andere, die noch teurer ist. Und so weiter und so fort...
Amüsant für mich ist immer wieder zu erleben, dass es genau diese Frauen sind, die anderen permanent Ratschläge geben, ihnen erzählen wollen, was sie zu tun haben und nur wenig Verständnis für deren Defizite und die aus ihnen entstehenden Situationen aufbringen. Überhaupt scheinen die Probleme anderer eine ungeheure Attraktivität, eine geradezu magische Anziehungskraft zu haben. Ist es nicht viel angenehmer, über den Problemberg eines anderen zu reden, als über den eigenen, auf dem man sitzt und mit Kräften versucht, ihn nicht wahrzunehmen?

Emanzipation und Ehrgeiz

Die andere Form der Lebensgestaltung, die mir immer wieder begegnete, ist die ehrgeizige, emanzipierte Frau, die sich mit viel Leistung und Fleiß versucht, Liebe sowie Anerkennung zu verdienen. Unablässig mehr von sich selbst verlangend, immer darauf bedacht, noch mehr zu schaffen, noch höher, weiter, schneller zu sein. Und – vielleicht nicht ganz unwichtig – besser als ihre männlichen Kollegen.
Diese Frauen haben ihre ganze, ihnen zur Verfügung stehende Energie in die Umsetzung ihrer ehrgeizigen Pläne gesteckt, bis ihnen die Puste ausging. Dabei versuchten sie dennoch zumindest einen Teil der sozialen Karriere zusätzlich zu leben und hierdurch zu retten. Wirtschaftliche Karriere, vielleicht noch eine Dissertation nebenher und eine Beziehung, wenn möglich noch ein Kind, das aber im Wesentlichen von anderen groß gezogen werden muss, da einfach keine Zeit übrig war. Muss ja auch nicht, denn auch das Kind in einer solchen Konstellation ist nur ein Accessoire.
Diese Frauen sind geradezu zwanghaft getrieben, der Welt beweisen zu wollen, dass sie alles schaffen, alles unter einen Hut bekommen können. Auch hier geht es in keiner Weise darum, etwas für sich selbst zu tun. Und der Vorteil an diesem Lebenskonzept ist, dass überhaupt keine Zeit bleibt, sich Gedanken zu machen,

geschweige denn, sich selbst zu spüren.

In der Konsequenz habe ich oft erlebt, dass diese Frauen Alkoholikerinnen oder von anderen Drogen abhängig waren, magersüchtig, bulimisch und nicht selten depressiv. Oft rackerten sie sich ab, bis sie in einem ausgewachsenen Burnout landeten und ihr gesamtes Lebenskonzept auf einmal in sich zusammenbrach.

Die Beziehungen dieser Frauen sahen natürlich ebenfalls entsprechend aus.

Eine Frau, die so wenig Kontakt zu sich selbst hat, kann natürlich auch keine Nähe zu einem Partner aufbauen. Einem Partner, der sich ohnehin genügsam in den chronisch überlasteten Terminkalender einsortieren und mit dem begnügen muss, was an Zuwendungsfähigkeit übrig bleibt. Die Frauen in solchen Beziehungen versuchen sich dann entweder besonders unterzuordnen – um den Mangel an Zeit und Zuwendung zu kompensieren – oder besonders zu dominieren.

Haben sie dann noch Kinder, laufen sie nicht selten mit einem permanenten, schlechten Gewissen durch ihr Leben, immer zu wenig Zeit zu haben, das sie sukzessive in kleinen Häppchen auffrisst. Dabei bleibt ihnen keinerlei Zeit, sich mit sich selbst zu beschäftigen und im Gegenteil bieten die allgemeinen Umstände hinreichend Gründe, sich schlecht zu fühlen. An ein Stehenbleiben und sich das eigene Leben, sich die unbewusst wirkenden Muster anzusehen, ist in solchen Situationen nicht zu denken.

Oft müssen solche Umstände erst dramatisch aufgebrochen werden, um eine Veränderung zu ermöglichen. Burnout, Suchtkarriere, einhergehend mit Depressionen, vielleicht den Verlust des Jobs und/oder des Partners. Nicht selten finden sich solche Frauen in einer Entzugsklinik oder der Psychiatrie wieder, ohne recht mitbekommen zu haben, wie sie dort gelandet sind.

Nicht selten sind ein solcher Totalzusammenbruch und der ihn flankierende, schier unerträgliche Leidensdruck die zwingenden Voraussetzungen, damit diese Frauen anfangen, in ihrem Leben, ihrer Psyche und ihrem Herzen aufzuräumen.

Ebenfalls weit verbreitet ist die Variante, dass diese Frauen notorisch Single sind, immer wieder versuchen, sich mit einem Mann einzulassen, aber schlussendlich an ihrer eigenen Beziehungsunfähigkeit und Bindungsangst scheitern. Stehen sie einem Mann gegenüber, bei dem sie Gefahr liefen, tatsächlich anzukommen, laufen sie, so schnell sie können. Sie leiden furchtbar unter diesen Umständen, sehen sich aber völlig außerstande an ihnen etwas zu ändern, hadern mit dem Leben, das es so schlecht mit ihnen meint, obwohl sie so viel leisten.

Ein Resümee

Wichtig an all diesen Beschreibungen ist, dass sie aufzeigen sollen, wie weit die heutigen Frauen sich vom weiblichen Prinzip entfernt haben. Ganz sicher decken meine Darstellungen nicht alle möglichen Konstellationen und Lebensmodelle ab. Aber vielleicht findet der ein oder andere in der Beschreibung etwas, was sie oder er schon einmal gesehen hat und kennt. Alle diese Frauen rennen äußeren Bildern hinterher und versuchen etwas zu sein, was sie eigentlich nicht sind. Sie leben ein Leben, das vor allem darauf abzielt, in einer Außenwahrnehmung etwas darzustellen, in der Hoffnung, hierdurch irgendwann glücklich zu sein.

Die Werte, die sie dabei anstreben und versuchen zu erreichen, sind vor allem männliche Werte. Wohlstand, Geld, Luxus, gutes Aussehen und Leistung. Oft von ihren Vätern im Stich gelassen und von ihren Müttern verraten, versuchen sie selbst auf die Beine zu stellen, was sie sich in Kindheit und Jugend gewünscht hätten, aber nicht bekamen: einen emotional sicheren Rahmen. Aber die Strategie, diesen durch besonders viel Leistung, im einen Fall, oder durch ein besonders scheinharmonisch inszeniertes Familienglück bekommen zu wollen, funktioniert nicht. Diese Lebenskonzepte sind leere Hüllen, ohne emotionale Substanz.

Was ich immer wieder sehen musste war, dass sich diese Frauen kein bisschen selbst kannten und keinen Kontakt zu sich, geschweige denn zu ihrer Weiblichkeit hatten – was sich nicht selten in chronischen Blasenentzündungen und Nierenproblemen, in zum Teil heftigen Menstruationsbeschwerden, aber auch in einer schwierigen, nicht erfüllenden Sexualität ausdrückte.

Die Ausnahmen, denen ich begegnen durfte, waren hier sehr anders.

Diese Frauen wirkten in keiner Weise getrieben, sondern in sich ruhend, in stetem Kontakt zu sich selbst, ihren Bedürfnisse – die sie auch sehr genau kannten und formulieren konnten – und eine faszinierende Kraft ausstrahlend. Frauen, die ihre eigenen Grenzen sehr klar spüren und ausdrücken konnten. Frauen, die zum intensiv in Beziehung Gehen in der Lage waren. Nicht nur mit einem Partner, sondern mit *allen* Menschen.

Frauen, die in ihrem Körper wohnten und das in jeder Lebenssituation auch ausdrückten. Sei es in alltäglichen Bewegungen, die immer präzise, aber dennoch entspannt und in der Mitte ruhend wirkten, sei es in Sport oder Tanz. Gerade das Tanzen ist ein interessanter Indikator, ob ein Mensch – Frau oder Mann – in seinem Körper wohnt und eine Verbindung zu sich selbst hat. Ich habe oft

beobachtet, wie sich Menschen geradezu abmühten, sich zur Musik zu bewegen und dabei noch sowas ähnliches wie Spaß zu haben. Aber es gibt einen signifikanten Unterschied, ob ein Mensch zur Musik tanzt oder im Rhythmus gleitet, also mit der Musik verschmilzt. Letzteres ist extrem selten und wunderschön mit anzusehen. Es hat auch eine sehr eigene Form der Erotik und sexuellen Anziehung. Denn, so heißt es zumindest, wenn ein Mensch sehr geschmeidig im Rhythmus gleitet, ist er tendenziell auch in der Sexualität sehr hingabefähig und leidenschaftlich.
Versuchen sie im Gegensatz sich irgendwie zum Rhythmus zu bewegen, drücken sie damit sehr deutlich aus, dass sie nicht in ihrem Körper wohnen, geschweige denn zur Hingabe fähig sind – ob an die Musik oder an einen Partner.
Ich habe auch viele Frauen erlebt, die ihren eigenen Wert darüber definieren, wie viel sie – gerade in materieller Hinsicht – von einem Mann geboten bekommen. So wie im Orient, in dem der Wert einer Frau in der Anzahl der für sie gebotenen Kamelen gemessen wurde. Frauen, die nur auf sich entsprechend inszenierende Männer reagieren und sich gerne von Statussymbolen blenden lassen. Luxus als Sinnbild für Potenz und versorgt Sein. Frauen, die sich ihrerseits nur darauf konzentrieren, das weibliche Schönheitsideal zu verkörpern und einen möglichst hohen Marktwert zu haben. Sie enden gerne in einer Situation, wie die der Frauen, die im Unterkapitel *Idealisierter Traum* beschrieben wurden, versuchen genau dieses Ideal zu erreichen, um zwangsläufig irgendwann in der Ernüchterung zu enden.
Auch wenn sie noch so sehr der Meinung sind, das drücke das Wertempfinden für sich selbst, als Indikator ihrer Selbstliebe aus, werden sie früher oder später darauf zurückgeworfen werden, nur in einer auf Äußerlichkeit aufgebauten Illusion gewandelt zu sein, die zwangläufig der Realität weichen *muss*. Spätestens, wenn die Fassade nicht mehr ausreichend restauriert werden kann – auch mit noch so viel finanziellem Spielraum – stehen sie vor sich selbst und den Überresten der geplatzten Seifenblase.
Zumal das Wertempfinden für sich selbst und äußerer Besitz, Geld und Luxus, Widersprüche sind. Das Selbstwertgefühl beschreibt das Gefühl für sich selbst und den Wert, der in diesem Gefühl für uns selbst liegt. Nicht den Wert, der von außen durch Luxus, Macht oder Prestige *verliehen* wird – einem Pokal ähnelnd, der bei jeder neuen Meisterschaft im Zweifel einen neuen Besitzer findet. Fühle ich mich nur wertvoll, wenn ich teure Kleider, Schmuck und Restaurantbesuche geboten bekomme, muss ich mich zwangsläufig als wertlos empfinden, wenn all das gerade nicht

vorhanden ist. Auch hier ist es das Verhalten eines Junkies, der sich nur gut fühlt, wenn er von außen etwas bekommt – ob Droge oder Luxus, ist hierbei völlig nebensächlich. Hauptsache etwas, das die innere Leere füllen soll.

Ein Mensch – ob Frau oder Mann – der in sich das tiefe Gefühl trägt, wertvoll zu sein, braucht kein Auffüllen durch externen Scheinwert. Materialismus wird völlig nebensächlich. Im Umkehrschluss drücken Menschen, die glauben, das müsse schon sein, damit sich der andere als würdig erweist, um die eigene Aufmerksamkeit zu bekommen, nur aus, dass sie für sich selbst nicht das Gefühl von Wert empfinden. Solange es nur äußere Merkmale sind, die Wert verleihen, findet auch keine emotionale Entwicklung, keine wirkliches Reifen statt.

Und wo wir gerade bei der Reife sind: es gibt in der Tat einen signifikanten Unterscheid zwischen alt und reif werden.

Frauen, die sich nur auf ihr Äußeres konzentrieren, um ihren Marktwert zu halten, müssen in der Tat Angst davor haben, alt zu werden. Wenn weder Makeup, noch Botox helfen, die Fassade zu restaurieren, werden die Optionen rar. Da nützen auch keine sexuellen Gefälligkeiten mehr, weil die im Zweifel von jüngeren Anwärterinnen mindestens ebenso gut erfüllt werden.

Findet eine Frau hingegen den Weg nach innen, in inneres Wachstum und Entwicklung, in das Entfalten ihrer Weiblichkeit und spirituellen Energie, muss sie keine Angst vor dem Älterwerden haben. Dann ist jeder Tag ein Geschenk an die eigene, innere Reife, geht die Frau zunehmend in ihrer eigenen Weiblichkeit auf. Diese Frauen brauchen sich nicht um das Älterwerden sorgen, weil sie mit jedem Herzschlag schöner und anziehender werden, jedes Fältchen nur eine Hommage an ihre Einzigartigkeit ist.

Sie gehen mehr und mehr in dem weiblichen Prinzip auf und verkörpern Hingabe sowie einen unerschöpflichen Jungbrunnen der Sinnlichkeit.

Durch das Eintauchen in das weibliche Prinzip werden sie nicht nur zu unnachahmlichen Partnerinnen, die mit ihrem Mann auf Augenhöhe, absolut gleichwürdig durchs Leben wandeln, sondern auch zu lustvollen Virtuosinnen der Leidenschaft, deren weiblicher Energie keine junge, zwar hübsche, aber eben noch nicht so reife Frau etwas entgegen zu setzen hat.

Wobei es hier nicht darum geht, junge Frauen als schlechter abzuwerten.

Es geht vor allem darum aufzuzeigen, dass das Reifen in das weibliche Prinzip auch für einen reifen Mann überaus erfüllend ist – so, wie die jugendliche Schönheit für einen jungen Mann

unwiderstehlich ist.
Trachtet ein reifer Mann hingegen nach einer jungen, vielleicht sogar einer deutlich jüngeren Frau, liegt der Rückschluss nahe, dass zum einen bei dessen eigener Entwicklung noch einiges an Potenzial vorhanden ist, er aber auch bislang nur mit Frauen in Beziehung gegangen ist, die sich vor allem auf Äußerlichkeiten konzentriert haben. Wobei das eine sehr klar etwas mit dem anderen zu tun hat. Denn der Reiz eines schönen Gesichts und eines leckeren Körpers ist vergänglich.
Der Reiz einer wachsenden Frau, die sich immer wieder neu definiert, immer spiritueller wird und in der Konsequenz immer hingabefähiger, schwindet hingegen nicht. Er wird größer, umfassender. Das Gefühl für eine solche Frau wird immer substanzieller, nicht schwächer, sondern stärker, die Verschmelzung nicht weniger, sondern intensiver, leidenschaftlicher. Bis sie in spirituelle Sphären vordringt und nicht mehr auch nur annähernd mit dem Ficken einer jungen, knackigen Frau zu vergleichen ist.
Eine Frau, die ganz und emotional entwickelt ist, wirkt auf ihre Umwelt unwiderstehlich.
Aber nicht, weil sie auf ihre Umwelt wirken *will*, nicht weil sie etwas tut, um die Wünsche und Erwartungen der Welt um sich herum zu erfüllen. Sondern weil sie sich selbst entdeckt und kennengelernt, sich intensiv mit sich selbst und ihren Bedürfnissen beschäftigt hat. Weil sie *weiß*, wer sie ist und wer sie nicht ist, sich nichts einreden lassen muss und sich selbst nichts einredet. Klar und authentisch.
Eine solche Frau muss sich weder von Männern bedroht fühlen, noch im Umkehrschluss gegen diese Männer kämpfen. Sie spürt nur ihre eigene Kraft und das tiefe Gefühl, in sich angekommen zu sein, sich selbst zu lieben. Die Resonanz im Außen, wenn die Frau an diesem Punkt angekommen, ist quasi unvermeidbar.
Ich wünsche aus tiefstem Herzen *jeder* Frau, dass sie den Weg in diesen Zustand findet.

Zusammenfassung

Wie wir gesehen haben, sind beide Prinzipien – das männliche und weibliche – zwei sich *ergänzende* Ganze, die nur *miteinander* glücklich werden können. Nur gemeinsam sind sie in der Lage, den schöpferischen Akt der Verschmelzung zu vollführen und im anderen die echte Liebe zu erfahren, die nichts anderes ist, als der

Spiegel der echten Selbstliebe.
Das männliche Prinzip kann nur zur vollen Blüte reifen, wenn es durch das weibliche ergänzt und gespiegelt wird. Genauso, wie das weibliche Prinzip nur in voller Pracht erstrahlen kann, wenn es durch das männliche ergänzt wird. Selbstredend, ohne dabei in eine Symbiose zu driften, sondern als Verschmelzung zweier gleichwürdiger Ganzer, die gemeinsam in aufrichtige Beziehung gehen.
Wobei beide Prinzipien in beiden Geschlechtern vorkommen. Durch den inneren Reifeprozess kann das gegengeschlechtliche integriert und das eigengeschlechtliche zur vollen Entfaltung gebracht werden – was in unserer Welt, die das männliche Prinzip zum Guten erhoben und das weibliche als minderwertig herabgewürdigt hat, im Klartext heißt, dass wir vordringlich das weibliche Prinzip entdecken, kultivieren und integrieren müssen. Das Männliche wird ohnehin ständig und bei jeder Gelegenheit überbetont.
Erst, wenn Frau *und* Mann das weibliche Prinzip in der jeweils stimmigen Dosierung integriert haben und in der Selbstliebe angekommen sind, ein echtes, inneres Gefühl für sich selbst entwickeln können, wirklich wertvoll zu sein, sind sie auch in der Lage, eine echte, erfüllende Partnerschaft zu finden. Ein Gefühl, das keine Ego-Prothesen mehr braucht, um sich aufzuwerten, keinen Luxus, kein Prestige. Sprich, wenn wir es schaffen, uns aus der Anpassung zu befreien.
Anpassung ist eine der emotionalen Ketten, in die wir im Laufe der Sozialisation gelegt werden.
Ein Korsett aus männlichen Werten, das uns alle mehr oder weniger davon abhält zu sein, was wir eigentlich sind. So wie auch die Abhängigkeit von der Meinung anderer. Erst, wenn wir uns von dieser Meinung einer uns umgebenden Welt bzw. der Menschen um uns herum emanzipiert haben und *wirklich* emotional frei sind, haben wir die Chance, in ein echtes Gefühl für uns selbst und unseren Partner zu finden. Ein Prozess, der die Vorbedingung für das Entwickeln einer eigenständigen Identität ist. Eine Identität, die eine notwendige Vorstufe für emotionale Gesundheit und Ganzheit ist.
Nur dann erzeugen beide zusammen, in der Verschmelzung, die kosmische, kreative und fruchtbare Energie der echten Liebe.
Wenn es einen Sinn in diesem Leben geben kann, dann ist es *diese* Verschmelzung.

Am Anfang war Erziehung

»Auch Kinder, die keine Gewalt, sondern »nur« eine andauernde schwere Vernachlässigung ihrer Eltern erleben, zeigen Veränderungen, die in Richtung Gewalt weisen. Vernachlässigte oder an Gewalterfahrungen gewöhnte Kinder erleben die Welt als einen gefährlichen Ort. Sie interpretieren, wie Studien zeigen, ihre Umwelt - insbesondere die ihnen begegnenden Menschen - auch dann als eher feindselig, wenn tatsächlich keine Gefahr zu erwarten wäre.«

Joachim Bauer, Schmerzgrenze

Ich habe für dieses Kapitel sehr bewusst den Titel des gleichnamigen Buches von Alice Miller gewählt. Sie beschreibt in ihren Büchern unnachahmlich, welche Rolle Erziehung für unsere Persönlichkeitsentwicklung spielt und welche Formen sie annimmt bzw. annehmen kann. Dabei deckt sie unter anderem auch die schwarzpädagogischen Mittel auf, derer sich auch heute noch, nach wie vor, bedient wird, um aus kleinen Menschen funktionierende Rädchen im soziokulturellen Getriebe unserer Gesellschaft zu machen, die bedingungslos gehorchen und artig ihren Dienst verrichten.

Das tragische an der Erziehung ist, dass sie uns zu dem macht, was wir heute sind – desintegrierte Menschen, die fast ausnahmslos auf der Suche sind.

Auf der Suche nach uns selbst, nach einer eigenständigen Identität, nach einer Persönlichkeit, die keine Kopie eines vordefinierten Rollenbildes, sondern Ausdruck unserer individuellen Natur ist. Eine Suche, die uns in der Regel in Suchtstrukturen und Co-

Abhängigkeit führt, da wir zunächst versuchen, die Leere, das Fehlen unseres Selbst durch äußere Maßnahmen zu kompensieren und/oder das schlechte Gefühl ins uns zu betäuben.
Aber was genau ist Erziehung und warum ist sie so schädlich?
»Außerdem wissen wir, in welchem Ausmaß die Erziehung in die Familie, die soziale Umwelt und die historischen Gegebenheiten unsere psychische Struktur bedingen. Tiefenpsychologie, Soziologie und Ökonomie haben in vielen, ja sogar in den meisten Fällen ergeben, daß unser Tun und unser Charakter ausschließlich das Resultat vorausgegangener Bedingungen sind.«, schreibt Erich Fromm in seinem Buch *Authentisch Leben*.
Erziehung ist ein Wort, das den Vorgang beschreibt, wie natürliche Anteile unserer Persönlichkeit uns als falsch abtrainiert und durch andere Anteile, die angeblich richtig sind, ersetzt werden. Das Wort steht also dafür, dass wir verändert werden. Gegen unseren Willen verändert werden. Erziehung zwingt uns in Verhaltensformen, die wir nie annehmen, würden wir freiwillig wählen dürfen. Und das ab einem Zeitpunkt, an dem wir wehrlos sind bzw. jede Gegenwehr im Keim erstickt wird.
Jedes Kind wehrt sich gegen diese Übergriffe, spürt instinktiv, dass das falsch ist, versucht, seine Würde und Integrität zu verteidigen. Aber es hat natürlich keine Chance gegen die Übermacht der Erwachsenen, die sich sehr einig darüber sind, dass das kleine Gör gefälligst zu tun hat, was von ihm verlangt wird. Selbst, oder gerade, wenn diese Diktatur hinter einer Fassade aus Lächeln und scheinbar wohlwollener Sanftheit versteckt wird.
Dabei sind die Eltern und das übrige Umfeld selbst oft emotionale Kinder in den Körpern von Erwachsenen. Ihrerseits erzogene Kinder, die die Saat des Erlebten weitergeben, sich über die Kleinen erheben und sich einreden müssen, sie wären weiterentwickelt.
Ein Trugschluss.
Wenn wir aus dem Mutterleib kommen, bringen wir alles mit, was wir brauchen. Das ganze Wissen, das wir benötigen, damit es uns gutgeht. Ein Kind, das noch gesund ist, spürt sehr genau, was es braucht, um für sich zu sorgen und kommuniziert es sehr klar.
Aber bereits früh lernen wir zwei elementare Botschaften:

1. dass das, was natürlich aus uns herauskommt, falsch ist
2. dass es jemanden gibt, der es besser weiß

Botschaften, die wir so verinnerlichen, dass wir sie auf allen Ebenen unserer Gesellschaft wiederholen.
Das verwundert nicht, bekommen wir sie doch unablässig eingeimpft. Mit mehr oder weniger subtilen Mitteln, bis hin zur

Anwendung roher Gewalt – was im deutschsprachigen Raum, wie gesagt, zumindest nicht mehr so sehr sichtbar wahrzunehmen, weil eine Straftat ist. Was nichts daran ändert, dass sie nach wie vor angewendet wird.
Wir müssen lernen, dass wir nicht so sein dürfen, wie wir eigentlich sind. Ist ein Kind zu lebhaft, wird es eingebremst, ist es zu neugierig und stellt zu viele Fragen, wird es ermahnt, wagt es sich Dinge anzufassen, um sie im wörtlichen Sinne zu be-greifen, werden sie ihm weggenommen. Beinahe ununterbrochen werden wir gemaßregelt.
Jeremy Rifkin schreibt in seinem Buch *Die empathische Zivilisation* : *»Wenn das Kind das Trotzalter erreicht hat, bestehen fast zwei Drittel aller Eltern-Kind-Interaktionen aus Versuchen, das Verhalten des Kindes gegen seinen Willen zu ändern. Im Alter zwischen zwei und neun Jahren findet alle sechs bis neun Minuten ein Versuch seitens der Eltern statt, erzieherisch auf das Verhalten des Kindes einzuwirken – ein wahrer Machtkampf.«*
Dafür gibt es auch ein anderes Wort: **Psychoterror**.
Wir werden emotional unter Druck gesetzt – mehr noch erpresst – damit wir endlich das sind, was wir sein sollen: funktionierende Elemente der Gesellschaft und sichtbare Erzeugnisse unserer Eltern in der Außenwahrnehmung. Wir werden zur Messlatte der Fähigkeiten unserer Eltern, die zeigt, wie sehr *sie* in der Lage sind, uns zu funktionierenden Menschen zu machen, zu möglichst angepassten Lemmingen, die sich damit abfinden, zu sein, was sie nie sein wollten. Dabei müssen wir unverändert tradierte, unreflektierte und als Gesetz verinnerlichte Werte sowie Ansichten annehmen. Funktionieren wir nicht adäquat, koppelt das eins zu eins rück auf die Fähigkeiten unserer Eltern, uns angemessen zu erziehen, zeichnen wir sie mit dem Stigma des Versagens, der erzieherischen Unfähigkeit.
Wie oft habe ich Eltern erlebt, die sich ständig für ihre Kinder entschuldigten, weil sie angeblich zu laut, zu anstrengend, zu lebhaft, zu neugierig oder zu sonst was auch immer waren. Ich habe diese Eltern in der Tat als anstrengender erlebt, stetig bemüht ein gutes, ordentliches und adrettes Bild abzugeben.
Sie wenden hierbei teilweise skurril anmutende Methoden an, ganz sicher in der Annahme, nur zum Besten ihrer Sprösslinge zu handeln. Wie eine Mutter, deren kleiner Sohn in der Gemüseabteilung eines BIO-Supermarktes neugierig einen Brokkoli in die Hände nimmt und begutachtet, im wörtlichen Sinne be-greift, und von ihr, nach dreimaliger Ermahnung, er solle ihn zurücklegen, einigermaßen genervt mit der Behauptung gemaßregelt wird, das Anfassen des

Gemüses sei verboten. In meiner Wahrnehmung blanker Unsinn.
Oder ein kleines Mädchen, das ihrer Mutter – ebenfalls im BIO-Supermarkt – eine Staude Bananen entgegen hält und von ihr ermahnt wird, sie solle sie zurücklegen. Wenn sie sie nicht zurücklege, würde sie das Geschenk, das sie dem Mädchen gekauft habe, eben ihrem kleinen Bruder geben. Mit Engelszunge und übertrieben sanftem Tonfall. Was das Mädchen aus dem Stand zum Weinen gebracht hat. Natürlich, bei so viel Verletzung ihrer Würde. Das ist übrigens schwarze Pädagogik in Reinkultur.
Etwas, was der Mutter in der Situation ganz sicher nicht bewusst ist.
Oder eine anderer Klassiker. Mutter, Vater und ein kleiner Sohn spazieren sonntags durch die Stadt. Der Kleine ist lebhaft und neugierig, erkundet die Umgebung mit großen Kulleraugen, läuft Tauben hinterher und hat sichtlich seinen Spaß dabei. Die Eltern wollen weiter und die Mutter fordert den kleinen Sohn auf, er solle mitkommen. Aber das Kind ist viel zu sehr mit Entdecken beschäftigt, um das wahrzunehmen. Nach dreimaliger Ermahnung, schreitet der Vater ein, nimmt den Jungen und hebt ihn hoch. Sofort beginnt der Kleine zu schreien, zu protestieren und letztlich zu weinen.
In solchen Situationen frage ich mich als »nicht-Vater« immer wieder, was ein Erwachsener tun, wenn ihn jemand gegen seinen Willen einfach hochheben und aus seiner Situation reißen würde.
Alle beschriebenen Fälle zeigen, wie sehr Eltern darum bemüht sind – zwar oft in sanftem Tonfall –, aber nicht selten mit Erpressung oder mit der Verletzung der Integrität und Würde, ihre Kinder dazu zu bringen, zu gehorchen. Es findet keine Auseinandersetzung statt, gibt keine Erklärungen, geschweige denn ein in Beziehung Gehen – sprich ein Nachfragen, was das Kind denn möchte oder mit seiner Aktion bezweckt. Es soll einfach nur tun, was ihm gesagt wird. Möglichst, ohne Fragen zu stellen und selbstverständlich ohne Widerwort.
Doch warum ist es so wichtig, zu erziehen?
Zunächst, weil die Eltern selbst erzogen wurden und oft die Lebendigkeit ihrer Kinder nicht ertragen, da sie selbst als Kinder das Lebendigsein aberzogen bekamen. Sie sehen den Spiegel ihrer eigenen Unterdrücktheit in ihren Kindern und müssen weitergeben, was ihnen angetan wurde. Unbewusst, versteht sich einmal mehr. Ein Phänomen, das in der Psychologie als Wiederholungszwang bekannt ist. Die perverseste Form, die mir bisher begegnet ist: Eltern die auf die Odenwald Schule gegangen sind, dort misshandelt sowie sexuell missbraucht wurden und ihre

Kinder auf eben diese Schule schickten.
Ein nicht minder wichtiger Grund ist das Motiv vieler Eltern und hier besonders der Frauen, Kinder bekommen zu wollen. Sie wollen ein Wesen, dass sie lieben *muss*, das sich nicht entziehen kann und dem sie überlegen sind. Ein Wesen, dem sie erzählen können, wie es zu laufen hat.
Nicht zuletzt hat auch das Kind den Zweck, die Mutter zu komplettieren, zu vervollständigen. Oft mit der Hoffnung beladen, das Bilderbuch-Familienglück zu erzeugen, endlich dafür zu sorgen, dass das Familienkonstrukt glücklich wird.
Schlägt dann die Realität ein wie ein Blitz – was die absolute Regel ist, solange die Eltern unreflektiert und unentwickelt sind –, stellen sie fest, dass ein Kind vor allem fordert, braucht und die an es gestellte Erwartungshaltung nicht erfüllen *kann*. Es ist auch gar nicht seine Aufgabe. Im Gegenteil ist es die Aufgabe der Eltern dafür zu sorgen, dass es dem Kind gutgeht. Und in dem Wort Aufgabe steckt auch das Wort Aufgeben.
Leider Dinge, über die Menschen in der Regel nicht nachdenken, *bevor* sie ein Kind in die Welt setzen. Wenn es dann da ist, ist es zu spät. Aber genau *dann* wird erzogen, soll das Kind sich so verhalten, wie es für die Eltern angenehm ist – und die übrige Umwelt natürlich auch. Denn es soll ja vorzeigbar sein, einmal mehr die eigene Außenwirkung aufwerten. Die zunehmenden Fälle von Kindsmord, die in den Medien sichtbar werden, zeigen, dass das Konzept nicht aufgeht – auch wenn das natürlich ein Extrem beschreibt.
Aber genervte Mütter, die überfordert sind, Väter, die sich in ihrem Job und anderen Aktivitäten vergraben oder gleich das Weite suchen, sind absolut an der Tagesordnung. Verhaltensauffällige Kinder nehmen in erschreckendem Maße zu, wie auch die ADHS-Diagnosen, weil die Kinder einfach vernachlässigt und am liebsten vor dem Fernseher geparkt werden. Ist ADHS diagnostiziert, werden die Kinder mit Ritalin ruhig gestellt.
Warum ist das wichtig in unserem Kontext?
Nun, weil es die Erziehung war, die uns in unsere Muster getrieben hat. Wir hatten keine Chance. Uns wurde systematisch antrainiert, dass wir so zu sein haben, wie andere uns wollten, wir nicht sein durften, was wir sind. Wen wundert es also, dass wir es später als Erwachsene selbst nicht mehr wissen?
Wie hätten wir uns kennenlernen sollen, wenn wir uns nie ausprobieren durften, wie eine Identität entwickeln, wenn wir große Teile unseres Wesens nicht nur nicht ausleben, geschweige denn kultivieren durften, sondern im Gegenteil als unpassend und

falsch lernen mussten zu bewerten?
Wundert es wirklich, dass wir Bedürfnisse und Wünsche nicht spüren, benennen und ausdrücken können, wenn wir von klein auf beigebracht bekamen, dass wir sie nicht haben dürfen – oder zumindest nur zu den Bedingungen anderer, allen voran unserer Eltern?
Woher kommt das schlechte Gewissen über all das, was wir als Schwäche lernen mussten zu verstehen, über die kleinen Schrulligkeiten, die eigentlich liebenswerten Besonderheiten, die wir uns nur trauen unter vorgehaltener Hand zu offenbaren, wenn überhaupt? Und dann mit der antrainierten Scham behaftet, wir tun etwas Unangebrachtes.
Vor allem, wen wundert es wirklich, dass wir nie den Weg in die Selbstliebe finden konnten, wenn uns ständig erzählt wurde, dass dies oder jenes nicht passt, wir dies oder jenes falsch machen, anders machen müssen und nur Lob sowie Anerkennung bekommen, wenn wir so sind und uns verhalten, wie man das von uns erwartet?
Natürlich lernen wir, dass Erwartungen völlig normal sind. Und natürlich übernehmen wir diese Haltung und fangen selbst an zu erwarten. Zunächst von uns selbst, um den Erwartungen der Erwachsenen zu genügen. Später, wenn wir älter sind, dann auch von anderen. Wir erwarten, irgendwann den Preis dafür zu bekommen, dass wir uns so artig angepasst, wollen die Belohnung dafür, so tapfer durchgehalten zu haben.
Zunächst von unseren Eltern, die sie uns aber nicht geben. Dann stellvertretend von unseren Partnern. Und natürlich versuchen wir den erlernten Mechanismus des Erziehens anzuwenden, um aus dem Partner dann das zu machen, was wir uns wünschen und so sehr brauchen.
Das Tückische an dem Erziehungsprozess ist, dass alle Wesensanteile, die wir wegdrücken und verdrängen müssen, um sie durch *richtige* zu ersetzen, nicht verschwinden. Sie wandern nur ins Unbewusste – in den so genannten Schatten – und wirken dort, ohne dass wir es merken. Wir dürfen sie nicht merken, dürfen sie nicht spüren. Was wir spüren, ist der Mangel, den die unterdrückten Anteile unserer Persönlichkeit unweigerlich erzeugen. Einen Mangel, den wir dann kompensieren müssen. Durch stoffgebundene Süchte, wie Trinken, Rauchen, Koksen oder prozessgebundene Süchte wie etwa Sexsucht, Beziehungssucht, Magersucht, Bulimie oder Kaufsucht. Begleitet von der Egozentrik, die letztlich nichts anderes ist, als die Sucht nach Anerkennung.
Und in dem Wort Sucht steckt auch das Wort Suche.

Die Sucht ist ein Ausdruck für die Suche nach uns selbst und den unterdrückten Wesenszügen, die wir im Laufe unserer Erziehung und des Sozialisationsprozesses vergraben mussten.

Religion

»Während es ein Schlüsselprozeß in der Entwicklung der Bindung ist, das Vertraute vom Fremden unterscheiden zu lernen, spielen die konventionellen Belohnungs- und Strafreize der experimentellen Psychologie nur eine geringe Rolle. Tatsächlich kann sich Bindung trotz wiederholter Bestrafung durch die Bindungsperson entwickeln.«

Klaus E. & Karin Grossmann, Bindung und menschliche Entwicklung

Religion ist, modernem Gedankengut und medialer Aufklärung zum Trotz, nach wie vor sehr präsent. Auch wenn viele bei diesen Worten mental den Blick unwillkürlich nach Osten richten und hierin vielleicht eine Bestätigung der anti-islamischen Propaganda sehen möchten, so sind alle großen Religionen in der westlichen und östlichen Kultur tief verankert. Christliche Werte werden uns unvermindert durch die Windungen unseres Gehirns getrieben und dort eingebrannt. Ob wir es wollen oder nicht.

Das dem Wort Religion zugrunde liegende lateinische Wort *relegare* bedeutet: Zurückblicken. Religion ist somit in seiner Urform eine Aufforderung und ein auf Regeln basierendes Konzept, um Rücksicht im wahren Sinne des Wortes zu nehmen – also das Zurückblicken und umsichtig Sein zu vermitteln.

So sind denn auch die großen Werke der drei führenden Weltreligionen vor allem Schriften, die zur Liebe, zur Nächstenliebe, zur Rücksicht und zum Miteinander aufrufen wollen. Gleichgültig, ob es sich um die Bibel, den Koran oder den Talmud handelt. Sie alle sprechen vor allem von Liebe.

Wenn das, was die Menschen daraus seit Jahrtausenden machen, nicht so tragisch und furchtbar wäre, könnte man das Ganze für einen schlechten Witz halten. Besonders die, die behaupten im Namen dieser Religionen zu handeln, verletzen nach eigenem

Gusto deren fundamentale Forderung nach Frieden und Liebe permanent. Somit ist der Ausdruck *Fundamentalist* sehr irreführend, da er eigentlich einen Wirklichkeit verdrehenden Fanatiker meint, der angeblich im Namen einer Religion handelt, aber in Wahrheit nur seinen eigenen Wahn auslebt und versucht, ihn durch vermeintliche Gotteshörigkeit zu legitimieren. So, wie es auch in Deutschland vor allem Politiker der Parteien tun, in deren Parteibezeichnung sich das Wort *christlich* befindet.

Das beinahe Komische ist, dass die Menschen in ihrer Geschichte etwa fünftausend Götter und Gottesfiguren erdacht und bei so mancher behauptet haben, sie sei die einzig wahre. Ohne dabei vor Folter und Mord zurückzuschrecken, um anders Denkende dazu zu zwingen, entweder diesen Glauben bedingungslos anzunehmen, sich ihm zu unterwerfen oder aber das Zeitliche zu segnen.

Was die etablierte religiöse Lehre betrifft, so pervertiert sie den Liebesbegriff bis in die letzte Haarspitze.

Liebe wird zu etwas degradiert, was wir nur bekommen dürfen, wenn wir unsere natürlichen Impulse unterdrücken und Regeln annehmen, Widersprüche zu glauben bereit sind, die *jedes* kleine Kind reflexartig infrage stellt. Nicht zuletzt, weil Kinder durch und durch logisch sind.

Berechtigte Fragen wie: »Warum hat Maria ein Kind bekommen, wenn sie Jungfrau war?« werden mit einfachen Antworten, wie etwa: »Weil sie heilig ist.« abgefertigt. Und zwar so lange, bis der Fragende es zu glauben beginnt und das Fragen einstellt.

Und da wundern wir uns, dass Menschen Dinge glauben, die offensichtlich widersprüchlich sind…?

Was ganz wichtig an der religiösen Erziehung ist – und das ist eine sehr klare und reine Form der Erziehung, des Wegmachens natürlicher Wesensanteile und Ersetzens durch künstliche, unnatürliche –, dass sie ein ganzes Stück früher beginnt, als die schulische. Also in einem Alter, in dem Kinder noch nicht viel intellektuell aufzubieten haben, um die hohlen und fadenscheinigen Argumente zu widerlegen, die ihnen unablässig eingetrichtert werden. Außer ihrem logischen, kindlichen Verstand – der ihnen aber aberzogen wird.

Darüber hinaus vermitteln die weltlichen Interpretationen der großen Religionen sehr klare Wertestrukturen.

Sie werden immerzu wiederholt, bis sie auch der renitenteste Zweifler glaubt. Ein Effekt, der durch die Funktionsweise unseres Gehirns möglich wird und bereits 1896 von Gustav le Bon in seiner *Psychologie der Massen* beschrieben wurde. Das Prinzip

der Behauptung und Wiederholung. Es wird etwas behauptet – vorzugsweise kurz, knapp und einprägsam, vor allem ohne nennenswerte Begründung – und so oft wiederholt, bis es auch der letzte glaubt.
Nach diesem Prinzip funktionieren Werbung, Neuro-Linguistisches Programmieren (NLP), die Politik und ... Religionen.
Warum ist das in unserem Kontext wichtig?
Weil die Religionen, mit Ausnahme des Buddhismus, sich sehr einig darüber, dass Frauen Menschen zweiter Klasse sind und dem Mann zu gehorchen sowie zu dienen haben. Denn alle Religionen sind von Männern gemacht. Sie alle fordern die Ausschließlichkeit für den einen, männlichen Gott, die die Männer ebenso von den Frauen fordern – ganz sicher auch, um sich selbst einen göttlichen Anstrich zu verpassen, wie minderwertig der jeweilige Mann auch sein mag. Die Religionen sind eine institutionalisierte Form der Frauenunterdrückung. Ein Echo der Angst des Mannes vor der Frau, der wir bereits begegnet sind.
Viele religiöse Schriften drücken aus, wie verderbt das Weib ist und versucht, von der edlen und reinen Seele das Mannes Besitz zu ergreifen, um ihn zu verhexen. Sie drücken damit die urtümliche Angst, nein Panik aus, die der Mann vor der Frau empfindet.
Aber sie beschneidet nicht nur die Frau, sondern auch den Mann.
Konzepte, wie das Zölibat, sind Ausdruck dieser Beschneidung. Die tatsächliche Beschneidung kleiner Jungs ist eine wörtliche Übersetzung dieser Teilkastration. Sie wird heute nach wie vor als religiöse Freiheit verteidigt. Freiheit. Die Jungs werden in einem Alter beschnitten, in dem sie gar nicht entscheiden *können*. Mal ganz davon abgesehen, dass sie nie gefragt wurden. Es sind einmal mehr ihre Eltern, die für sie entscheiden – entscheiden, ihnen Leid anzutun und sie in ein sexuelles Trauma zu stoßen. Nicht selten von Infektionen und anderen Komplikationen flankiert. Diese Knaben werden einer Ideologie und der Unentwickeltheit ihrer Eltern geopfert.
Dass sich das im Erwachsenenalter irgendwann Bahn brechen muss, ist nur logisch.
Dass katholische Priester, die sich auch heute noch dem Zölibat unterwerfen, irgendwann anfangen müssen, sich an jungen Knaben oder Mädchen zu vergehen, ist nachvollziehbar. Ganz sicher absolut verachtungswürdig aus der Opferperspektive. Aber wenn jemand seinen natürlichen Sexualtrieb unterdrücken muss, ist es eine rein logische, menschliche Reaktion, dass er irgendwann ausbrechen wird und sich ein Ventil sucht.
Dass viele beschnittene Männer ein sehr gestörtes Verhältnis zu

ihrem Penis und Sexualität allgemein haben, ist ebenfalls nur logisch. Die Traumaenergie ihrer Beschneidung steckt in ihrem Körper, ist integraler Bestandteil ihres emotionalen Geflechts, so lange gespeichert, bis sie aufgelöst wird.

Und Frauen werden in ein moralisches Korsett gezwungen.

Grundsätzlich als minderwertig, verderbt, schlecht und für den Mann schädlich abgestempelt, haben sie nur die Chance, sich durch Keuschheit und Gehorsam reinzuwaschen. Vorzugsweise jungfräulich in die Ehe gehend, beweisen sie durch ihre Entsagung, wie sehr sie ihr von Natur aus verderbtes Wesen läutern, wenn sie sich nur einem Mann ausliefern, auf Gedeih und Verderb verschreiben. Nichts gegen Monogamie – aber diese Unterwerfung ist grundlegend etwas anderes.

Im Islam muss sie sogar hinnehmen, nur eine von potenziell vielen zu sein, da der islamische Mann mehrere Frauen haben darf. Aber wehe, die Frau schaut einen anderen an. Nicht umsonst werden Frauen in manchen islamischen Ländern verschleiert, wird das öffentliche Zeigen eines Handgelenks als sexuelle Provokation gewertet. Das wirkt nicht zufällig außerordentlich psychotisch.

Mit Liebe hat das natürlich nicht das Geringste zu tun.

Auch wenn gerne von religiösen Vertretern behauptet wird, es beweise die Liebe zu Gott, oder wie auch immer die Gottesfigur im Einzelfall genannt wird. Aber eine Liebe, die durch Unterwerfung bewiesen werden muss, ist keine Liebe. Ein Gott, der Unterwerfung fordert, ist vor allem ein Synonym einer wertenden Vaterfigur – ein Richter – kein Liebender.

Es geht sehr klar um Besitz, um Besetzen, um Unterdrückung und Kontrolle. Jedes dieser Worte ist das *exakte* Gegenteil von Liebe. Die unerträgliche Ungleichheit beider Geschlechter wird durch viele Argumente immer wieder gebetsmühlenartig transportiert. Der Mann darf, die Frau nicht. Er ist der Herrscher, sie die minderwertige Kurtisane. Aber nur für *einen* Mann. Ist sie es für mehrere Männer, bekommt sie sofort das Brandmark, eine Schlampe, ein billiges Flittchen, eine Hure zu sein. Während er sehr wohl Erfahrung machen oder sich – wie im Falle des Islam – mehrere Frauen halten darf. Sie sind dort sogar ein Zeichen von Wohlstand. Wobei es sehr große Unterschiede in der Auslegung des Islams gibt. Hier wird exemplarisch ein Extrem beschrieben, das in vielen islamischen Staaten so nicht vorzufinden ist.

Diskussionen mit religiös streng gläubigen Menschen sind mehr als mühsam. Tatsächlich sind sie sinnlos. Das Hirnwaschprogramm ist so effizient, dass es effektiv den Menschen in sein Raster zwingt, sein Gehirn so darauf abrichtet, jedes noch so logische

Argument einfach wegzuwischen. Frank Schätzing hat das in seiner unvergleichlichen Art in *Breaking News* trefflich auf den Punkt gebracht.

»So endet es immer. Jedes Mal, wenn man es mit streng Religiösen zu tun bekommt. Sie behandeln dich mit der wohlmeinenden Herablassung, die man Halbwüchsigen entgegenbringt. Sechseinhalb Millionen Jahre menschlicher Beobachtungsgabe legen nahe, dass der Apfel nach unten fällt, aber wenn Gott es will, sagen sie, fällt er nach oben. Das Märchenwesen, an das sie hartnäckig glauben. Du merkst an, dass es 1000 gute Gründe gibt, zumindest skeptisch zu sein. Sie bleiben unbeirrbar. Lächeln und wissen es besser.«

Aber sie denken, handeln und fühlen nicht so, weil sie es wollen, weil sie sich freiwillig für diesen Weg entschieden haben. Sie führen unbewusste Programme aus, von deren Existenz sie nichts wissen, da sie ihnen installiert wurden, *bevor* sie je ein Veto hätten einlegen können. Und hierdurch werden sie gesteuert, steuerbar ... berechenbar.

Wichtig ist, dass Menschen, die in religiöse Bahnen gezwungen werden, in der Regel vor allem Eltern haben, die selbst sehr religiös sind – in der weltlichen Interpretation dieses Wortes. Es ist die absolute Ausnahme, dass sich ein Mensch freiwillig im Laufe seines Lebens für Religionen entscheidet. Diese Ausnahmen gibt es, wenn ein Mensch im Laufe seines Erwachsenwerdens sehr viel Leid erfährt. Besonders durch Eltern und nahe Verwandte. Dann sind irdische Religionsvertreter ein Rettung verheißender Strohhalm, an den sie sich klammern und dem sie sich gerne unterwerfen, von dem Versprechen beseelt, sie würden Rettung und Erleuchtung erfahren.

Aber – *jede* institutionalisierte Form von Religion ist eine Unterwerfung.

Vor allem eine mentale und emotionale. Denn die Lehre wird so transportiert, dass nur ein Mensch, der sich unterwirft, sich emotional und interaktiv verstümmelt, hierdurch die Qualifikation erhält, in der religiösen Gemeinschaft anerkannt und aufgenommen zu werden.

Oder auch einfach ausgedrückt: sich bedingungslos anzupassen.

Religion wird zum verlängerten Arm der auch elterlichen Erziehung – im Englischen treffend durch den Terminus *Sunday School* ausgedrückt – und ein Verstärker des schlechten Gewissens, das wir ohnehin schon latent installiert bekommen haben. Denn die wichtigsten Instrumente der Religion sind das schlechte Gewissen und das sich schuldig Fühlen. Wir sind von Natur aus sündig,

schlecht und unwert. Das einzige, das uns befreien und zu guten Menschen machen kann, ist das Befolgen von Regeln und die totale Unterwerfung in ein religiöses Wertekorsett. Selbstverständlich das bedingungslose Glauben an den einen Gott – ohne Fragen zu stellen.
Selbstunterdrückung und Anpassung werden die Leistungen, für die der Mensch dann Anerkennung und das Gefühl des angenommen Seins erhält. Eine Anerkennung, die sofort erlischt, sobald die Person aus der Reihe tanzt und tut, was ihrem Wesen entspricht.
Eine Struktur, die nicht zufällig an faschistisches Gedankengut erinnert. Nur, wer sich richtig verhält – also richtig im Sinne des Befolgens von Doktrinen und Regeln – ist gut und rechtschaffen. Andernfalls ist der Mensch sündig und falsch. Einmal mehr: wer nicht für mich ist, ist gegen mich...
Auch das ist ein Sinnbild für eine Symbiose.

Pränatale Prägung

»Die Forschungsergebnisse von Neurobiologen, Psychologen, Stressforschern und Verhaltensbiologen fügen sich wie ein Puzzle zusammen und ergeben ein Bild eines ungeborenen Kindes, das schon im Mutterleib eine psychische Entwicklung durchläuft.«

Gerald Hüther & Inge Krens, Das Geheimnis der ersten neun Monate

Viele Menschen glauben noch immer, das Leben beginnt mit der Geburt. Wenn wir aus dem Mutterleib schlüpfen – oder vielmehr uns erfolgreich herausgezwungen haben – und mit dem Klaps auf den Po das erste Mal Luft atmen sowie durch unser Schreien unüberhörbar der Welt verkünden: ich bin da!

Aber das ist einer der weit verbreiteten Irrglauben, die uns vermutlich seit Jahrtausenden, wenn nicht seit Anbeginn der Menschheit begleiten.

Tatsächlich haben wir zum Zeitpunkt der Geburt eine etwa neun monatige Geschichte hinter uns. Eine Geschichte, die uns einen rudimentären Erfahrungsschatz beschert, der uns prägt, bevor wir auch nur das erste Mal unsere Lungen mit irdischer Luft fluten können. Das Wort *etwa* rührt daher, dass Frühgeburten keine Seltenheit sind, wir zum Teil sehr wohl die Entscheidung treffen, früher heraus zu wollen aus dem Mutterleib.

Das kommt nicht zuletzt daher, weil wir bereits im Mutterleib zum Teil sehr fragwürdige, in Einzelfällen sehr schlimme Botschaften bekommen. Die Botschaft nicht gewollt, nicht geliebt zu sein. Die Botschaft, nicht zu passen. Oder – wie im Extremfall eines

Vergewaltigungsopfers – ein ungewolltes Kind eines Mannes zu sein, der uns in den Leib unserer Mutter gezwungen hat.

»Das ungeborene Kind ist ein lebendiges Wesen, dessen Entwicklung nur dadurch möglich ist, dass es mit seiner mütterlichen Umgebung in ständiger Kommunikation steht. Von Beginn an findet eine komplexe Interaktion statt. Von Anfang an braucht der Mensch »Beziehung«.«, schreiben Gerald Hüther und Inge Krens weiterhin in ihrem Buch *Das Geheimnis der ersten neun Monate*.

Das Schlimme an solchen Erfahrungen ist, dass wir ihnen völlig hilflos ausgeliefert sind. Schlimmer noch, wir sie nicht kognitiv aufnehmen, sondern zellular verinnerlichen und abspeichern. Sie werden ein biologischer Bestandteil unserer uns bestimmenden Realität, unserer Handlungen und unseres Empfindens.

Natürlich funktioniert das auch im Positiven.

Wenn die Mutter sich auf ihr Kind freut, ihm mit jedem Atemzug sagt: ich will Dich und ich liebe Dich. Wenn sie ihr ganzes liebevolles Gefühl in das werdende Lebewesen schicken und ihm sagen kann, wie willkommen es ist. So gestärkt, kann ein Kind sehr vielen und harten Herausforderungen trotzen. Allerdings ist es hierfür unter anderem auch wichtig, dass es der Mutter gutgeht, sie sich rundherum wohl und geborgen fühlt. Das direkte Umfeld und die emotionale sowie mentale Stabilität spielen somit eine entscheidende Rolle für die Mutter und das heranwachsende Kind.

»Die Gebärmutter, das erste Zuhause des ungeborenen Kindes, ist Teil des komplexen körperlichen, psychischen und sozialen Systems »Mutter«. Und die werdende Mutter ist nun einmal ein lebendiges Wesen, eine Frau, die atmet, isst, trinkt, verdaut; die auf ihre Art auf Belastungen und Herausforderungen reagiert, die Hormone ausschüttet, die sich entspannen kann oder chronisch angespannt ist; die gesund oder krank ist, die liebt, sich ängstigt, wütend, verwirrt, nervös oder ruhig ist, sich sicher oder bedroht fühlt, leidet oder zufrieden ist. Die Gebärmutter ist also Teil des beseelten, lebendigen mütterlichen Organismus. Aber die werdende Mutter ist selbst wiederum nur Teil des komplexen Systems, in dem sie lebt, das Einfluss auf sie nimmt, auf das sie reagiert und das sie zu bestimmten Reaktionen veranlasst. So haben die sozioökonomischen und politischen Bedingungen einen entscheidenden Einfluss auf das Wohlbefinden der Schwangeren.«, schreiben Gerald Hüther und Inge Krens weiter in ihrem Buch *Das Geheimnis der ersten neun Monate*.

Hier sind vor allem die Väter gefordert.

Sie haben durch liebe- und verständnisvollen Umgang mit ihrer

Partnerin die Möglichkeit, ihren Teil dazu beizutragen, dass es der Mutter und dem werdenden Kind gutgeht, können wirklich zeigen, was in ihnen steckt. Durch Wärme, Zuwendung, Absicherung und durch ein Meer von Zärtlichkeit. Wobei das nicht wie ein Kraftakt klingen soll, wie eine Leistung. Ist es nicht echt und kommt nicht wirklich von Herzen, funktioniert es ohnehin nicht.

Kommen die Liebe und Zärtlichkeit von Herzen, kann die Mutter gar nicht anders, als sich rundum wohlzufühlen und dieses schöne Gefühl an ihr Kind weiterzugeben. Jeder Betrug, jedes so tun als ob, kommt ungefiltert nicht zuletzt beim Kind an. Denn der Körper lässt sich nicht täuschen. Unsere Gedanken und unsere bewusste Wahrnehmung hingegen ganz sicher.

Leider ist es die Regel, dass die Väter diese Liebe und Zuwendung nicht geben können. Allein schon, weil Zärtlichkeit bei Männern immer noch oft als weich und weibisch verpönt ist, wie wir an anderer Stelle bereits gesehen haben.

Aber auch die Mütter haben die Pflicht, sich mit sich und ihren Mustern intensiv auseinander zu setzen, *bevor* sie ein Kind in sich tragen. Sind sie – wie es leider ebenfalls die Regel ist – emotional nicht aufgearbeitet, tragen Traumata in sich, seelische Verletzungen und vielleicht Süchte, übertragen sie nicht zuletzt ihre Bedürftigkeit, aber auch das schlechte Gefühl für sich selbst eins zu eins auf ihre Kinder. Haben sie sogar eine sexuelle Missbrauchsgeschichte erfahren und nicht aufgearbeitet, geben sie dem Ungeborenen eine schwere Last mit auf den Lebensweg.

Auch die Mütter sind oft Transporteure schlimmer Gefühle und Botschaften. Einmal mehr unbewusst und ohne es zu beabsichtigen. Nichtsdestotrotz geben sie ungefiltert ihre Realität an ihr Kind weiter und vererben ihm damit ihre Situation, unter der sie im Zweifel selbst leiden. Das Kind hat keine Chance.

Da wir oft nicht die Erfahrungen machen und mit auf die Welt bringen dürfen, die wir gebraucht hätten, um uns prächtig und emotional gesund zu entwickeln, wählen wir andere Mittel, damit umzugehen.

Das Gesetz der Anziehung

»Wenn wir verstehen wollen, warum Menschen andere Menschen quälen und demütigen, müssen wir uns zuerst mit dem beschäftigen, was wir in uns selbst verabscheuen. Denn der Feind, den wir in anderen zu sehen glauben, muß ursprünglich in unserem Innern zu finden sein. Diesen Teil in uns wollen wir zum Schweigen bringen, indem wir den Fremden, der uns daran erinnert, weil er uns ähnelt, vernichten. Nur so können wir fernhalten, was uns in uns selbst fremd geworden ist. Nur so können wir weiter aufrecht gehen.«

Arno Gruen, Der Fremde in uns

Einer der in meiner Wahrnehmung am meisten verbreiteten Irrglauben ist, dass Beziehung zufällig zustande kommt, etwas mit Glück oder Unglück zu tun hat. Es war eben einfach nicht der oder die Richtige, um das große Glück und die echte Liebe zu finden.

Eine weitere beliebte Variante ist, sich einzureden, es sei richtige Liebe gewesen, habe sich aber auseinander gelebt, sich eben voneinander wegentwickelt. Immerhin habe man eine mehr oder weniger lange, schöne Zeit zusammen gehabt.

Das sind die tückischen, mentalen Fallstricke, denen wir nur allzu gern auf den Leim gehen, um unsere gemachten Erfahrungen zum einen vor uns selbst zu retten und nicht sehen zu müssen, dass sie *immer* etwas mit uns und unseren eigenen, inneren Themen zu tun haben.

Aber was genau ist damit gemeint?

Ich durfte für mich erkennen, dass Beziehung eine völlig andere Bedeutung hat, als ich das für lange Zeit zu verstehen in der

Lage war. Einen großen Teil meines Lebens war ich der Meinung, Beziehung sei, eine Frau zu finden, die ich lieben, mit der ich glücklich werden und bei der ich mich endlich gut fühlen kann. Aber bis zu einem gewissen Punkt in meinem Leben blieben meine Beziehungen konstant schwierig. Sie unterschieden sich im Wesentlichen nur in der Heftigkeit der Erfahrung, blieben aber qualitativ fast identisch, auch wenn die Frauen auf den ersten Blick sehr unterschiedlich schienen.

Dann fiel bei mir der Erkenntnisgroschen und ich durfte für mich begreifen, dass ich einen grundlegenden Denkfehler gemacht hatte. Meine Beziehungen zeigten mir immer nur wieder, was ich in mir trug. Mein Gefühl für mich selbst bekam ich durch mein Gegenüber eins zu eins gespiegelt. So schlecht ich mich in mir selbst fühlte, so wenig bekam ich Gutes von meiner Umgebung und natürlich als Essenz von meiner Partnerin zurückgespielt.

Aber was ist mit dem Spiegeln genau gemeint?

Die Organe, die wir zum Sehen benutzen – unsere Augen – blicken in die Außenwelt. Entsprechend suchen wir im Außen in der Regel die Lösungen für unsere Probleme. Ist eine Beziehung fragwürdig, unbefriedigend oder sogar destruktiv, liegt es logischerweise am Partner. Sie oder er passt halt nicht, verhält sich nicht so, wie es sein müsste, damit die Beziehung *funktioniert*. Das ist zumindest die normale Denk- und Reaktionsweise. Er oder sie hat ein oder vielmehr *ist* das Problem. Entsprechend versuchen wir auch dieses Problem im Außen zu lösen – nicht selten, indem wir versuchen, diesen Partner zu verändern, ihn dazu zu bringen uns mehr zu geben, als er es tut, anders zu sein, als er ist – oder auch, ihn zu erziehen. Gelingt das nicht, sind wir enttäuscht und verletzt. Im Falle der Beziehung trennen wir uns und suchen uns einen neuen Partner. Kurioser Weise begegnen wir dort aber denselben oder sehr ähnlichen Problemen.

Das verwundert nicht im Geringsten, wenn wir das Wesen von Beziehung wirklich verstanden und emotional durchdrungen sowie verinnerlicht haben.

Die eigentlichen Gründe unserer Probleme liegen in uns selbst. Da aber unsere Sehorgane – unsere Augen – nur in die Welt außerhalb von uns schauen, brauchen wir, um die eigentlichen Ursachen zu sehen, logischerweise *Spiegel*.

Genau *das* sind unsere Beziehungen. Spiegel. Und das beschränkt sich keineswegs auf unsere sexuellen Beziehungen, sondern schließt alle Beziehungen mit ein. Selbst die flüchtigsten, wie die Person, die im Supermarkt an der Kasse sitzt. Im Idealfall sind auch oder vor allem gute Freunde wichtige Spiegel. *Wenn* wir den Blick auf unser Spiegelbild ertragen und nicht abwehren müssen. Die übliche Reaktion, wenn uns das Spiegelbild nicht gefällt ist aber, den Spiegel dafür anzuklagen und anzugreifen. Selbstredend verhindern wir durch solche Reaktionen Wachstum und führen den Spiegel selbst ad absurdum. Aber keine Sorge: wir bekommen weitere. Und zwar so lange, bis wir die Lektion bereit sind zu lernen. Beziehungen zeigen in äußeren Reaktionen, was wir als unaufgelöste Muster in uns tragen und nicht sehen können oder wollen – weil unsere Augen ins Außen sehen und nur allzu gern in anderen das Problem zu erkennen bereit sind. Unsere Beziehungen aber spiegeln unsere Muster, sodass wir sie sehen können. Sie wollen uns damit nichts Böses. Sie wollen uns helfen, auch wenn sie offensichtlich und bewusst empfunden anderes zeigen. Auch oder besonders destruktive Beziehungen spiegeln uns die Wunden unserer Seele und unseres Herzens.

Solange wir unsere Muster nicht erfolgreich auflösen können, werden wir immer wieder Menschen finden – oder besser: uns unbewusst suchen –, die uns genau diese Muster spiegeln. Es ist völlig unwichtig, wie sehr wir uns bemühen, diesmal dies oder jenes anders zu machen, uns einen neuen, völlig anderen Typen als Partner herauszugucken. Unbewusst suchen wir uns genau die Person, die wir brauchen, um uns das zu spiegeln, was wir sehen müssen, um auf diese Weise die Chance zu erhalten, weiterzukommen.

Natürlich haben wir immer das uneingeschränkte Recht, dieses Angebot auszuschlagen, daran festzuhalten, es müsse nur endlich der oder die Richtige kommen und den Wachstumsschritt hierdurch abzulehnen. Aber unser Leben will uns helfen und schickt uns so lange dieselbe oder ähnliche Erfahrungen, bis wir die Lektion anzunehmen und uns selbst zu begegnen bereit sind. Es wird nur mit jeder Erfahrung ein bisschen heftiger...

Und so, wie wir die anziehen, die uns in unseren Mustern spiegeln, stoßen wir die ab, für die wir nicht bereit sind. Solange wir unaufgelöste Muster in uns haben, werden wir ausschließlich die Menschen anziehen, die uns diese Muster spiegeln und im Gegenzug Menschen abstoßen oder sogar aktiv ablehnen, die uns etwas anderes spiegeln, als das, was wir gerade brauchen. Wenn wir nicht in der Selbstliebe oder zumindest schon sehr weit auf diesem Weg sind, können wir jemanden, der uns wirklich lieben möchte, nicht zulassen. Gleichgültig, wie sehr wir uns das eigentlich wünschen.

Das ist das Gesetz der Anziehung.

Wir ziehen uns auf einer unbewussten, energetischen Ebene an.

Wir begegnen uns auf einer Ebene, die wir mit unserer bewussten Wahrnehmung nicht begreifen, nicht sehen und – sehr wichtig – nicht steuern bzw. kontrollieren können. Das darf auch gar nicht sein, da wir im Zweifel die zum Teil sehr schmerzhaften oder doch zumindest unangenehmen Wachstumsschritte umgehen würden, könnten wir alles kontrollieren. Das Leben gibt uns, solange wir unsere Muster nicht aufgearbeitet haben, in der Regel nicht das, was wir uns wünschen. Aber es gibt uns immer *exakt das*, was wir *brauchen*, um uns emotional zu entwickeln und zu wachsen.
Es hat beinahe etwas Magisches. Aber dabei ist es keineswegs esoterisch. Wer das nicht glaubt, kann sich von einem Quantenphysiker erklären lassen, wie wir auf der subatomaren Ebene mit unserer Energie unsere Realität gestalten, ohne es zu merken. Entsprechend gestalten wir auch unsere Erlebnisse mit der den Gefühlen und der aus ihnen resultierenden, zugrunde liegenden Energie.
Einfach ausgedrückt heißt das: was ich für mich selbst fühle, werde ich auch als Gefühl von meiner Umwelt zurückbekommen.
Wenn ich bedürftig bin und Liebe *brauche*, werde ich Menschen anziehen, die bedürftig sind sowie Liebe – und sei es in Form von Anerkennung – brauchen. Sie können mir keine Liebe geben, da sie selbst genauso bedürftig sind, wie ich. Wenn ich mich aufrichtig selbst liebe, werde ich einem Menschen begegnen, der mir diese aufrichtige Selbstliebe spiegelt. Denn die Liebe ist – ganz unromantisch – nur der Spiegel der Selbstliebe durch den anderen.
Hierzu gibt es eine wunderschöne Geschichte von Oskar Wilde. Frei zitiert die Geschichte des schönen Narziss. Narziss ist ein wunderschöner Prinz, der allein in seinem Schloss lebt und jeden Morgen zum Brunnen in seinem Garten geht, um in ihm, auf dessen Wasseroberfläche, das Spiegelbild seiner eigenen Schönheit zu bewundern. Eines Tages fällt er seiner Eitelkeit zum Opfer und in den Brunnen. Er ertrinkt. Der Brunnen beginnt hierauf bitterlich zu weinen. Die Elfen und Feen in der Umgebung kommen bestürzt zu dem Brunnen und fragen ihn, warum er so bitterlich weint. Oh ja, er ist sicher traurig, dass er das Gesicht des schönen Narziss nun nicht mehr sehen könne. Aber der Brunnen antwortet: »Nein, ich bin so traurig, weil ich meine eigenen Schönheit nicht mehr in seinen Augen sehen darf.«
Diese Geschichte illustriert sehr schön, worum es geht.
Wenn wir uns selbst lieben, sehen wir die Liebe für uns selbst im anderen. Wenn wir das nicht tun und im anderen schwierige, unglückliche oder sogar destruktive Themen erleben, geben uns diese Erlebnisse Hinweise auf das, was wir in uns selbst nicht sehen

können oder wollen.
Wollen wir unsere Beziehungserfahrungen verändern, die eine, echte Liebe erleben, müssen wir zunächst ein anderes Gefühl für uns selbst entwickeln. Solange wir andere und das Gefühl brauchen, toll gefunden und anerkannt zu werden – und sei es nur für Accessoires, mit denen wir uns schmücken (Handtaschen, Kleider, Autos, Muskeln, etc.) – bleiben wir Junkies. Jede Anerkennung kann nur flüchtig sein, weil sie sich immer auf Werte bzw. Eigenschaften bezieht, die nichts mit uns und unserem eigentlichen Wesen zu tun haben.
»In einer Kultur, in welcher einst das Leitbild des 'Selfmademan' herrschte, liegt eine besondere Gefahr in der Idee einer synthetischen Persönlichkeit, so als wäre man das, was man scheint, oder als wäre man, was man kaufen kann.«, schreibt Erik H. Erikson hierzu in seinem Buch *Identität und Lebenszyklus*.

Spieglein, Spieglein an der Wand

Doch warum brauchen wir diese Spiegel?
Warum dieses Spiel, das so manchem falsch und überflüssig vorkommen mag?
Vor allem, weil wir diejenigen, um die es eigentlich geht, nicht anklagen dürfen und/oder wollen.
Wir alle werden durch einen Sozialisationsprozess gezwungen, der mehr oder weniger viel Schaden in uns und unserem Gefühl für uns selbst anrichtet. Die eigentlichen Verursacher – unsere Eltern – dürfen wir aber nicht dafür anklagen. Gleichgültig, in welcher Kultur wir nachsehen: die Eltern sind unantastbar. Ob im Christentum durch das vierte Gebot – »Du sollst Vater und Mutter ehren, auf das es Dir wohl ergehe und Du lange lebest auf Erden.« (egal, was sie Dir antun oder angetan haben) – oder durch ähnliche Traditionen in anderen Kulturen. Das Elterntabu ist fester Bestandteil unseres Wertesystems.
»Das Vierte Gebot kann, oberflächlich betrachtet, als eine Lebensversicherung der alten Menschen gesehen werden, die damals, nicht aber heute, in dieser Form nötig war. Doch bei näherem Zusehen enthält es eine Drohung oder gar eine Erpressung, die bis heute wirksam ist. Sie heißt: Wenn du lange leben willst, mußt du deine Eltern ehren, auch wenn sie dies nicht verdienen, sonst mußt du vorzeitig sterben. Die meisten

Menschen halten sich an dieses Gebot, obwohl es verwirrend und angsterzeugend ist. Ich denke, daß es an der Zeit ist, die Verletzungen der Kindheit und deren Folgen ernst zu nehmen und uns von diesem Gebot zu befreien. Das heißt nicht, daß wir unseren alten Eltern mit Grausamkeit ihre grausamen Taten heimzahlen müssen, sondern das heißt, daß wir sie sehen müssen, wie sie waren, wie sie mit uns als kleinen Kindern umgingen, um unsere Kinder und uns selbst von diesem Muster zu befreien. Wir müssen uns von den verinnerlichten Eltern trennen, die in uns weiter ihr Zerstörungswerk fortsetzen, nur so können wir unser Leben bejahen und uns zu respektieren lernen.«, schreibt Alice Miller in ihrem Buch *Die Revolte des Körpers* – wobei damals die Zeit des Alten Testaments meint.

Selbst wenn wir uns dessen oberflächlich bewusst werden und anfangen, uns abgrenzen zu wollen, unsere Rechte und – sehr wichtig – unsere Würde verteidigen sowie wiedererlangen zu wollen, scheitern wir nicht selten an dem schlechten Gewissen, das uns unsere Eltern von klein auf eingepflanzt haben. Das schlechte Gewissen, dass, wenn wir aus der Reihe tanzen und für uns selbst sorgen wollen, wir ihnen und ihrem Anspruch an uns nicht genügen. Manche Eltern gehen sogar soweit, dieses sich lösen Wollen dafür verantwortlich zu machen, dass sie sich schlecht fühlen oder krank werden. Schneller, als wir uns ducken können, tragen wir das Stigma des Schuldigen, dessen unverschämter Wunsch nach Autonomie und wachsen Wollen dafür sorgt, dass sie sich mies fühlen.

Aber wir haben das uneingeschränkte Recht uns zu verändern.

Ich gehe sogar noch weiter und behaupte, wir haben die *Pflicht* uns zu entwickeln und zu wachsen. Besonders, wenn wir Kinder wollen. Nehmen wir diese Pflicht nicht an, geben wir das, was unaufgearbeitet in uns schlummert, eins zu eins an unsere Kinder weiter. Natürlich, ohne es bewusst zu wollen und ohne böse Absicht. Aber unvermeidlich.

Selbst wenn wir keine Kinder zeugen wollen, bleibt die Pflicht, uns zu entwickeln und zu wachsen. Vor allem für uns selbst. Nur so können wir emotional heilen und das finden, was wir alle suchen. Die wahre Liebe.

Genau aus diesen Gründen schickt uns das Leben Spiegel.

Das jedenfalls zeigt meine Erfahrung, die ich als Resultat aus meinen eigenen Situationen mitgenommen habe. Oft habe ich die Situationen nicht verstanden, wenn ich akut in ihnen steckte. Aber die notwendigen, zeitlichen Abstände, die ich zum Verstehen brauchte, wurden im Verlauf meiner Heilung immer kürzer.

Da wir die, die uns tatsächlich verletzt haben, nicht anklagen, nicht zur Rechenschaft ziehen dürfen, müssen wir unbewusst Wiederholungen dieser Verletzungssituationen inszenieren, um sie dort stellvertretend aufzulösen. Ein Konzept, das nur leider nicht funktioniert. Wir inszenieren zwar dieselben oder sehr ähnliche Situationen, können aber hierdurch nichts auflösen.
Warum ist das so?
Weil wir im Kopf und auf einer uns bewussten Ebene Themen versuchen auszufechten, – also gegen eine Spiegelsituation ankämpfen – die mit der eigentlichen Ursache nichts zu tun hat. Das entspricht einem Schattenfechter. Gleichgültig, wie oft wir unseren Schatten treffen, er bleibt ein Schatten. Die Person dahinter sind wir selbst. Aber wir sind nicht die eigentliche Ursache. Die Ursache sind die Menschen, die uns in frühsten Jahren und zum Teil noch bis heute die *Liebe* verwehrt haben und verwehren, die wir so dringend gebraucht hätten und – in der Regel – noch immer brauchen.
Aber wir können sie hierfür in der Regel nicht oder nur unter enormen Gewissensbissen anklagen. Lieber zerstören wir uns selbst, richten die negative, destruktive Energie gegen uns, gegen unser Inneres und opfern uns damit, anstatt sie gegen die zu richten, die uns verletzt haben.
Wir gehen in unseren Partnerschaften nur immer wieder in weitere Verletzungen, in der Hoffnung, wir könnten in unserem Partner das erreichen, ihn dazu bringen, uns doch noch die Liebe zu geben, die wir so dringend brauchen – eigentlich von unseren Eltern gebraucht hätten, aber nie bekamen. Die Liebe unserer Eltern haben wir, wenn überhaupt, auch nur im Ansatz bekommen, weil wir gemacht haben, was sie von uns wollten – also die *Leistung* erbrachten, die sie von uns erwarteten. Wobei auch gehorsam Sein und das uns Anpassen solche möglichen Leistungen sind.
Das sind sogar die verbreitetsten Formen.
Auch unser Partner gibt uns diese Liebe nicht, kann sie uns gar nicht geben, weil wir ihn uns unbewusst suchen, um die Situation des nicht geliebt Werdens zu spiegeln und zu wiederholen.

Egozentrik als Rettung

Wir sind der Egozentrik bereits an einigen Stellen in diesem Buch begegnet.

Sie wird gerne als böse, als falscher oder schlechter Charakterzug, als ein Mangel an Persönlichkeit empfunden, weil die Verhaltensformen, in die sie den Menschen zwingt, oft sehr unglücklich und als überaus fragwürdig auf andere wirken.

Dabei ist Egozentrik ein Überlebensmechanismus.
Warum?
»Obgleich wir jene Menschen, die leugnen, daß sie traumatisiert worden sind (indem sie behaupten, eigentlich sei nichts Besonderes passiert), schnell verurteilen und kritisieren, sollten wir doch bedenken, daß auch das Leugnen selbst ein Symptom ist. Leugnen und Amnesie können nicht durch willentliche Entscheidungen beeinflußt werden und sind auch keine Anzeichen für Charakterschwäche, Persönlichkeitsstörungen oder absichtliche Unehrlichkeit. Das dysfunktionale Verhaltensmuster ist Teil unserer Physiologie. Zum Zeitpunkt des traumatischen Ereignisses hilft das Leugnen dem Opfer, seine Funktions- und Überlebensfähigkeit zu erhalten. Wird das Leugnen jedoch chronisch, kommt es zu einem Traumasymptom. Die Auswirkungen des Leugnens oder der Amnesie zu beseitigen erfordert viel Mut.«, schreibt Peter A. Levine in seinem Buch *Trauma Heilung*.
Wir müssen uns, um das Fehlen der elterlichen Liebe ertragen zu können, von unserem eigenen, inneren Gefühl sehr früh abtrennen oder zumindest distanzieren. Das grundsätzlich gute Gefühl für uns selbst ersetzen wir durch ein schlechtes – wir hätten keinen Grund uns schlecht zu fühlen, würden wir uns natürlich entwickeln und ein gesundes Verhältnis zu uns selbst aufbauen dürfen. Wir reagieren mit dem uns von uns selbst Abtrennen im Grunde in vorauseilendem Gehorsam, als antrainierten oder auch konditionierten Mechanismus, um in der Situation überleben zu können und dabei deren Verursacher zu beschützen. Das Resultat unserer Erziehung. Die Verleugnung – oder auch Verdrängung – ist ein wichtiger Helfer in diesem Prozess. Oft lernen wir, uns selbst zu verletzen und zu erniedrigen, bevor es jemand anderes tun kann. Bevorzugt, bevor es unsere Eltern tun können.
»Wenn ein Kind auf die Welt kommt, braucht es von den Eltern Liebe, das heißt Zuwendung, Beachtung, Schutz, Freundlichkeit, Pflege und die Bereitschaft zu kommunizieren. Mit diesen Gaben fürs Leben ausgestattet, behält der Körper die gute Erinnerung, und der Erwachsene wird später die gleiche Liebe seinen Kindern weitergeben können. Wenn aber all das fehlte, bleibt dem ehemaligen Kind eine lebenslange Sehnsucht nach der Erfüllung seiner ersten dringendsten Bedürfnisse. Diese Sehnsucht wird im

späteren Leben auf andere Menschen übertragen. Andererseits: Je weniger Liebe das Kind bekommen hat, je mehr es unter dem Vorwand der Erziehung negiert und mißhandelt wurde [oder in einer extrem frühen Phase abgelehnt, Ergänzung durch den Verfasser], desto mehr hängt der Erwachsene an seinen Eltern oder Ersatzpersonen, von denen er all das erwartet, was ihm die Eltern im entscheidenden Moment schuldig geblieben sind. Das ist die normale Reaktion des Körpers. Er weiß, was ihm fehlt, er kann die Entbehrungen nicht vergessen, das Loch ist da, und wartet darauf gefüllt zu werden.«, schreibt Alice Miller weiter in ihrem Buch *Die Revolte des Körpers*.

Genau durch diese Abspaltung von unserem Selbst, unserem inneren Kern und dem Übernehmen des schlechten Gefühls für uns, entsteht die Egozentrik, in der so viele Menschen gefangen sind – in seiner ausgeprägtesten Form auch als Narzissmus bezeichnet. Wir kreisen um unseren inneren Kern, um unser Selbst, wie die Erde um die Sonne – in stabiler Umlaufbahn – ohne uns je zu berühren. Ein Prozess des permanent uns selbst Ausweichens. Mehr noch müssen wir ein Gefühl der inneren Verachtung, bis hin zum Selbsthass entwickeln. Wir wählen eine destruktive Identität, ein uns selbst Ablehnen, um das Abspalten von unserem Inneren und unseren Gefühlen ertragen zu können. Dabei verdrängen wir unsere eigentlichen Gefühle und schließen sie tief in unserem Inneren ein, um sie hierdurch instinktiv zu beschützen. Oft so tief, dass wir keinen Zugang mehr zu diesen Gefühlen finden, selbst wenn wir es wollen. Als verschlössen wir sie in einem Tresor, dessen Zahlenkombination wir tatsächlich vergessen.

Aber wir entwickeln durch das Abtrennen von unseren Emotionen und das statt seiner Platzieren eines schlechten Gefühls für uns selbst einen Mangel. Wir sind auch ihm bereits begegnet. Einen Mangel, den wir zwar mehr oder weniger deutlich spüren, dessen Ursache wir aber nicht mehr sehen bzw. bewusst im wörtlichen Sinne *begreifen* können. Diese Ursache entzieht sich unserem Zugriff, weil wir sie so tief in uns vergraben mussten, als würden wir eine Schatzkiste an einer tiefen Stelle im Meer versenkt haben. Um diesen Mangel, den wir in uns spüren, zu kompensieren, driften wir dann in die für die Egozentrik und den Narzissmus typischen Verhaltensformen.

»Wie aber sieht die anonyme Autorität aus? Sie ist der Markt, die öffentliche Meinung, der gesunde Menschenverstand, das, was alle tun, der Wunsch, sich nicht vom anderen zu unterscheiden, und die Angst, drei Meter von der Herde entfernt ertappt zu werden. Jeder lebt dabei die Illusion, er handle aus eigenem

freien Willen. In Wirklichkeit aber macht er sich über nichts so viele Illusionen, wie über sich selbst.«, schreibt Erich Fromm in seinem Buch *Authentisch Leben*.
Wir buhlen um Anerkennung, versuchen unsere Umwelt – das, was Erich Fromm als anonyme Autorität bezeichnet hat – auf Teufel komm' raus zu beeindrucken und die Menschen um uns herum unablässig dazu zu bringen, uns zu versichern, wie großartig sie uns finden. Mehr oder weniger erfolgreich. In der Regel weniger erfolgreich.
Auch Menschen, die alles auf sich beziehen und bevorzugt negativ bewerten müssen, drücken damit aus, dass sie sich vollständig mit dem schlechten Bild von sich selbst identifiziert haben und nicht in der Lage sind, etwas Gutes für sich zu empfinden oder von sich zu denken. Jede Rückmeldung, die nicht betont positiv ist, wird sofort als latente Kritik oder sogar als Angriff empfunden, weil sie sofort an die abwertenden Rückmeldungen zu erinnern scheinen, denen wir in der Kindheit ausgesetzt waren. Deswegen *braucht* der in der Egozentrik gefangene Mensch zwingend betont gute Rückmeldungen. Nicht, weil er zu sensibel ist, sondern weil ihn alles andere immer nur wieder an die fehlende Zuwendung, an den Mangel, den er in sich trägt, erinnert. Weil er sich in der Wiederholung einer emotionalen Situation und diese als schlimm oder sogar unerträglich erlebt.
Würde ein solcher Mensch in einem Raum mit fünf anderen sitzen und einer dieser fünf anderen würde – aus welchem Grund auch immer – einfach nur »Scheisse!« sagen, würde der in der Egozentrik Verhaftete sofort ein schlechtes Gewissen haben und im Zweifel reflexartig antworten: »Aber ich habe doch gar nichts gemacht.«
Ein schlechtes Gewissen, ein schlechtes Gefühl, das im Grunde latent immer da ist, omnipräsent, zu jeder Zeit bereit, sich zu zeigen und bei der kleinsten erinnernden Situation zutage zu treten. Nicht zuletzt durch die Menschen, die wir energetisch anziehen, um uns zu spiegeln.
Denn solange wir in diesem Zustand gefangen sind – einmal mehr in der Regel unbewusst und ohne es zu merken – suchen wir uns Menschen, die ebenfalls egozentrisch oder narzisstisch sind. Wir versuchen sie dazu zu bringen – nein, zu *zwingen* – uns zu lieben, verfügbar zu sein und uns zu geben, was wir so dringend brauchen. Nur, dass wir natürlich unbewusst einen Menschen anziehen und suchen, der uns genau das nicht geben *kann*, im Gegenteil seinerseits bedürftig ist und uns im Gegenzug zwingen will, ihm das zu geben, was er so dringend braucht.
Beide spiegeln sich gegenseitig, was sie an sich selbst nicht

sehen können. Beide haben durch diesen Spiegel die Chance, zu erkennen, dass sie den jeweils anderen instrumentalisieren und für ihre Bedürfnisse einspannen wollen. Wenn sie das zu erkennen und anzunehmen bereit sind, ist ein wichtiger Schritt getan und der Spiegel erfüllt hierdurch seine Aufgabe.
Ein wichtiger Schritt auf dem Weg, das eigentlich tief in uns vergrabene, vergessene Gefühl zu finden und zu bergen. In der Tat Ausgrabungen von geradezu monumentalem Ausmaß. In ihrer Qualität durchaus mit den Ausgrabungen der Pyramiden zu vergleichen. Unserer persönlichen, emotionalen Pyramiden, die nicht nur unser vergrabenes Gefühl, sondern auch einen beträchtlichen Teil unserer eigentlichen Persönlichkeit zutage fördern.
Leider haben nur wenige den Mut, sich diesen Bergungsarbeiten zu stellen – nicht zuletzt, weil sie die Konsequenzen fürchten.
Die Konsequenz, sehen zu müssen, wie sehr wir uns selbst emotional verstümmelt haben, um überleben zu können, wie sehr wir uns selbst verletzt, um die zu schützen, die uns das angetan haben. Eine Erkenntnis, die für so manchen schlimmer ist als der Tod. Nicht zuletzt die Erkenntnis, wie sehr wir eine Situation schützen mussten, die im Grunde durch und durch destruktiv war und uns als Person geopfert hat, um zu funktionieren. Wir selbst haben uns geopfert, um zu funktionieren.
Der Spiegel, einen egozentrischen oder sogar narzisstischen Menschen angezogen zu haben, gibt uns die Chance zu erkennen, dass wir selbst in der Egozentrik oder dem Narzissmus gefangen sind. Das wir unser Gefühl tief in uns vergraben haben, das darauf wartet gefunden und geborgen zu werden. Warum sonst sind wir so sehr auf der Suche nach ... Geborgenheit?
Vielleicht weil wir *endlich* unser ureigenes Gefühl, das tief in uns vergraben schlummert, bergen wollen?
Aber anstatt diese Chance des gespiegelt Werdens zu sehen und als Entwicklungsmöglichkeit zu begreifen, klagen sich beide in der Regel gegenseitig an, der jeweils andere würde einfach zu wenig geben, nicht genug auf die eigenen Bedürfnisse eingehen und deswegen die Beziehung nicht funktionieren. Würden beide den Spiegel annehmen, würden sie sehen können, dass sie gar keine Beziehung haben. Nicht zu sich selbst und schon gar nicht zum anderen. Wie aber soll eine Beziehung zu einem Menschen zustande kommen, der um seine eigene Mitte kreist, sich selbst nicht berührt und keine Beziehung zu sich selbst hat? Stattdessen versuchen sie sich gegenseitig zu manipulieren, entsteht nicht selten ein Machtspiel.

Wer kann wen am meisten dazu bringen, so zu sein, wie sie es wollen?
Ein Spiel, bei dem es keinen Gewinner gibt.
Dieses sich gegenseitig verändern, manipulieren, kontrollieren Wollen ist der sichere Pfad in die Destruktivität. Aber diese Destruktivität ist ebenfalls ein wertvoller Spiegel. Sie zeigt, wie wir in jungen Jahren immer wieder manipuliert und verändert wurden, weil wir nur dann das Mindestmaß an Liebe und Zuneigung bekamen, das wir so sehr brauchten. Auch diese Situationen haben wir als sehr destruktiv erlebt. Deswegen werden sie von uns in der Destruktivität unserer Beziehungen mit einem Partner später wiederholt.
Wir wiederholen vor allem unser dominierendes Elternmuster – die Regel ist eine schwierige Vater-Tochter- oder eine Mutter-Sohn-Beziehung – bis wir sie aufgelöst haben. Es gibt auch die Umkehrformen: also schwierige Vater-Sohn- und Mutter-Tochter-Beziehungen. Sie gründen sich allerdings oft darauf, dass sowohl Vater, als auch Mutter zu sehr im männlichen Prinzip verhaftet sind und das auf ihre Sprösslinge übertragen müssen.
Ein Kreislauf, der erst aufbricht, wenn wir bereit sind, Verantwortung zu über- und den Spiegel im anderen – also in dem Fall in unserem Partner – anzunehmen.
Eine weitere Variante ist das exakte Gegenteil. Ein Partner, bei dem es keinerlei Konfrontation, keinerlei Spiegelung zu geben scheint, bzw. dessen Passivität und Unterwürfigkeit genau dieser Spiegel *sind*. Der brav alles macht, was von ihm verlangt wird und jede Laune klaglos aushält, weil er auf jeder Ebene scheinbar haushoch unterlegen ist. Im Übrigen die deutlich weniger mutige Variante.
Sie wird bevorzugt von sehr narzisstischen Menschen gewählt. Die Flucht in die totale Vermeidung. Wittern sie auch nur den Hauch eines möglicherweise nahenden Problems, gehen sie auf Abstand. Einer Schnecke gleich, die auch nur bei einem Windhauch sofort schreckhaft in das Innere ihres Schneckenhauses flüchtet. Werden sie gar konfrontiert oder gespiegelt, reagieren sie mindestens empört oder sogar aggressiv. Damit drücken sie vor allem aus, dass sie nicht bereit, vielleicht auch nicht stark genug sind, sich selbst zu begegnen, den Spiegel im anderen anzunehmen. Zu verwundbar, wie die Schnecke, die ihre sehr zarten und verletzlichen Anteile so gut wie möglich schützen muss, weil sie in der Tat bei der leisesten Berührung Schaden nimmt. Menschen also, denen sehr wehgetan wurde und die tiefe Wunden in sich tragen, sorgsam zugedeckt durch ihre Inszenierung im Außen und/oder durch Drogen betäubt. Diese beiden Varianten narzisstischer Typen sind keine

Widersprüche, sondern Komplementärerscheinungen. Die zwei Seiten der sprichwörtlichen Medaille. Beide fürchten die Konfrontation und tatsächliche Berührung mit sich und ihrem Selbst mehr, als der bereits zitierte Teufel das Weihwasser. Beide inszenieren und gestalten sich Begegnung so gut wie möglich, um zu bekommen, was sie sich wünschen, ohne dabei aufzugeben, was sie mit allen Mitteln verteidigen müssen. Der tiefe Wunsch nach Nähe, ohne verletzlich zu sein, ohne Risiko. Oder anders ausgedrückt: der Wunsch nach totaler Kontrolle.

Die Kontrolle über den anderen, dessen Reaktionen und – das wäre ihnen am liebsten – seine Gefühle. Sie suchen unablässig nach dem einen Knopf, auf den sie nur drücken müssen, damit alles so wird, wie sie es sich wünschen. Wobei sie diese Wünsche im Zweifel nicht genau benennen können. Es soll einfach nur gut, in jedem Fall aber besser werden, als es ist. Und der andere soll gefälligst dafür sorgen.

Werden sie darauf angesprochen, konfrontiert, gehen sie sofort in eine Verteidigungshaltung. Nicht selten ist Sarkasmus ein wichtiger Verbündeter. Denn das Eine steht fest: Probleme haben immer nur die anderen.

Sie flüchten in eine Welt der Selbstüberschätzung, um sich zu verteidigen, ein Stück ihrer Selbstwürde zu bewahren. Sie müssen dabei andere herabwürdigen, sich imaginär über sie stellen, um sich selbst zu erhöhen, sich als besser, als überlegen zu fühlen. Oft mit hochintelligenten Argumenten, ausgebuffter Schlagfertigkeit und sehr verletzenden bzw. herabwürdigenden Formulierungen erklären sie ihrem Gegenüber, warum er eigentlich das Problem hat – nein, das Problem *ist*. Mit brillanten Wortverdrehungen und immer wieder Zücken neuer Argumente aus der mentalen Trickkiste schaffen sie es in der Regel, dem anderen ein schlechtes und nicht selten das Gefühl zu geben, er könne froh sein, dass sie sich herablassen, Zeit mit ihm zu verbringen.

Das Faszinierende an dieser Hybris ist, dass der Egozentriker bzw. Narzisst gar nicht weiß, wer er ist, nie eine eigene Identität aufbauen konnte, sich aber besonders in Abwehrsituationen als entwickelt und reflektiert verkauft. Aber auch diese Abwehr und sein oft brillantes rhetorisches Repertoire sind Bestandteil seines Überlebensmechanismus. Antrainiert, um nicht im Sumpf der eigenen Angst und Hilflosigkeit zu ertrinken und – wichtig – nicht entlarvt zu werden. Vor nichts hat er mehr Angst, als davor, jemand könne sehen, wie unsicher und verletzlich er tatsächlich ist. Von Reflexion und Entwicklung weiß ein Egozentriker bzw. Narzisst etwa so viel, wie eine Kuh vom Eierlegen.

Aber der Egozentriker *braucht* das Gefühl überlegen zu sein. Wenn er seine Schwäche spüren müsste, würde er in sich zusammensacken, wie ein Kartenhaus, aus dem man die unterste Karte herauszieht. Daher muss er eine Fassade von Stärke sowie Unangreifbarkeit aufbauen und aufrechterhalten – koste es, was es wolle.

Die Egozentrik ist der Ausdruck seiner Flucht in die totale Anpassung, das Aufgehen in einem Selbstbild, das er nie entwickelt, in einem Leistungsspektrum, das er nie selbst definiert hat. Aber er ist beidem zu *bedingungslosem* Gehorsam verpflichtet. Emotional eine Marionette, die durch die Knöpfe kontrolliert und gesteuert wird, die ihm im Laufe seines Erziehungs- bzw. Sozialisationsprozesses eingepflanzt wurden.

Knöpfe, die auch in seinen Partnerschaften von seinen Gefährten gedrückt werden, um ihn daran zu erinnern, dass sie da sind, existieren.

Der Partner ist also ein wohlwollender Bote, ein Helfer, der nur sichtbar machen will, was der Egozentriker nicht sehen kann und will. Solange aber die Tür zur Hybris offen steht, wird der Egozentriker diese Tür wählen, statt den Spiegel anzunehmen. Erst, wenn er mit seinem Überlebenskonzept auf ganzer Linie scheitert und sich sein Leidensdruck bis ins Unerträgliche steigert, wird der Egozentriker in Erwägung ziehen, sich selbst infrage zu stellen und einen Veränderungsprozess anzutreten.

Übrigens ein Bild, das wir auf allen Ebenen unserer Gesellschaft wiederfinden.

Das Verbrauchen unserer Welt, als Ausdruck der Hybris, als gäbe es kein Morgen, keine endlichen Ressourcen, sich unverändert einredend, wir könnten jedes Problem meistern. Denn solange die Supermarktregale voll sind und wir vor allem für die Mülltonne produzieren, *haben* wir kein Problem. Zumindest kein sichtbares.

Das ist exakt Ausdruck des allgemeinen Suchtprozesses, für den die so weit verbreitete Egozentrik ein aus ihm resultierendes Symptom ist.

Somit wird der ehemalige Überlebensmechanismus, der uns vor noch mehr emotionalem Schaden bewahren sollte, zu der Schlinge, die sich um unseren Hals gelegt hat und sich unaufhörlich zuzieht. Wollen wir nicht an ihr ersticken – sowohl persönlich emotional, als auch als Zivilisation – ist *jetzt* ein guter Zeitpunkt, uns aus ihr zu befreien und den Weg in die Selbstliebe zu suchen.

Zusammenfassung

Wir werden so lange Menschen anziehen, die uns unsere unaufgelösten Muster spiegeln, sie uns zeigen, bis wir sie auflösen können. Hierzu müssen wir uns gnadenlos ehrlich selbst begegnen und aufhören, die Ursachen unserer Probleme in anderen Menschen – allen voran unseren Beziehungspartnern – zu sehen. Wir haben die Wahl, diese Lektionen abzulehnen und auszublenden, bekommen aber dann eben vom Leben weitere und im Zweifel heftigere, als die vorherigen.

Nur, wenn wir die Spiegel ernst und als das annehmen, was sie sind, erfüllen diese ihren Zweck und helfen uns dabei, in einen Wachstumsprozess zu kommen. Lehnen wir sie ab, führen wir sie ad absurdum. Die Situation wird sinnlos.

Nehmen wir sie an, helfen uns diese Spiegel, die Dinge in uns selbst zu erkennen, die wir sonst nicht sehen können und/oder wollen. Wenn wir sie als wohlwollende Helfer verstehen können – wie heftig die Situation auch in der Realität sein mag – wandeln wir ein Problem in eine Chance um. Eine problematische Situation in die Chance, einen weiteren, wichtigen Schritt in Richtung Selbstliebe zu gehen.

Einstieg in ein neues Paradigma

»Auch der längste Weg beginnt mit dem ersten Schritt.«

Altes, chinesisches Sprichwort

Auf meinem Weg und mit zunehmender Erfahrung, wie auch immer mehr Ankommen in der Selbstliebe, wurde ich unzählige Male gefragt: »Wie hast Du das gemacht?«
Dieses *Wie* ist das Thema der folgenden Seiten.
Wichtig ist mir zu betonen, dass es sich nicht um Theorie handelt, um das Wiederkäuen erlernter Phrasen, sondern um die Erfahrungen, die ich machen durfte und hier anbieten möchte. Wobei das für das gesamte Buch in gleichem Maße gilt. Der Weg macht erst Sinn, wenn wir offen für ihn, wenn wir wirklich bereit sind, ihn zu gehen und uns dabei aufrichtig selbst zu begegnen.
Ein Schritt, der sehr viel Mut erfordert.
Nicht zuletzt den Mut, sich auch den Reaktionen unserer Umwelt auszusetzen, sie auszuhalten. Und diese Reaktionen können sehr heftig sein, mitunter auch verletzend. Verständnis habe ich nur bei den wenigen erlebt, die ebenfalls auf dem Weg sind und nachvollziehen konnten, wie schwer er ist.
Der wichtigste und zugleich schwierigste Schritt war für mich, mir einzugestehen, dass ich ein echtes Problem hatte. Nicht bloß ein kleines Problemchen, sondern dass ich wirklich ein mentaler, sowie emotionaler Härtefall war. Als ich das Ausmaß dieser Probleme anfing zu erkennen und langsam zu spüren, stellte sich mir ernsthaft die Frage, warum ich nicht ein Serienkiller geworden war, in einer geschlossen Anstalt im Hochsicherheitstrakt saß oder mich nicht einfach selbst weggepustet hatte.

Doch bevor ich diesem emotionalen Moloch ins Auge sehen konnte, musste ich erst einmal die Scham aushalten, die ich unwillkürlich empfand, als ich mir dieses *psychische Problem* eingestehen durfte. Ich war ein Spinner, ein Psycho, das, was die Amerikaner so treffend einen *mental case* nennen.

Sofort sprangen meine gesamten Programme an, die mir unmissverständlich zeigen wollten, was ich doch für ein Verlierer war, wie gestört, wie minderwertig. Kein Wunder, dass mich nie jemand gewollt hatte, ich nie dazu gehören durfte und der designierte Außenseiter war, der, den alle doof fanden. Vor allem die Frauen.

Ich war nur eine Psycho-Null.

Darüber reden? Ausgeschlossen!

In unserer Gesellschaft, in der Wahrnehmung des *normalen* Menschen, ist jemand, der ein psychisches Problem hat, in etwa mit einem Leprakranken vergleichbar. Wer so etwas hat und auch noch offen zugibt, brennt sich sofort das Stigma des ultimativen Versagers auf die Stirn, gibt sich der kollektiven Verachtung einer auf Normalität und Konfliktvermeidung programmierten Außenwahrnehmung preis.

Genau dieses Klima des nicht krank sein *Dürfens* – schon gar nicht psychisch, um Gottes willen! – macht es uns schwer bis unmöglich, natürlich und entspannt mit unseren Themen umzugehen. Nicht nur der Druck, den wir uns ohnehin schon selbst permanent machen, sondern auch der Druck, den unsere Umwelt auf uns ausübt, sorgt dafür, dass ein Einstieg in unsere Selbstfindung alles andere als leicht ist.

Interessanter Weise würden wir jemandem, der sich den Arm bricht, nie Versagen unterstellen. Jemandem, der erkennt, psychisch krank zu sein, wird gerne sofort reflexartig das Gefühl gegeben, versagt und wohl ein paar Dinge nicht richtig verstanden zu haben. Die Menschen gehen sofort auf Abstand, als sei eine psychische Krankheit hochgradig ansteckend. Ich habe lange gebraucht, um zu verstehen, warum das so ist. Dann war es mit einem Mal klar: ich war der Spiegel. Ich spiegelte meiner Umwelt durch meine Entscheidung, dass sie selbst auch ein Problem hatte, aber nicht bereit war, sich ihm zu stellen. Genau deswegen musste sie mir unablässig suggerieren, mit mir stimme etwas nicht.

Aber neben dem Mut, sich in der Außenwahrnehmung zum Versager degradieren zu lassen, braucht es auch Mut, uns selbst auszuhalten und die unangenehmen, zum Teil schmerzhaften Erkenntnisse und Gefühle zu ertragen, denen wir in der Auseinandersetzung mit unseren Mustern *unweigerlich* ausgesetzt sind.

Immer wieder durfte ich erleben, wie Menschen schier verzweifelten, wenn sie anfingen, den Mut aufzubringen, sich auf ihren Weg zu machen. Der Berg ihrer emotionalen Herausforderungen schien ihnen schon bei dessen Anblick unüberwindlich und am liebsten hätten sie resigniert – sofort das Handtuch geschmissen.

Das ist absolut nachvollziehbar, haben wir doch beim Einstieg in unsere Themen unwillkürlich das Gefühl, dem Ganzen nicht gewachsen zu sein. Wir empfinden uns als klein und schuldig, haben das Gefühl alles falsch gemacht zu haben und nicht den Eindruck, wir könnten das schaffen.

Ein Eindruck, der nicht selten durch unsere direkte Umwelt verstärkt wird, die häufig mit Unverständnis reagiert, uns nicht selten sogar belächeln oder auslachen muss. In manchen Fällen muss sie uns sogar offen ablehnen und/oder moralisch anklagen.

Ich möchte an dieser Stelle anmerken, dass ich vor jedem den Hut ziehe, der diesen Schritt wagt.

Oft habe ich erlebt – sowohl bei anderen, als auch bei mir selbst – dass die Entscheidung, für uns selbst zu sorgen, zu beginnen auf unseren Weg zu gehen und damit die statischen, oft co-abhängigen Strukturen verlassen zu wollen, uns als egoistisch und selbstsüchtig ausgelegt werden. Unsere Familie und dort vor allem unsere Eltern reagieren oft mit Unverständnis oder Empörung – oder komplementär mit dem genauen Gegenteil, indem sie versuchen, alles unter den Teppich zu kehren, versuchen, jeden Konflikt, jede Auseinandersetzung zu vermeiden und unkommentiert zur Tagesordnung zurückzukehren.

Was all diese Reaktionen teilen, ist die Angst vor dem, was wir zwingend anstreben müssen, wenn wir weiterkommen und emotional wachsen wollen – Veränderung.

Aber vor nichts haben die Menschen mehr Angst, als vor Veränderung.

Gleichgültig, wie sehr sie unter ihrer Situation leiden, wie unglücklich sie sind – mit sich selbst und in der Konsequenz auch mit ihrer allgemeinen Situation, die ohnehin nur ein Spiegel ihres Inneren ist – versuchen sie Veränderung zu vermeiden. Natürlich vor allem bei sich selbst. Lieber versuchen sie die Veränderung bei anderen zu erwirken – nein! zu erzwingen. Den anderen verändern zu wollen, ist ein beliebtes Spiel. Am liebsten zu den eigenen Bedingungen, die im Zweifel nicht klar benannt werden können.

Aber warum ist es dann so monströs für unsere Umwelt, wenn wir die Entscheidung treffen, uns selbst verändern zu wollen?

Die Antwort auf diese Frage hat mehrere Dimensionen.

Zum einen, weil sie instinktiv spürt, dass sie diese Veränderung nicht kontrollieren kann. Und das ist für einen Menschen, der in Suchtstrukturen gefangen ist, das Allerwichtigste: Kontrolle. Genauer gesagt die *Illusion von Kontrolle*. Denn tatsächlich hat ein solcher Mensch gar nichts unter Kontrolle. Was sich immer wieder darin zeigt, dass das Leben ständig anders läuft, als er es sich vorstellt. Wobei Kontrolle generell eine Illusion ist, wie ich immer wieder feststellen durfte. Erstens kommt es anders und zweitens als man denkt. Der Zufall ist hier der wichtigste Schuldige. Er bringt permanent Situationen, denen sie sich ausgeliefert und als Opfer fühlen.

Auch unsere Entscheidung, uns verändern zu wollen, wird gerne dem Zufall angedichtet. Wir haben eben nicht alle Tassen im Schrank, sind völlig durchgeknallt und müssen einfach nur mal wieder auf den Boden der Tatsachen zurückfinden – ebenso wie in unseren *gesunden* Menschenverstand. Ein gesunder Menschenverstand, der die Menschen in unserer Umgebung dazu bringt bzw. zwingt ihre seelischen Wunden wie bisher zuzudecken und unaufrichtige Situationen unvermindert weiter zu gestalten. Durch Ablenkung von sich selbst, durch Kompensieren und durch das sich Beschäftigen mit den Problemen anderer. Ein ebenfalls beliebtes Spiel.

Da fällt mir ein altes Sprichwort zu ein: »Ein jeder kehr' vor seiner Tür, da hat er Dreck genug dafür.«

Eine weitere Dimension ist, dass die Menschen in unserem Umfeld Angst davor haben, die Veränderung, die sie per se schon furchtbar finden, könne Konsequenzen haben, die sie persönlich betreffen. Eine Angst, die besonders im Falle von Familie, aber auch von engen Freunden sehr berechtigt ist. Sie – unser engstes Umfeld – sind, mit sehr seltenen Ausnahmen, Spiegel unserer inneren, seelischen Situation. Wenn wir diese zu ändern beginnen, fangen wir auch an, die Qualität unserer Beziehungen und hier besonders die der elterlichen infrage zu stellen sowie in den meisten Fällen zu ... verändern.

Warum ist das so?

Die Familie ist das kleinste System, das wir kennen. Ein statisches System. Ein System, das mit einem Kartenhaus vergleichbar ist. Wir sind ihm bereits begegnet. Dieses System funktioniert nur, solange jede Karte an ihrem Platz ist und artig ihre Rolle weiterspielt. Entscheidet sich nun eine Karte, ihre Position zu verändern oder gar zu verlassen, gefährdet sie hierdurch die Stabilität des gesamten Gebildes. Die natürliche Reaktion der übrigen Karten ist, zu versuchen, die rebellierende Karte wieder in ihre Ausgangsposition zu korrigieren. Hierzu bedienen sie sich der Knöpfe, die uns seit frühester Kindheit installiert wurden. Vor allem Scham und ein schlechtes Gewissen. Wir werden emotional erpresst und schuldig gesprochen, die Harmonie und das Gleichgewicht dieses Kartenhauses zu zerstören. Was in der Tat auch der Fall ist. Nur, dass dieses Kartenhaus mit Harmonie nichts zu tun hat. Allenfalls mit einer Scheinharmonie, einer inszenierten Situation, in der sich die beteiligten Karten nie wirklich aufrichtig begegnen, sich oft anlügen, gegenseitig etwas vormachen und Konflikte mit aller Kraft unterdrücken bzw. vermeiden müssen. Brechen die Konflikte dennoch hervor, werden sie nicht ausdiskutiert und geklärt, sondern tot geschwiegen. Oft in grotesken Situationen mündend, nach einem heftigen Streit am nächsten Tag so zu tun, als wäre nichts geschehen. Oder – eine weitere Variante – die Konfliktparteien sprechen tagelang kein Wort miteinander, um dann so zu tun, als sei nichts vorgefallen.

Diese Form der Vermeidung lässt selbstredend ein aufrichtiges sich Begegnen in keiner Weise zu – ebenso wenig wie emotionales Wachstum.

Somit haben sie nichts mit Harmonie, sondern mit Vermeidung zu tun. Und somit stören wir nicht die Harmonie, sondern drohen die Vermeidung aufzubrechen, drohen die wunden Punkte offen zu legen, die alle anderen emsig versuchen, bedeckt zu halten. Einem Fass vergleichbar, in dem es gärt und sich faulige Gase bilden, aber alle nach Kräften bemüht sind, den Deckel daran zu hindern, sich zu lösen. Aus Angst, was darunter zum Vorschein kommen könnte – und in der Tat auch würde bzw. wird, wenn er allen irgendwann unvermeidlich um die Ohren fliegt.

Nicht selten stellen wir in solchen Situationen nicht nur fest, dass wir unsere Familienmitglieder nicht wirklich kennen, sondern auch, dass sie *uns* nicht wirklich kennen, keine Ahnung haben, wer wir sind. Schlimmer noch. Sie *wollen* es gar nicht wissen.

Sie wollen, dass wir funktionieren.

Sie wollen, dass wir gehorsam sind.

Und sie wollen, dass wir für ihre Bedürfnisse verfügbar sind.

Auszuhalten, dass uns besonders die Menschen, die uns am nächsten stehen, dafür anklagen, dass wir es wagen, uns verändern zu wollen, ist die erste große Herausforderung für mich gewesen. Mir selbst das Recht zuzugestehen, etwas für mich tun zu dürfen, damit es mir vielleicht irgendwann besser geht, war nicht einfach. Ich konnte am Anfang in keiner Weise absehen, wo mich dieser Weg hinführen würde. Das Gefühl, mich als Versager zu fühlen, weil ich einen an der Waffel hatte (hessisch für *ein psychisches Problem haben*), sollte mich noch ein paar Jahre begleiten. Nicht

zuletzt, weil die Versuche meiner Umwelt, mich zu manipulieren und doch noch zum Funktionieren zu bekommen, ebenfalls noch einige Jahre anhielten.
Das Schönste, woran ich mich erinnern kann, als ich allen Widerständen zum Trotz die Entscheidung *für mich* zu sorgen getroffen hatte, war das Gefühl, ein Stück meiner Würde wiedererlangt zu haben. Ein Gefühl, das mich unwillkürlich dazu brachte, stolz auf mich zu sein. Stolz, der mir sofort die Tränen in die Augen trieb und mich bitterlich weinen ließ, da ich im selben Moment spürte, dass ich dieses Gefühl, stolz auf mich zu sein und meine Würde zu spüren, bis dahin nur sehr wenige Male hatte erleben dürfen.
Ich wünsche jedem von ganzem Herzen, dass sie oder er den Mut findet, sich für sich selbst zu entscheiden und hierdurch ein großes Stück der eigenen Würde zurückzuerobern. Und ich wünsche jedem aus tiefstem Herzen, stolz auf sich selbst zu sein, es *zulassen* und genießen zu können – ungeachtet der Tatsache, dass uns oft beigebracht wurde, wir dürfen so etwas nicht für uns selbst fühlen.

Elterntabu

»In gewisser Weise läßt das Absurde den Menschen, den es in seiner Einsamkeit auszudrücken strebte, vor einem Spiegel leben. Die ursprüngliche Zerrissenheit läuft dann Gefahr, komfortabel zu werden. Die Wunde, die man so angelegentlich kratzt, wird schließlich lustvoll.«

Albert Camus, Der Mensch in der Revolte

Eine weitere Antwort auf die Frage, was so bedrohlich für andere an der Entscheidung, uns selbst verändern zu wollen ist, bekam ich, als ich das erste Mal Alice Miller gelesen hatte. Bei ihr fiel der Erkenntnisgroschen so laut, dass es mir das Trommelfell zu zerreißen drohte. Und zwar nicht nur intellektuell, sondern – wichtig – *emotional*. Mir wurde klar und ich konnte spüren, was ich zuvor schon als dumpfe Ahnung in mir trug, aber nicht mit Worten hätte formulieren können.

Das Elterntabu – also das Tabu, die eigenen Eltern anzuklagen. Es ist meines Wissens in so ziemlich jeder Kultur tief verankert. Die Ausnahme mögen einmal mehr die wenigen noch intakten, indigenen Völker bilden – aber nicht, weil die Eltern dort angeklagt werden dürfen, sondern weil es bei ihnen einfach keinen Grund gibt, sie anzuklagen.

Für uns ist die Vorstellung, unseren Eltern Vorwürfe zu machen, sie zur Rechenschaft zu ziehen, für das, was sie uns in der Regel angetan haben, geradezu barbarisch, emotional kannibalisch – in jedem Fall ein Sakrileg.

»Sowas kann ich doch nicht machen!« ... ich weiß nicht, wie oft ich diesen oder einen ähnlichen Satz gehört habe.

Dabei ist es – und das ist die schlechte Nachricht in diesem Kontext – *absolut* notwendig. In welcher Form, ist eine andere Frage. Wir werden im weiteren Verlauf darauf zurückkommen.

Alice Miller war die erste, die das Elterntabu in der psychologischen Literatur gebrochen und sehr klar dazu aufgerufen hat, die eigenen Eltern anzuklagen. Sie hat dafür ein Meer an Kritik geerntet – heute in Zeiten sozialer Netzwerke würde man das neudeutsch als Shitstorm bezeichnen – aber auch Bewunderung, von den wenigen, die seiner Zeit die Richtigkeit dieses Schrittes erkannten. Wir reden vom Jahr 1979, als ihr erstes und nach wie vor sehr bedeutendes Werk *Das Drama des begabten Kindes* veröffentlicht wurde. Nicht zuletzt ihr Fachkollegium hat sie öffentlich an den Pranger gestellt sowie auf unterschiedliche Art und Weise versucht, abzustrafen. Vor allem, weil sie über das Brechen des Elterntabus hinaus aufgezeigt hat, dass dieses Fachkollegium in der Regel in therapeutische Berufe geht, um stellvertretend in ihren Klienten ihre eigenen, unaufgearbeiteten Themen zu therapieren. Einmal mehr ein Spiegel, der massiv dafür bekämpft wurde, weil er das vermeintlich falsche Spiegelbild gezeigt hat.
Doch warum ist es so furchtbar bis unerträglich, unsere Eltern anzuklagen und zur Rechenschaft zu ziehen?
Zunächst, weil wir unser gesamtes Leben, besonders in unserer frühen Kindheit, darauf konditioniert werden, dass sie das Wichtigste in unserem Leben sind. Sein müssen. Und wenn wir klein sind, ist das auch so. Wir sind gnadenlos von ihnen abhängig, allein nicht überlebensfähig. Wir können uns nicht selbst versorgen, brauchen Nahrung sowie Schutz und sind ihnen wehrlos ausgeliefert. Aber wir brauchen deutlich mehr, um uns seelisch sowie emotional gesund entwickeln zu können.
Liebe.
Bedingungslose Liebe.
Das Gefühl, gesehen und als das wahrgenommen zu werden, was wir sind.
Wir brauchen den liebevoll beachtenden Rahmen, in dem wir uns uneingeschränkt entdecken und entwickeln dürfen, um zu integrierten, autonomen sowie gesunden Persönlichkeiten heranzureifen.
Gerald Hüther hat das trefflich auf den Punkt gebracht: *»Wenn der Mensch auf die Welt kommt, bringt er zwei Grundbedürfnisse mit: angenommen zu werden und über sich selbst hinaus zu wachsen.«*
Haben wir das bekommen?
Wer auch immer diese Frage mit einem voll überzeugten Ja beantworten kann, ist gut beraten, dieses Buch spätestens *jetzt* wegzulegen und sich wichtigeren Dingen zu widmen.
Die Regel ist, dass unsere tatsächliche Situation mehr oder weniger

weit von diesem Ideal entfernt ist.
Genau diese Voraussetzungen wären aber notwendig gewesen, um auf natürliche Weise den Weg in die Selbstliebe zu finden. Pech gehabt. Vielleicht im nächsten Leben. In diesem Leben kommen wir wohl nicht umhin, uns dem zu stellen, was tatsächlich passiert ist. Erziehung. Beschneidung. Demütigung. Zurechtweisung. Das Ersetzen unserer natürlichen Wesensanteile durch künstliche ... andere.
Und wer hat dafür gesorgt uns zu erziehen?
Die, von denen wir am meisten bedingungslose Liebe, Geborgenheit und Schutz gebraucht hätten. Die, die uns am nächsten standen. Wenn wir jede Entschuldigung aus dem Weg räumen, bereit sind, die Dinge zu sehen, wie sie waren, wurden wir verraten. Unsere Bedürfnisse, unser Recht auf Autonomie, auf Integrität wurden verraten. Nicht nur ein oder zweimal. Nein – permanent. Permanent wurden unsere Grenzen verletzt, wurden wir gedemütigt ... entwürdigt.
»Wer Ausgrenzung erleidet, gedemütigt wird oder befürchten muss, einer Bindung beraubt zu werden, dann aber nicht mit einer kommunikativ angemessenen Form von Aggression reagieren kann, wird krank. Hemmungen und andere Schwierigkeiten, legitime Aggression zu kommunizieren, entstehen vor allem dann, wenn in den Jahren der Kindheit keine sicheren Bindungen zu Bezugspersonen vorhanden waren oder wenn Gewalt erlebt wurde.«, schreibt Joachim Bauer in seinem Buch *Schmerzgrenze*.
Warum ist es uns dann so unmöglich, die dafür anzuklagen, die genau das mit uns gemacht haben?
Weil wir, wenn wir genau und aufrichtig hinsehen, unverändert abhängig von ihnen sind. Gleichgültig, wie alt wir inzwischen geworden sind, wie viele Fältchen und Falten uns verkünden, dass wir schon einige Winter überlebt und erfolgreich hinter uns gebracht, ob wir selbst bereits ein Kind oder mehrere geboren haben.
Wir sind nach wie vor abhängig.
Wir tragen tief in uns den Wunsch, sie könnten uns irgendwann doch noch sehen.
...doch noch lieben.
...doch noch irgendwann erkennen, dass wir wundervolle, liebenswerte Kinder sind.
Diese tiefe und in der Regel unerfüllte Sehnsucht zwingt uns, sie zu verteidigen.
Egal, was sie uns angetan haben.
Etwas, was – wie gesagt – nicht zuletzt durch das vierte Gebot

förmlich in Stein gemeißelt und ein fundamentales Gesetz unseres Kulturkreises ist. Aber auch säkulare Wahrnehmungen sind sich sehr einig darüber, dass die Eltern heilig sind und auf keinen Fall angetastet werden dürfen. Eine Tatsache, die nicht einfacher wird, je älter wir und in der Konsequenz unsere Eltern werden. Selbst wenn sie uns die schlimmsten Grausamkeiten angetan haben, sehen wir sie in ihrer Verletzlichkeit und Bedürftigkeit des zunehmenden Alters und fühlen uns verantwortlich ... nein, schuldig. In jedem Fall ist es undenkbar, sie für das anzuklagen, was sie getan haben. Sie haben es ganz sicher nicht böse gemeint, konnten einfach nicht anders. Wir waren doch so schlimm als Kinder, so anstrengend und unerzogen, immer laut und ... naja, in jedem Fall nicht so, wie wir hätten sein sollen.

Es ist einer der wichtigsten Schritte, sich von diesen Gedanken und Schuldgefühlen zu befreien.

Eine weitere und für mein Empfinden sehr tückische Spielart der Abhängigkeit ist: das Idealisieren.

Ich habe oft, auch bei mir selbst, erlebt, dass Kinder ihre Eltern – besonders einen Elternteil, das nicht da war – ob tatsächlich gestorben oder zwar physisch, aber emotional nicht vorhanden – idealisiert wurde. Das Tückische ist nicht nur, dass dieser Elternteil idealisiert, sondern auch dadurch geschützt und verteidigt wird, dass niemand besser sein darf.

Der natürliche Vorgang in diesem Kontext wäre, dass der Vater der erste Mann sein darf, in den sich das junge Mädchen verliebt. Er ist ihr Hero, der schönste und beste Mann, den es auf der Welt gibt. Ganz sicher eine Phase, die der Vater sehr genießt.

Äquivalent ist die Mutter die erste Frau, in die sich ein Junge verliebt. Wichtig: egal, wie wenig sie zu geben haben, gleichgültig, was sie dem Kind antun.

Kann ein Vater nichts geben, weil er selbst emotional völlig unentwickelt ist – also der Normalfall – verliebt sich das Mädchen in diesen sehr defizitären Mann und misst fortan jeden Jungen und später Mann an diesem Rollenvorbild. Der Vater ist der König und besetzt den Thron im Herzen des Mädchens und der späteren jungen Frau. Da er ihr aber nichts geben konnte, muss sie jeden jungen und später älteren Mann ablehnen, der Gefahr läuft, ihr mehr zu geben, um ihren Vater hierdurch zu schützen.

Der normale, gesunde Weg ist, dass sich die junge Frau in einen Mann verliebt und den Vater vom Thron stürzt, den Platz dem Mann ihres Herzens freiräumt und ihn dort platziert. Das ist ein sehr wichtiger Schritt im emotionalen Wachstum der jungen Frau, im Prozess des Erwachsenwerdens. Ist das Vater-Tochter-Verhältnis gestört, bekommt sie also nicht die Liebe, die sie gebraucht hätte – wie es der Normalfall ist – muss sie den Vater idealisieren und jeden Anwärter abwehren.

Etwas, was sich durch dieses Zitat auf tragische Weise treffend ausdrückt: *»Papi, auch wenn ich mal meinen Traumprinzen finden werde, wirst du immer mein König sein.«*

Dieses Prinzip funktioniert bei der Mutter-Sohn-Beziehung analog. Und auch hier funktioniert der Knopf des schlechten Gewissens, der Abhängigkeit. Sie zwingen den Heranwachsenden, den entsprechenden Elternteil zu beschützen und zu idealisieren. Auch hier wird das eigene, persönliche Glück geopfert, um diesen Elternteil zu beschützen, fühlen wir uns schuldig, wenn wir den Elternteil in uns drohen zu entmachten, von dem wir doch noch so abhängig sind. Eine perfide Situation, die für viele nur schwer emotional auflösbar ist – wenn überhaupt.

Eine der wichtigsten, essenziellsten Erkenntnisse für mich war, dass es *keine* Entschuldigung dafür gibt, was mir angetan wurde. Und damit meine ich nicht nur die körperlichen sowie seelischen Misshandlungen, sondern auch die Botschaften, die ich mein Leben lang eingetrichtert bekam. Auch wenn ich vieles nachvollziehen, nachempfinden konnte und kann, so hatten meine Eltern nicht das geringste Recht, mir so wehzutun, mich so zu verraten. Immer wieder. Mich zu demütigen. Mir meine Würde zu nehmen, wo immer es ihnen möglich war.

Es ist absolut egal, wie gut sie es gemeint haben mögen – sie haben mich zu einem emotionalen Krüppel gemacht.

Sie haben mich geopfert. Leeren Konventionen. Erwartungen. Bedürfnissen, die sie selbst weder kannten, geschweige denn verstanden. Ganz sicher nicht mit böser Absicht, aber unleugbar. Ganz sicher, weil sie es nicht besser wussten. Aber Dummheit schützt vor Strafe nicht, weiß der Volksmund zu berichten.

Ihre Absichten sind *völlig irrelevant*.

Einzig die Taten zählen. Und die Taten waren ... furchtbar ... monströs ... feige ... und haben *so wehgetan*.

So weh, dass wir keine andere Chance hatten, als uns von unseren Gefühlen zu trennen oder zumindest zu entfernen, um das aushalten, ertragen zu können, was mit uns gemacht wurde.

Wir haben uns selbst geopfert, um für sie liebenswert zu sein, uns ihre Liebe zu *verdienen*. Wir hätten alles getan und – sehr wichtig – *haben* alles getan. Zum Teil bis zur totalen Selbstaufgabe. Völlig entstellt und emotional desintegriert stehen wir in fortgeschrittenem Erwachsenenalter vor unserem Spiegelbild und müssen uns oft ernsthaft fragen: wer bin ich?

»Die Dissoziation ist ein psychischer und neurobiologischer Schutzmechanismus. Ziel der Dissoziation ist die Verminderung beziehungsweise Ausschaltung von seelischem und körperlichem Schmerz. (...) Die Dissoziation ist ein Musterbeispiel dafür, wie äußere Situationen nicht nur seelisches und körperliches Erleben beeinflussen, sondern auch Körperfunktionen bis hin zur Regulation der Genaktivität steuern können.«, schreibt Joachim Bauer in seinem Buch *Das Gedächtnis des Körpers*.
Unser Opfer geht also bis auf die genetische Ebene. Unsere Körperfunktionen reagieren auf die Beziehungssituation, die wir ihnen bieten, nein, in die wir sie zwingen. Zwingen mussten...
Wir hatten nie eine Chance, uns wirklich kennenzulernen. *Sie* wollten uns nicht kennenlernen – wie hätten wir können? Durften wir uns je entdecken? Uns frei erforschen, uns ausprobieren? Jenseits der zweieinhalb Minuten in der Woche am Wochenende, wenn sie gerade gut drauf und entspannt genug waren, uns *kurz* unseren natürlichen Drang zuzugestehen?
Selbstredend rein rhetorische Fragen.
Aber, obwohl wir in einer wachen Sekunde all das sehen können – vielleicht – sind wir nicht in der Lage, anzuklagen.
Warum?
Vielleicht, weil wir eingetrichtert bekommen haben, wir verdanken unseren Eltern das Leben? Immerhin haben sie uns gezeugt und geboren, sind wir hier, weil sie es uns ermöglichten.
Im Verlauf meiner Aufarbeitung habe ich mir häufig eine Frage gestellt: wenn ich im Mutterleib gefragt worden wäre, ob ich all das erleben und ertragen will – was hätte ich geantwortet?
Nein danke – bitte abtreiben.
Natürlich bin ich dankbar, heute hier zu sein, das zu sein, was ich geworden bin. Aber die Schmerzen und Demütigungen, die mir mein Weg bescherte, um so weit zu kommen, hätte ich dankend abgelehnt, würde ich die Wahl gehabt haben.
Meine Mutter hat mich nie gefragt, ob ich hier sein will. Sie hat für mich entschieden, hier sein und alles aushalten zu müssen, was sie und andere mir im Verlauf meines Älterwerdens angetan haben. Natürlich hat mich diese harte Schule besonders gut werden lassen. Aber eben nicht freiwillig.
Eine Erkenntnis, die sich in die Reihe der wichtigsten meines Lebens einreiht, war, dass ich meinen Eltern *nichts* schulde. Sie haben für mich entschieden. Ich wurde nie gefragt. Entsprechend gab und gibt es keinen Grund, mich für sie zu opfern, meine Bedürfnisse hinter ihre zu stellen und mich gegen mich selbst zu entscheiden, nur um ihnen zu dienen und gehorsam zu sein. Im Gegenteil

haben sie ihre Pflicht, dafür zu sorgen, dass es mir gutgeht, kläglich im Stich gelassen ... *mich im Stich gelassen*.

Eine weitere wichtige Erkenntnis war, dass ich nicht auf der Welt bin, um so zu sein, wie meine Eltern es von mir erwarten, ich kein Sklave, keine Puppe bin, die einen Dienst zu verrichten hat, kein Versprechen an die Bedürftigkeit meiner Erzeuger. Im Gegenteil bin ich ein vollwertiges und *gleichwürdiges* Lebewesen, das so sein darf, wie es ist und sein will. Selbst wenn das das genaue Gegenteil der Wünsche und Erwartungen meiner Eltern ist. Eine Persönlichkeit, die jedes Recht der Welt hat, sich zu entfalten und gesund zu sein. Körperlich *und* seelisch.

Alles, was ich heute bin, bin ich, weil ich den Mut hatte, mich zu entwickeln.

Nicht nur, dass sie mich nicht dabei unterstützten – sie haben mich behindert, wo sie konnten und mir jeden nur erdenklichen Stein in den Weg gelegt. Wofür soll ich sie schützen, wofür schonen?

Natürlich ist mir bewusst, dass ich in viele empörte, entrüstete und sprachlose Gesichter blicken würde, könnte ich jetzt in diesem Moment die Leser dieser Worte sehen.

Aber meine Worte sind in keiner Weise überzogen, übertrieben und schon gar nicht selbstgerecht. Es sind die Worte eines Menschen, der lernen durfte, sich für sich selbst zu entscheiden, statt sich für das hohle Versprechen zu opfern, die eigenen Eltern könnten doch noch eines Tages verstehen, wie großartig er ist. Wie großartig er sich selbst gezwungen hat zu werden, in der Hoffnung, sie könnten ihn irgendwann doch noch sehen, doch noch lieben, ihm doch noch geben, was er nie bekam.

Liebe.

Wenn auch alles andere als bedingungslos.

Aber wie und in welcher Form können wir anklagen?

Nun, die technisch einfachste Form ist, unsere Eltern direkt zu konfrontieren, mit ihnen zu reden, ihnen zu sagen, was sie uns angetan haben und wie wir uns dabei fühlten. Technisch einfach, emotional für viele absolut undenkbar. Ich hatte das *Glück*, keine emotionale Bindung zu meinen Eltern zu haben. Sie haben es mir somit leicht gemacht, ihnen meine Realität darzulegen, sie tatsächlich zu konfrontieren. Die Reaktion war absolut stereotyp. Sie haben alles abgestritten. Meine Mutter hat bis zur letzten Sekunde unseres Kontaktes behauptet, sie habe mich nie geschlagen und sei eine tolle Mutter gewesen. Die Flucht in die totale Verleugnung. Aus ihrer Perspektive ist diese Reaktion nachvollziehbar. Sie würde es nicht ertragen haben, vor sich selbst einzugestehen, was sie mir angetan hat. Die Last ihres Gewissens würde sie vermutlich einfach erdrückt haben. Was nicht das Geringste daran ändert, dass sie es getan hat. Somit ist sie schuldig. Im Grunde sehr einfach. Auch wenn noch so unbewusst und unbeabsichtigt: ein Täter bleibt ein Täter.

Ein Alkoholiker, der im Vollrausch seine Frau grün und blau schlägt, wird nicht unschuldig, nur, weil er sich am nächsten Tag an nichts erinnert. Auch er wird im Zweifel alles abstreiten – so wie es unsere Eltern in der Regel tun müssen. Stereotyp.

Solche Reaktionen müssen wir aushalten. Von einer Idee müssen wir uns verabschieden: dass unsere Eltern verstehen, *uns verstehen* und vor allem von der Idee, sie könnten uns doch noch so lieben, wie wir es als Kinder gebraucht hätten. Es soll Eltern geben, die das tatsächlich können, aber die sind so rar, dass ich persönlich niemanden kenne, der ein solch seltenes Exemplar abbekommen hat. Die übliche, stereotype Reaktion ist Verleugnung.

Wenn dieser Weg – die direkte Konfrontation – unmöglich ist, gibt es andere.

Eine Möglichkeit, die bei vielen gut funktioniert, ist, einen Brief zu schreiben. Einen Brief, der alles enthält, alle Gefühle, die ganze Wut und Enttäuschung, den Schmerz und die Empörung über das, was wir erlebt haben. *Unsere* Realität. Ungeschminkt. Gerne auch mit Kraftausdrücken und Flüchen. Die Energie muss raus – je ungefilterter, je besser! Es ist völlig unwichtig, ob wir fair sind, gerecht, ob wir faktisch übertreiben. Es ist wichtig die Dinge so zu formulieren, wie wir sie *empfinden*. Pur und rein.

Diesen Brief abzuschicken ist für viele ebenfalls ein Ding der Unmöglichkeit. Die Eltern zu beschützen steckt so tief in uns, dass wir uns lieber selbst den Kopf abhacken als unsere Eltern konfrontieren würden.

Aber das Abschicken des Briefs ist auch gar nicht wichtig. Wir müssen ihn nicht abschicken. Es reicht tatsächlich, ihn zu schreiben. Wichtig ist, dass wir uns selbst unsere Gefühle zugestehen und sie ausdrücken, in Worten formulieren und uns von der Schuld befreien, wir hätten verdient, was uns widerfahren ist. Es ist wichtig unseren Schmerz ernst zu nehmen, ihn zuzulassen und ihm den Raum zu geben, den er braucht und verdient hat. Es ist weiterhin wichtig damit aufzuhören, unsere eigene Situation herunterzuspielen, zu trivialisieren. Wenn wir das in Form eines Briefes aufschreiben, uns in das Gefühl begeben und es uns zugestehen, gehen wir bereits in die Heilung.

Es ist durchaus nicht ungewöhnlich, im Rahmen dieses Prozesses in tiefe Trauer zu fallen. Uns bewusst zu machen, wie weh uns getan wurde, wie weh uns unsere Eltern getan haben, lässt oft die

Tränen fließen. Aber dieser Vorgang ist durch und durch positiv, auch wenn er wehtut. Wenn wir diese Wunden sehen und spüren, sie mit unseren Tränen beweinen, waschen wir sie mit eben diesen Tränen aus und ermöglichen uns hierdurch, zu heilen.

Das ist ein Grund für diese Vorgehensweise: uns befreien sowie das Zurückerobern unserer Würde und in die Heilung zu kommen – durch Betrauern unseres verratenen Gefühls und das Auswaschen unserer Wunden mit unseren Tränen.

Durch diesen Vorgang beginnen wir, Verantwortung zu übernehmen und nicht mehr Opfer zu sein. Eine sehr wichtige Station. Wir ziehen uns aus der Opferhaltung und positionieren uns als mündiger, verantwortungsvoller Mensch. Auch oder gerade gegenüber uns selbst. Hierdurch machen wir den Raum auf, um *erwachsen* zu werden, aus der Position des abhängigen, unfreien Kindes zu erwachsen und eine *autonome Person* zu werden.

Authentizität

»Gerade die vorgeburtliche Entwicklung lehrt uns, dass Körper und Psyche untrennbar miteinander verbunden sind.«

Gerald Hüther & Inge Krens, Das Geheimnis der ersten neun Monate

Ein Wort, das ich oft gelesen und lange Zeit nicht wirklich verstanden habe. Authentizität.
Ganz sicher auch, weil ich die Menschen, die von sich selbst behaupteten authentisch zu sein – also echt – als außerordentlich unstimmig und unehrlich erleben musste. Auch oder gerade mich selbst. Wobei ich mich lange Zeit gar nicht getraut hätte zu behaupten, authentisch zu sein.
Ich musste erst einmal eine Definition für diesen Begriff finden, die ich verstehen und auch emotional durchdringen konnte.
Menschen, die behaupten, sie seien authentisch, seien eben, wie sie sind, begegneten mir haufenweise. Aber schon sehr bald merkte ich, dass sie einen Begriff zweckentfremdeten, um ihn für ihre Bedürfnisse einzuspannen und auszubeuten. Die Behauptung, authentisch und eben so zu sein, wie sie sind, war oft nur eine Schutzbehauptung. Das, was sie eigentlich ausdrückten, war: stell' mich bloß nicht infrage!
Sie wollten schlicht verhindern, dass sie jemand misst – vor allem nicht ihre Worte an ihren Taten. Sie hofften, die Schutzbehauptung, authentisch zu sein, sei der Panzer, der jede berechtigte Kritik, jedes Aufdecken persönlicher Unstimmigkeiten zum Schweigen bringen möge. Jeder, der diese unausgesprochene Forderung nicht erfüllte, wurde aufs Schärfste verurteilt oder gleich ganz entsorgt. Woran erinnert das gleich wieder? ... ja, richtig. An einen Narzissten.
Aber was ist nun Authentizität wirklich?
Aufrichtigkeit.

Schonungslose Aufrichtigkeit.
Vor allem uns selbst gegenüber.
Sich immer wieder infrage Stellen, immer wieder Überprüfen.
Das sich Sehen und Zeigen, wie wir tatsächlich sind – ungeschminkt.
Das uns Ausliefern der Meinung anderer, selbst auf die Gefahr hin, abgelehnt oder sogar massiv angegriffen zu werden.
Das Hinsehen und Akzeptieren, dass wir nicht perfekt sind, nie sein werden.
Das uns selbst in dieser Unperfektheit Akzeptieren und sie nicht als Mangel verbergen, sondern als immanenten Teil unserer Persönlichkeit schätzen, integrieren und in unseren Handlungen offen darlegen.
Es ist ein wundervolles Gefühl, das erste Mal offen etwas auszusprechen, was wir vorher als Schwäche verdecken mussten. Es fühlt sich so befreiend an, sich nicht mehr verstecken zu müssen, sondern einfach zuzulassen, was wir sind.
Oft habe ich festgestellt, dass es die Angst vor der Angst war, die mich gelähmt und in meinen Handlungen behindert hat. In der Situation selbst stellte ich fest: es ist gar nicht so schlimm. Selbst wenn ich offen abgelehnt wurde, konnte ich vor mir selbst aufrecht bestehen, weil ich niemandem mehr – vor allem mir selbst nicht – etwas vormachen musste.
Aber natürlich muss ich dafür eine Idee haben, wer ich bin. Wenn ich aus dem Brustton der Überzeugung behaupten will, zu sein, was ich bin, ist es sicher nicht nachteilig, zu wissen, was das meint – und sei es nur im Ansatz. Dazu muss ich anfangen, mir zu begegnen. Aufrichtig. Nicht versuchen, mein Verhalten zu bewerten, zu korrigieren – sondern es zunächst wertfrei zuzulassen und zu verstehen. Wenn ich dabei feststelle, dass ich bestimmte Verhaltensformen nicht mag, mir anders wünsche, kann ich später immer noch Wege suchen, sie zu verändern.
Wichtig ist zunächst, meine Verhaltensformen als einen immanenten Teil von mir zu begreifen und anzuerkennen – zuzulassen und wertfrei anzunehmen, dass ich Wesensanteile entwickelt habe, die ich vielleicht gar nicht entwickeln wollte, aber musste, weil mich meine Sozialisation dazu gezwungen hat.

Konformität

Aber der Weg in die Authentizität beginnt mit einer eigen-

ständigen Identität, mit einer Persönlichkeit, die sich nicht an einer allgemeinen, angepassten Meinung orientiert, sondern eigenständig und für sich entkoppelt ist.
Was mir oft begegnet ist: das Verstecken hinter dem *man*, hinter der Aussage, was *man* tut, *man* nicht tut und *man* denkt, meint oder sagt. Eine Flucht in eine anonyme Meinung, eine anonyme Identität, ein sich Einsortieren in eine scheinbare, allgemeingültige Haltung, die nicht hinterfragt, weil als *normal* anerkannt wird. Eine Flucht vor Verantwortung.
Ganz sicher kein freiwilliger Akt, sondern das Ergebnis von Anpassung und Gehorsam. Verhaltensformen, die wir aufgezwungen bekommen. Kein Mensch geht freiwillig in die Anpassung, unterwirft sich freiwillig dem Gehorsam. Aber wenn wir uns dem Druck der Konditionierung beugen mussten, das Hirnwaschprogramm also erfolgreich seinen Sinn bei uns erfüllt hat, müssen wir das Erlernte im Zweifel sogar verteidigen. So geht die Anpassung in Fleisch und Blut über, wird Bestandteil unserer bewusst erlebten Wahrnehmung, ohne dass wir sie noch bemerken oder gar spüren – bis auf die Mängel, die sie erzeugt und die wir dann mit besagten Mechanismen kompensieren und/oder betäuben müssen. Ein Prozess, den bereits Platon (428 – 347 v. Chr.) in seinem Höhlengleichnis beschrieben hat. Oft muss ein Mensch, der noch tief in der Anpassung steckt, einen Menschen, der authentisch oder zumindest authentischer ist, als er selbst, dafür angreifen. Einmal mehr ein Spiegel, der vermeintlich das falsche Bild zeigt.
»Mit dem 'man sagt' betreten wir eine Welt des bedeutungslosen Geredes, in der niemand für irgend etwas wirklich verantwortlich ist.«, schreibt Erich Fromm in seinem Buch *Authentisch Leben*.
Wenn jemand also von *man* statt von *ich* spricht, ist das ein sicheres Indiz, dass Authentizität noch in weiter Ferne liegt. Ich habe oft erlebt, wenn ich beispielsweise fragte: »Wie empfindest Du das (bezogen auf einen beliebigen Sachverhalt).«, dass ich in etwa eine Antwort der Qualität bekam: »Man macht das halt so oder so.«
Meine unwillkürliche Frage war dann: »Wer ist denn *man*?«
Schweigen.
Für viele Menschen ist es unbewusst wichtig, sich in einer anonymen Masse zu verbergen, eine vermeintlich allgemeine Meinung als die eigene anzunehmen und auszudrücken – in der Annahme und Hoffnung, hierdurch nicht angreifbar zu sein. Aber eben auch als Ausdruck ihrer Angepasstheit, ihrer Konformität. Mehr noch drückt das *man* sehr klar aus, dass die Person keine eigenständige

Identität hat, mit an Sicherheit grenzender Wahrscheinlichkeit keine entwickeln durfte. Mit Authentizität hat das nur leider nicht das Geringste zu tun.

»Die heutige Gesellschaft predigt das Ideal einer nicht-individualisierten Gleichheit, weil sie menschliche Atome braucht, die sich untereinander völlig gleichen, damit sie im Massenbetrieb glatt und reibungslos funktionieren, damit alle den gleichen Anweisungen folgen und jeder trotzdem überzeugt ist, das zu tun, was er will. Genauso wie die moderne Massenproduktion die Standardisierung der Erzeugnisse verlangt, so verlangt auch der gesellschaftliche Prozeß die Standardisierung des Menschen, und diese Standardisierung nennt man dann »Gleichheit«.«, schreibt Erich Fromm in seinem Buch *Die Kunst des Liebens*.

Diese Menschen müssen auch versuchen, bei allem dabei zu sein, wo *man* eben so dabei ist: Fußball Weltmeisterschaften, Oktoberfest, Fasching, Halloween oder die Olympiade sind nur einige Beispiele hierfür. Das Interesse an solchen Ereignissen zeugt sehr deutlich von einer Person, die keine eigenständige Identität hat. Das Eintauchen und Aufgehen in einer anonymen Masse, sich dabei völlig in einem Wir-Gefühl, einer Wir-Identität assimilierend. Dass sich Menschen zu Zeiten einer Fußball Weltmeisterschaft mit Deutschlandfahnen schmücken und einem künstlichen Nationalstolz anhängen müssen, auf einmal in einem bemüht und zumindest fragwürdig wirkenden Wir-Gefühl aufgehen, zeigt ebenfalls, wie wenig eigenständige Persönlichkeit bei ihnen vorhanden ist, wie sehr sie sich nach äußeren und – wichtig – allgemein anerkannten Identifikationspunkten sehnen, sich das Gefühl wünschen, *dabei* zu sein.

Das ist nicht verwunderlich, da wir in der Regel keine eigene Identität, keine inneren Identifikationspunkte entwickeln dürfen. Aus diesem Grund suchen wir nach äußeren.

»Die meisten Menschen sind sich ihres Bedürfnisses nach Konformität nicht einmal bewußt. Sie leben in der Illusion, sie folgten nur ihren Ideen und Neigungen, sie seien aufgrund eigenen Denkens zu ihren Meinungen gelangt, und es sei Zufall, daß sie in ihren Ideen mit der Majorität übereinstimmen. Im Konsensus aller sehen sie den Beweis für die Richtigkeit »ihrer« Ideen. Den kleinen Rest eines Bedürfnisses nach Individualität, der ihnen geblieben ist, befriedigen sie, indem sie sich in Kleinigkeiten von den anderen zu unterscheiden suchen; die Anfangsbuchstaben ihres Namens auf dem Handkoffer oder dem Pullover, das Namensschildchen des Schalterbeamten oder die Zugehörigkeit zu verschiedenen Parteien oder Studentenverbindungen: Solche

Dinge dienen dazu, individuelle Unterschiede zu betonen. In den Werbeslogans, daß etwas »anders ist als...«, kommt dieses Bedürfnis, sich von anderen zu unterscheiden, zum Ausdruck. In Wirklichkeit gibt es kaum noch Unterschiede.«, schreibt Erich Fromm in seinem Buch *Die Kunst des Liebens*.

Einem wirklich authentischen Menschen ist es völlig egal, was jemand anderes denkt oder nicht denkt, ob er ein vermeintlich wichtiges Ereignis verpasst. Er ist tatsächlich einfach das, was er ist. Ohne dabei rücksichtslos zu sein. Das ist kein Paradoxon, sondern eine logische Konsequenz. Das Prinzip *panem et circenses* funktioniert ausschließlich bei desintegrierten Menschen, die keine eigenständige Identität haben und somit manipulierbar sind. Menschen, die sich gerne von einem Authentischen angegriffen fühlen, weil er ihnen – ganz sicher ohne es zu beabsichtigen – den Spiegel vor die Nase hält; sie erleben den Spiegel in dem Authentischen, selbst nicht authentisch zu sein und müssen ihn dafür anklagen.

Und sei es stellvertretend in Situationen, wie der beschriebenen WM, in der ich oft erlebt habe, dass Menschen entrüstet reagierten, wenn jemand sagt, ihn interessiere das nicht. Wie kann er nur, wo doch *alle* dieses Ereignis für dessen Dauer als das *Wichtigste* überhaupt wahrnehmen. *Jede* Werbekampagne versucht, irgendwie darauf zu verweisen, ebenfalls *dabei* zu sein. Ein Konzept, das erschreckend gut funktioniert und eindrucksvoll aufzeigt, wie einfach Menschen zu manipulieren, die nicht bei sich, nicht authentisch sind. Nicht zuletzt hat *man* mit solchen Ereignissen, wie einer WM, ein Gesprächsthema, kann sicher sein, wenn es angeschnitten wird, dass dann positiv interessierte Resonanz kommt. Auf einmal können die Menschen mit einander reden ... wenn auch nur, bis sich das Thema verbraucht, was in der Regel nach wenigen Minuten der Fall ist. Aber die Euphorie, die ich in diesen Minuten bei den Fremden, die sich über dieses Thema austauschten, immer wieder spüren konnte, spricht Bände. Wir würden so gerne in Kontakt treten und schaffen es so selten...

Ich habe bei keinem einzigen der sehr wenigen authentischen Menschen, die ich in meinem Leben kennenlernen durfte, erlebt, dass er sie oder er sich für so etwas begeistert oder auch nur entfernt interessiert.

Zumal die gespielte Einigkeit nach Beendigung des Ereignisses auch sofort wieder erlischt und sich das übliche *Jeder gegen Jeden* in neuer Blüte entfaltet.

Gesunde Selbstwahrnehmung

Menschen, die noch sehr desintegriert sind, reagieren auch gerne pikiert, wenn ein authentischer Mensch von sich selbst sagt, dass er sich gut findet, wirklich gut. Oder sich selbst aufrichtig liebt. Nicht selten wird er dafür zumindest infrage gestellt oder sogar angefeindet, weil er es wagt, Gutes über sich selbst auszudrücken; ein positives Gefühl für sich selbst formuliert und sich nicht schlecht machen muss – wie es gerne als schicklich und politisch korrekt eingestuft wird.

Aber ein Gefühl zu haben und auszudrücken, ist per se wertfrei und nicht verletzend.

Nur, wenn eine andere Erwartung an denjenigen vorhanden ist, kann es durchaus passieren, dass sich der Erwartende angegriffen fühlt – auch wenn dieser Angriff faktisch nicht von dem Authentischen ausgeht, sondern einfach nur eine Reaktion auf den Spiegel im anderen ist.

Wir dürfen nie unterschätzen, wie sehr Menschen, die noch sehr unentwickelt sind, Konflikte anziehen, förmlich um sie betteln, um gespiegelt zu werden. Aber wir dürfen auch nicht unterschätzen, wie gerne wir uns selbst im Licht des bereits Entwickelteren und den anderen als Problem sehen wollen. Ich habe beide Positionen bei mir selbst erlebt.

Authentizität ist auch ein stimmiges Gefühl für uns selbst, eine gesunde Selbstwahrnehmung, immer bereit, auch kritische Rückmeldungen unserer Umwelt zuzulassen. Ohne sie sofort als wahr übernehmen zu müssen, aber dennoch potenziell als wahr zur Disposition zu stellen.

Das Gefühl für uns selbst und unsere Fehlbarkeit wird immer präziser, je mehr wir bereit sind, uns aufrichtig zu begegnen und auch unangenehme Empfindungen sowie Rückmeldungen zuzulassen. Stellen wir fest, dass die Rückmeldungen nicht stimmig sind, haben wir jedes Recht der Welt, sie als nicht zutreffend zurückzuweisen. Aber Authentizität erfordert zumindest die Offenheit, dass sie zutreffen *könnten*.

Authentizität bedeutet nicht perfekt zu sein.

Sie bedeutet, durch das nicht Perfekte zu wachsen, es als Inspiration zu begreifen und anzunehmen, denjenigen, der uns darauf aufmerksam macht als Helfer, als Lehrer zu verstehen und wertzuschätzen.

Ein Mensch, der in der Authentizität angelangt ist, bewegt sich emotional und mental nicht mehr bei anderen, macht sich nicht ständig Gedanken darüber, was andere tun, denken, fühlen oder

sein könnten. Es ist ein wichtiger Schritt in diesem Prozess, das Spekulieren über den Gefühls- und Gemütszustand anderer loszulassen.
Um authentisch zu sein, müssen wir eine Identität entwickeln und uns von einer äußeren Meinung befreien – uns emanzipieren.

Kommunikation und Wertung

Ein Mensch, der authentisch ist, ist ganz bei sich selbst.
Auch oder gerade in seiner Sprache. Das bedeutet zunächst, dass er immer genau das sagt, was er meint. Versteckte Botschaften – oder auch Kommunikation auf der so genannten Meta-Ebene – gibt es einfach nicht.
Das ist oft herausfordernd, weil wir in der Regel lernen, Botschaften zu verstehen, die nicht offen ausgesprochen werden. Insbesondere unausgesprochene Erwartungen sind etwas, worauf wir konditioniert werden. Ebenso, wie auf vermeintliche Wertungen. In der Regel negative Wertungen.
Sagt jemand zu uns so etwas wie: »Mir gefällt die Situation nicht.«, passiert es nicht selten, dass wir verstehen: »Du hast etwas falsch gemacht.« Wobei es zum einen keine klaren Regeln für diese Interpretation gibt und zum anderen das, was wir verstehen, sehr viel darüber aussagt, was wir für uns selbst empfinden. Je weniger wir bei uns selbst und auf negative Botschaften trainiert sind, desto negativer interpretieren wir, was unser Gegenüber uns sagt. So, wie es mir jüngst passiert ist, dass ich im Rahmen einer Projektbesprechung, die in eine sehr lebhafte Diskussion ausuferte, einfach nur an dessen Ende sagte, ich sei überrascht, dass das Thema noch so diskussionsbedürftig sei. Bevor ich mich versah, fing mein Team an, mir zu erklären und sich zu rechtfertigen, warum es nicht anders hätte laufen können und dass sie doch alles in ihrer Macht stehende tun würden, um möglichst effizient zu sein. Ich brauchte fast zehn Minuten, um sie wieder einzufangen und ihnen zu versichern, dass in meiner Aussage keinerlei Wertung steckte, sondern ich einfach nur überrascht war.
Anhand dieser Beispiele kann jeder bei sich selbst und der eigenen Kommunikation schauen, wie direkt sie ist, wie viel wir bereit sind zu verstehen, was gar nicht gesagt wurde und wie sehr wir negative Rückmeldungen verstehen, die wir nicht bekommen.
Kommunikation ist einer der komplexesten Sachverhalte, denen

ich bislang begegnet bin. Sie ist eng mit unserem subjektiven Wirklichkeitsbegriff, unseren Erfahrungen und aus ihnen resultierenden Erwartungen verwoben. Oft sind wir in Du-Botschaften verhaftet, erzählen anderen gerne, was sie sind und was sie nicht sind, glauben nicht selten, dass unsere Wahrnehmung die richtige ist und sind nur mit Mühe dazu in der Lage, die Perspektive des anderen einzunehmen – also empathisch zu sein. Paul Watzlawiks Lebenswerk beschäftigt sich mit diesen Phänomenen, die er in einer schönen Anekdote zu schildern wusste. Als er noch als Familientherapeut praktizierte, fragte er die Paare, die zu ihm kamen, was ihr Problem sei, um ausnahmslos festzustellen, dass die Frau sofort loswetterte, ihr Mann sei natürlich das Problem und der Mann es ihr gleich tat, indem er die Frau als Ursache des Problems beschrieb. Die Situation explodierte schneller, als Watzlawik eingreifen konnte. Bis er eine schöne Frage entwickelte. Er fragte beispielsweise den Mann, was er glaube, welches Problem seine Frau habe.

Schweigen.

Durch diese Frage zwang er sein Gegenüber in eine Perspektive, die dieses im Zweifel noch nie eingenommen hatte.

Aber genau das ist ein Resultat der Authentizität. Die Fähigkeit zur Empathie, das Einfühlen in den anderen, das Verstehen seiner Perspektive. Denn, was Watzlawik auch sehr schön herausgearbeitet hat ist, dass es die eine, die *absolute* Wahrheit nicht gibt. Wir haben jeder unsere eigene. Kommunikation ist unser Medium, um uns unsere jeweilige Realität gegenseitig zu vermitteln. Nicht bloß durch Sprache, sondern auch durch Gestik, Mimik und – sehr wichtig – unsere Energie. All diese Faktoren bilden den Komplex Kommunikation, jenseits von Worten.

Wollen wir authentischer sein, ist es wichtig, bewusster zu werden, uns selbst und in der Interaktion mit anderen zu verstehen und zu spüren, warum wir was tun. Je besser wir uns selbst verstehen, umso besser verstehen wir nicht nur die anderen, sondern umso besser können wir auch ihre Perspektive einnehmen und empathisch sein.

Du-Botschaften ersetzen sich hierbei durch Ich-Botschaften. Die Kommunikation wird klar, eindeutig, aber dabei gewaltfrei und vermittelnd. Die Wertung verschwindet. Ebenso, wie das ständige Vergleichen. Die Authentizität genügt sich selbst, ist in sich stabil, besteht aus einem soliden Gespür für die eigene Realität.

Aussagen wie etwa: »Du bist so und so.« ersetzen sich durch »Ich erlebe Dich so und so.«

Bewertungen wie etwa: »Du bist anstrengend oder dumm.«

ersetzen sich beispielsweise durch »Ich erlebe Dich als sehr unentspannt.« oder »Ich empfinde Deine Reaktion als unglücklich.« Aber – sehr wichtig – ein authentischer Mensch ist dennoch aufrichtig und ergo absolut ehrlich. Er spricht alles an, was ihn bewegt. Aber nicht notwendiger Weise als Problem. Sondern im Idealfall schon, bevor es ein Problem sein muss. Und wichtig: gewaltfrei, ohne vorwurfsvoll zu sein.

Eine Wahrheit darf *niemals* verletzen.

Das schaffe ich sehr einfach durch ein paar Prinzipien. Eines davon ist: »Ich behandle andere immer genauso, wie ich selbst behandelt werden möchte.«

Möchte ich angegriffen und bewertet werden? Vorwürfe gemacht bekommen? Mich rechtfertigen, vielleicht sogar verteidigen müssen? Möchte ich das Gefühl, etwas falsch gemacht zu haben? Möchte ich, dass mir ein anderer sagt, wie ich angeblich bin, was ich denke und fühle?

All diese Fragen kann ich für mich mit einem klaren Nein beantworten.

Entsprechend gestehe ich das auch meinem Gegenüber zu und vermeide es, sie oder ihn in eine solch unangenehme Situation zu schicken. Ebenso vermeide ich Ratschläge – denn jeder Ratschlag ist ein Schlag. Ich biete nur meine Sicht, meine Perspektive an. Was ein anderer daraus macht, lasse ich ganz bei ihr oder ihm. Das ist natürlich unterm Strich nichts anderes als Loslassen.

Das Mysterium Erwartung

Das, was mir dabei geholfen hat, aus dem bewertenden Modus herauszukommen, war das Aufgeben von Erwartungen. Sie waren immer das Fundament meiner Bewertung. Hierzu fällt mir eine Anekdote ein, die vielleicht illustriert, was ich meine.

An einem schönen Frühsommertag war ich in Begleitung auf dem Fahrrad unterwegs und wir waren gerade dabei unsere Fahrräder anzuschließen, um eine Kleinigkeit zu essen. Dabei fiel mir ein Mann ins Auge, der mir, nicht weit entfernt, gegenüberstand. Er war sehr einfach gekleidet und seine Hosen wirkten auf mich ein ordentliches Stück zu kurz. Vielleicht war er obdachlos und hatte sich in der Altkleidersammlung oder einem Second Hand Laden eingekleidet. Ich musste verächtlich in mich hinein schmunzeln und amüsierte mich über den Gedanken, der durch meine

Hirnwindungen streifte, ob er wohl in einem Hochwassergebiet lebe. Ich musste ihn in meinen Gedanken abwerten.
Kurze Zeit später schämte ich mich furchtbar für meine anmaßende, herablassende Haltung. Was hatte der Mann mir getan? Kannte ich ihn, seine Umstände? Welches Recht hatte ich, ihn gedanklich herabzuwürdigen, nur weil er keine teuren Markenklamotten trug? Eine Situation, die durch ein Sprichwort trefflich wiedergegeben wird: beurteile niemanden, in dessen Schuhen Du nicht eine Weile gegangen bist.
Es sind Situationen wie diese, die mir auf meinem Weg dabei geholfen haben, meine unbewussten Muster in mein Bewusstsein zu ziehen und zu verstehen. Durch das Verstehen konnte ich sie auflösen.
Ich stellte mir intensiv die Frage, warum ich den Mann bewerten musste. Bis die Antwort recht schnell klar wurde: weil es eine Zeit gab, in der ich dieser Mann war. In meiner Kindheit. Ich war der arme Junge, der von seiner Umgebung belächelt oder sogar ausgelacht wurde, weil ich nur schäbige, zum Teil zerrissene Kleider trug. Somit war ich derjenige, der unbewusst an dem Mann ausgelassen, was ich selbst erlebt hatte. Es war nichts anderes, als der Wiederholungszwang. Ich musste weitergeben, was ich selbst erlebt und worunter ich seinerzeit sehr gelitten hatte. Und ich musste mich selbst versuchen aufzuwerten, indem ich den Mann abwertete.
Aber zu diesem Zeitpunkt war es mir nicht möglich, anders zu handeln und ich war dem Mann im Nachhinein sehr dankbar, dass er mir diese Situation geboten hat, um durch sie zu lernen und zu wachsen. Ein reinrassiger Spiegel.
Es war und ist wichtig, mir immer wieder aufrichtig zu begegnen und zu spüren, ob mein Gefühl, in den Situationen, die ich erlebe und gestalte, für mich selbst stimmig ist, ob mein Verhalten, meine Reaktionen für *mich* angemessen sind. Und wenn dem nicht so ist – was mir heute nach wie vor passiert, wenn auch immer seltener – sehr genau hinzusehen, was nicht stimmig ist und warum ich so gehandelt habe. Je mehr ich bei mir selbst angekommen war, umso unmittelbarer konnte ich das. Heute läuft dieser Prozess quasi in – neudeutsch – *real time*.
Das authentische mir Begegnen war ein wichtiger Schritt in die Heilung. Ich musste in meiner Kindheit – wie so viele andere – lernen zu lügen und Geheimnisse zu haben – auch oder gerade vor mir selbst. Unehrlichkeit ist soziokulturell in unserer Welt tief verankert. Wir nennen es unter anderem auch Höflichkeit.
Das fängt mit so einfachen Situationen, wie einem Essen im

Restaurant an. Obligatorisch fragt die Service-Kraft, ob es geschmeckt hat. Wir lernen auf solche Phrasen mit erlernten Gegenphrasen zu reagieren. Natürlich gut! ... selbst wenn wir uns fast übergeben mussten.
Ich werde immer mit großen Augen angesehen, wenn ich sage: »Es war nicht wirklich mein Geschmack.«
Da ist sie wieder, die liebe Erwartung. Wie kann ich es nur wagen, gegen eine gesellschaftliche Konvention zu verstoßen? Auf diese Fragen *muss* man mit einer positiven Phrase antworten. Alles andere wird als unhöflich eingestuft.
Auch im täglichen Miteinander sind solche Automatismen Normalität. Werden wir gefragt: »Wie geht es Dir?«, rechnet niemand wirklich mit einer anderen Antwort als: »Gut und Dir?« – „Auch gut." Als nächstes fehlt nur noch: »Was gibt's zum Essen?« und die Konversation ist ebenso komplett wie sinnlos.
Antworte ich hingegen mit einem: »Heute nicht so gut.«, erlebe ich nicht selten, dass die fragende Person in Schweigen verfällt und ich das Gefühl habe, die Situation ist ihr peinlich. Aber ich erlebe auch Menschen, die erfreut sind und mit denen auf einmal ein Austausch entsteht, jenseits von Small Talk. Ein Austausch, der wirkliches Kennenlernen ermöglicht – *wenn* mein Gegenüber dazu bereit ist.

Kennenlernen

Wie ich bereits einleitend an anderer Stelle geschrieben habe, ist Authentizität besonders beim Kennenlernen eines anderen Menschen essenziell. Nur, wenn ich mich aufrichtig und ehrlich zeige, hat mein Gegenüber die Chance, für sich ein Gefühl zu entwickeln, was wir für einander sein können und kann auf Basis dieses Gefühls für sich eine Entscheidung heranreifen lassen.
Das gilt umgekehrt natürlich gleichermaßen. Nur, wenn sich mir eine Person so authentisch zeigt, wie sie sein kann, habe ich eine Chance, ein stimmiges Gefühl für sie zu entwickeln. Stelle ich fest, dass wir uns nur auf einer oberflächlichen Ebene begegnen, bleibt das schale Gefühl zurück, nur eine Fata Morgana gesehen zu haben. Zeigt sich mir jemand offen und aufrichtig – auch oder gerade mit unaufgelösten Themen – entsteht ein Raum, den beide gemeinsam gestalten können.
Damit meine ich *jede* Kennenlernen-Situation.

Wobei es bei einem Menschen, den wir sexuell anziehend und sehr attraktiv finden, besonders schwer ist, authentisch zu sein. Wir wollen ja nicht schon am Anfang Punkte verlieren und uns disqualifizieren, nur, weil wir ein paar Kanten und Schrulligkeiten haben. Nein, nein – wir wollen unsere Schokoseite zeigen, um den anderen für uns zu gewinnen.

Und dann wundern wir uns, wenn spätestens nach ein paar Wochen die große Ernüchterung kommt? Ist es nicht schlicht logisch und nachvollziehbar, dass auf ein solches Täuschungsmanöver – denn nichts anderes ist dieses Vorgehen – die große Ent-täuschung folgen muss, die totale Ernüchterung? Wie kommen wir auf die Idee, dass dieses Vorgehen funktionieren kann?

Vielleicht, weil wir lernen mussten, dass wir nur *Liebe* bekamen, wenn wir uns von unserer Schokoladenseite zeigten, leise und brav waren, uns kooperativ und mit einem Lachen auf den Zügen gezeigt haben?

Wie aber soll uns jemand wirklich gut finden, sogar lieben, wenn wir uns nicht zeigen? Für was entwickelt denn ein Mensch ein Gefühl, wenn er nur eine Maske, eine entstellte Persönlichkeit dargeboten bekommt? Er entwickelt logischer Weise ein Gefühl für eben diese Maske, für diese entstellte Persönlichkeit.

Das gilt im Übrigen auch für Freundschaften, wenn auch ein wenig entschärft. Aber ich habe viele Freundschaften zerbrechen sehen, weil irgendwann die Maske fiel und das, was darunter zum Vorschein kam, wenn nicht hässlich, so doch zumindest sehr anders als das, was zuvor von der Person sichtbar war.

So sind wir gut beraten, uns gerade im Prozess des Kennenlernens offen zu zeigen, klar zu formulieren, wer wir sind und wer wir nicht sind, was wir wollen und was wir nicht wollen. Es ist mindestens genauso wichtig, sich gegenseitig aufrichtige Rückmeldungen zu geben.

Wer bist Du für mich?

Was empfinde ich, wenn wir zusammen sind, ich Dir begegne?

Fühle ich mich wohl oder gibt es etwas, was mir nicht guttut?

Empfinde ich Dich als stimmig?

Die so genannten Flirt-Regeln scheiden somit völlig aus. Sich rarmachen, um interessant zu bleiben, ist nichts anderes, als zu taktieren. Taktieren ist aber per Definition nicht aufrichtig. Ebenso, wenn ich versuche, eine Situation zu meinen Bedingungen zu manipulieren. Oft habe ich erlebet, dass – Frauen wie Männer – es nicht schaffen, sich gegenseitig offen und klar zu zeigen, was sie in dem anderen sehen. Besonders, wenn da Ängste sind, Missverständnisse, wurde die Situation unaufrichtig, waren die beteiligten Personen nicht in der Lage, klar auszudrücken, was sie fühlten, welche Ängste in ihnen aktiviert wurden und was sie sich vom anderen wünschten. Im Gegenteil habe ich oft erlebt, dass vom anderen erwartet wurde, er müsse das gefälligst selbst merken.

Aber so funktioniert das nicht.

Auch die Erwartungen, die ich gerade bei Frauen oft erlebt habe, es sei ja wohl mein Job, den Kontakt am Laufen zu halten und sie zu hofieren ... empfinde ich inzwischen als ausgesprochen unreif. Ja, ich als Mann habe die Rolle des Aktivierenden, des Initiierens eines Kontaktes und Kennenlernens. Aber wenn dieses Kennenlernen, dieser Kontakt nicht anfängt, von allein zu laufen, ist es kein Kontakt. Auch wenn das weibliche Prinzip die Passivität in sich birgt, heißt das nicht, dass die Frau völlig unbeteiligt und reglos sein darf. Nach einem initialen Kennenlernen sollte die Interaktion auf Augenhöhe weiterlaufen und ein Austausch zwei erwachsener Menschen stattfinden. Gleichwürdig. Ohne dabei die geschlechtsspezifischen Prinzipien zu verraten. Aber was ist so schlimm daran, wenn eine Frau auch mal fragt: »Wie geht es Dir?« und vielleicht so etwas sagt wie: »Ich denke an Dich.«?

Natürlich ist offensichtlich, dass hinter solchen Reaktionen – oder besser Nichtreaktionen – Unsicherheit steckt. Aber das ist dann eben auch keine Authentizität und eine solche Frau muss sich dann nicht wundern, wenn sie keinen, oder einen Mann abbekommt, der genauso unsicher und fragwürdigen Konventionen verhafteten ist.

Nur am Rande: man kann dem Richtigen nichts Falsches und dem Falschen nichts Richtiges sagen.

Im Grunde ist das Spiel sehr einfach.

Will ich authentisch behandelt werden, muss ich authentisch behandeln. Will ich klare Rückmeldungen, muss ich klar rückmelden. Will ich die Chance auf Nähe, muss ich mich zeigen. Wünsche ich mir, einem Menschen wirklich zu begegnen, muss ich ihm wirklich begegnen.

Ich habe oft erlebt, dass gerade in der anfänglichen Kennenlernen-Phase, wenn sich zwei Menschen begannen näher zu kommen, hierbei ihre Ängste aktiviert wurden und sie sogar Unstimmigkeiten beim anderen bemerkten, sie aber nicht imstande waren, das anzusprechen. Aus Angst, der andere könnte ob dieser Konfrontation das Weite suchen. Sie konnten nicht realisieren, dass sie durch eine solche Reaktion den anderen belogen haben, schlimmer noch: ihn entmündigt und ihm das Recht abgesprochen, eigene Entscheidungen zu treffen. Wenn ich für mein Gegenüber entscheide, dass meine Ängste und mein schlechtes Gefühl zu hart für sein Empfinden sind, es damit nicht umgehen kann, stelle ich mich über denjenigen und entziehe ihm hierdurch seine Selbstbestimmung. Oder einfach: ich entziehe ihm seine Würde. Darüber hinaus ist jedes nicht Aussprechen einer Wahrheit für mich eine Lüge.

Reaktionsweisen, wie diese, sind leider keine Seltenheit, sondern die Regel.

Die Angst vor Nähe ist zudem ein sicheres Zeichen, dass es sich um einen Menschen handelt, der emotional nicht integriert und ergo nicht authentisch ist.

Tragisch ist bei solchen Menschen, dass sie sich nichts mehr ersehnen, als endlich den richtigen Partner zu finden, dabei aber beinahe panische Angst haben, wenn sich so etwas wie echte Nähe auch nur ankündigt. Sie versuchen irgendwie die Situation so zu manipulieren, dass sie das Gefühl bekommen, sich bestätigt und geliebt zu fühlen, ohne jedoch das Risiko eingehen zu müssen, Nähe zuzulassen und hierdurch verletzbar zu werden. Eine Strategie, die nicht funktionieren *kann*.

Auf diese Weise entsteht kein Miteinander, sondern ein ständiges Taktieren, ein Ausloten, wie der andere dazu gebracht werden kann, so zu reagieren, wie es erwünscht ist, ohne dabei selbst emotionalen Boden zu verlieren.

Ein authentisches Kennenlernen auf Augenhöhe braucht so etwas nicht.

Hier können sich zwei Menschen ganz offen begegnen, sich gegenseitig sagen und zeigen, was sie im anderen sehen, wie sie sich dabei fühlen und was sie sich wünschen bzw. mit dem anderen vorstellen können. Bei einem solchen Kennenlernen haben immer beide das sichere Gefühl zu wissen, wo der andere steht und hierdurch die Chance ein stabiles Gefühl zu entwickeln, wo sie selbst stehen. Es entsteht ein gleichwürdiges Miteinander, das nicht manipulieren muss, sondern zulassen kann, nicht erwarten braucht, sondern eine Perspektive und einen Raum anbietet. Dazu müssen beide zumindest soweit integriert sein, dass sie sich vorbehaltlos einander öffnen und auch in ihren unaufgearbeiteten Themen begegnen sowie im Idealfall gegenseitig liebevoll spiegeln können. So können beide zusammen eine Basis für ein echtes in Beziehung gehen gestalten. Sie müssen nie fürchten, der andere würde abspringen, nur weil Wesenszüge zum Vorschein kommen, die vielleicht allgemein gültig als unschicklich oder sogar negativ eingestuft würden. Im Gegenteil können sie einander diese Wesenszüge nicht nur lassen, sondern als liebenswerten Teil des Charakters im anderen schätzen lernen.

Dazu müssen wir bereit sein, uns in der Regel zunächst aufrichtig selbst zu begegnen, uns unseren Themen zu stellen, bevor wir das bei einem anderen Menschen zulassen können.
Aber es lohnt sich definitiv, diesen Weg zu gehen. Für uns selbst und auch für unsere Fähigkeit, einem anderen zu begegnen und ihn zuzulassen.
Das Wir beginnt *immer* beim Ich.

Zusammenfassung

Authentizität beginnt immer damit, mir selbst aufrichtig zu begegnen, geht dann weiter mit dem Verlassen gesellschaftlicher Konventionen und Erwartungen – an uns selbst und an unsere Umwelt. Das bedingt eine klare, reine Kommunikation. Jenseits versteckter oder impliziter Botschaften.
Sagen, was ich denke, tun was ich sage und denken, was ich empfinde.
Das Tribunal der Aufrichtigkeit.
Aber, um das sein und tun zu können, muss ich erst Kontakt zu mir selbst aufbauen, verstehen, wer ich bin, warum ich wie handle und was ich wirklich, jenseits gesellschaftlicher Konventionen, empfinde. Das Lösen aus diesen Konventionen, das Eintreten in meine subjektive, persönliche Wahrheit, ist das Ticket in meine Authentizität gewesen.
Aber damit mache ich mich unweigerlich angreifbar: für meine Meinung, für mein Denken und für mein Fühlen. Besonders, wenn ich nicht mehr mitspiele und mich dem, was alle tun, verweigere.
Doch, um das zu können, ist der Weg in die Bewusstwerdung unvermeidlich. Ich muss mir darüber bewusst werden, wer ich bin und wer ich nicht bin, was ich will und was ich nicht will. Das kann ich nur, wenn ich mich aus meiner Anpassung schäle, mich aus dem Werte- und Denkkorsett löse, in das ich hinein gezwungen wurde.
Das Herauslösen aus der Anpassung, aus der Konformität, ist eine sehr wichtige Station im Prozess der Bewusstwerdung, auf dem Weg in die uneingeschränkte Aufrichtigkeit.
Und Authentizität ist die zwingende Voraussetzung für die Empathiefähigkeit und für die Selbstliebe.

Der Weg in die Selbstliebe

»Es ist bezeichnend, daß wir seit mehreren tausend Jahren mit einem Gebot leben, das bisher kaum jemand in Frage stellte, weil es die physiologische Tatsache der Bindung des mißachteten Kindes an seine Eltern unterstützt. Wir verhalten uns also, als ob wir alle immer noch Kinder wären, die die Gebote ihrer Eltern nicht in Frage stellen dürfen. Doch als bewußte Erwachsene können wir uns das Recht nehmen, unsere Fragen zu formulieren, auch wenn wir wissen, wie sehr sie einst unsere Eltern schockiert hätten.«

Alice Miller, Die Revolte des Körpers

Nachdem wir uns umfänglich angesehen haben, wie es nicht funktioniert und wie es diametral im Ergebnis aussehen soll, wenn wir in der Selbstliebe sind, ist es nun wohl an der Zeit, einen Weg dorthin anzubieten. Meinen Weg, den ich gegangen bin. Ganz sicher nicht der einzig Mögliche und schon gar nicht der einzig Richtige. Es bleibt jedem selbst überlassen, ihn anzunehmen oder sich dagegen zu entscheiden. Was ich behaupten kann ist, dass er funktioniert hat. Auch wenn ich an dieser Stelle erwähnen möchte, dass der Weg nicht einfach ist. Er erfordert nicht nur Mut, sondern auch Disziplin und Durchhaltevermögen. Zudem wird er noch schwieriger, wenn wir versuchen, ihn allein zu gehen. Ich rede aus Erfahrung. Wobei das Wort allein hier verfänglich ist. Wirklich allein gehen wir unseren Weg nie, da wir uns in unseren Beziehungen und Begegnungen im normalen Leben immer wieder Situationen schaffen, in denen wir unsere unbewussten Muster in Form von Spiegeln wiederholen. Ob wir es wollen oder nicht.

Wer das Gefühl hat, es allein nicht zu schaffen, kann sich Hilfe holen. Sei es in Form eines Therapeuten, eines Coaches, in Selbsthilfegruppen oder Seminaren. Eine ausgewogene Mischung all dieser Möglichkeiten ist vielleicht das Sinnvollste.
An dieser Stelle sei auf die Website von Alice Miller verwiesen, auf der sie einen Leitfaden veröffentlicht hat, worauf man bei der Auswahl eines Therapeuten bzw. Coaches achten sollte.
Was aber ganz wichtig ist: niemand kann uns heilen – wir können uns nur selbst heilen.
Ich habe oft erlebt, dass ein Mensch den mutigen Schritt gewagt hat, sich einen Therapeuten zu suchen, aber dann in völliger Passivität verharrt und wartet, was passiert. So, als würde man ein Auto in die Werkstatt bringen und darauf warten, dass es repariert wird.
Aber es gibt nur einen Menschen auf dieser Welt, der uns therapieren kann – wir selbst.
Wenn wir uns hierfür Hilfe wünschen, weil wir das Gefühl haben, es alleine nicht zu schaffen, ist das weder eine Schande, noch ein Versagen. Wenn wir dieses Gefühl haben, den Wunsch nach Hilfe in uns spüren, sind wir gut beraten, ihm zu folgen.
»...wir brauchen ... einen parteiischen Begleiter, der mit uns das Entsetzen und die Empörung teilen kann, wenn unsere Emotionen ihm und uns Schritt für Schritt aufdecken, wie das kleine Kind gelitten hat und was es durchmachen mußte, ganz allein, als seine Seele und sein Körper um das Leben kämpften, das Leben, das sich jahrelang in ständiger Gefahr befand.«, schreibt weiterhin Alice Miller in ihrem Buch *Die Revolte des Körpers*.
Genau diese Funktion erfüllt ein Therapeut. Er ist nur ein Begleiter, ein externer Spiegel, der uns dabei hilft, unsere Themen zu erkennen und ins Bewusstsein zu ziehen, uns beim Reflektieren unterstützt und uns dadurch behilflich sein kann, uns selbst zu heilen. Dasselbe Prinzip stellen eine Selbsthilfegruppe, ein Coach oder auch Seminare dar.
Aber ich möchte hier warnen, da mir tatsächlich viele Therapeuten und Coaches begegnet sind, die selbst noch sehr unaufgearbeitet und in ihren Mustern gefangen waren. Schneller, als ich mich versehen konnte, habe ich sie in der Wertung und darin erlebt, sich über mich zu stellen. Ein sehr sicheres Zeichen für jemanden, der in anderen stellvertretend therapieren muss, was er in sich selbst noch nicht sieht. In einer solchen Konstellation kann nicht nur keine Heilung stattfinden: solche Umstände sind sogar gefährlich. Im Zweifel verschlimmert sie anstatt zu helfen.

Das wichtigste ist, einen Weg zu finden, der für uns emotional stimmig ist, bei dem wir uns möglichst wohl fühlen und der unserer Persönlichkeitsstruktur entspricht. Es spricht nichts gegen Ausprobieren. Passt einer dieser Wege nicht, haben wir andere Möglichkeiten.

Ich bin diesen Weg ganz allein gegangen – wie gesagt, natürlich nicht wirklich allein, da ich mir meine Spiegel geschaffen habe. Für mich war es zunächst eine ausführliche Reise durch die Literatur, da ich schier endlose Fragen hatte, auf die ich Antworten suchte. Bekam ich eine neue Antwort, entstanden am Anfang daraufhin neue Fragen. Ich wollte und musste zunächst meine eigene Persönlichkeitsstruktur verstehen, verstehen, warum ich so bin, wie ich bin und immer anders war, als alle anderen um mich herum.

Doch zunächst musste ich verstehen und emotional verinnerlichen, dass *anders* Sein nicht gleichzusetzen ist mit *falsch* Sein.

Das war aber die Botschaft, die ich mein ganzes Leben lang bekommen hatte – besonders von meinen Eltern, die mich spüren ließen, aber auch immer wieder mit Worten ausdrückten, dass ich nicht alle Tassen im Schrank hatte und mit mir definitiv etwas nicht stimmte. Es war für mich ein wichtiger Schritt zu verstehen, was sie damit wirklich ausdrückten: dass ich nicht so funktionierte, wie sie es von mir erwarteten – also eine grundlegend andere Botschaft, als die, ich hätte einen Dachschaden.

Es war Paul Watzlawik, der mir hier die für mich rettende Perspektive angeboten hat. In seinem Buch *Die erfundene Wirklichkeit* erklärte er mir, dass ich nicht falsch war, sondern einfach nur anders, dass es im Gegenteil eine hochgradig anmaßende und selbstüberschätzende Haltung ist, zu behaupten, man würde die Wirklichkeit kennen und könne darüber urteilen, ob andere im Rahmen dieser Wirklichkeit richtig oder falsch seien.

Er hat sehr klar aufgezeigt, dass das Werten per se Unsinn ist, da es immer behauptet, selbst richtig, in jedem Fall richtiger zu sein und das, was anders ist, als falsch deklariert. Das klingt nicht zufällig nach Faschismus. Genau das ist es im Kern.

Die Haltung, alles, was nicht so ist, wie ich es für richtig halte, muss falsch sein, ist reinrassig faschistisches Gedankengut. Einmal mehr: wer nicht für mich ist, ist gegen mich. Einer der vielen Dualismen, zu denen wir uns nur zu gerne gedanklich hinreißen lassen. Vor allem, solange wir unbewusst und unaufgearbeitet sind, unsere Welt sehr klein und eng ist sowie der Horizont nur bis zum Tellerrand reicht. Alles, was nicht in meinem Sinne wahr ist, muss falsch sein. Vertritt ein anderer Mensch eine andere Auffassung als meine, ist sie logischer Weise falsch und ich muss

ihn davon überzeugen, dass mein Standpunkt, meine Sicht der Dinge die richtige ist. Ein Paradigma, dem auch ich verhaftet war, da ich es so von meinen Eltern gelernt hatte, die sich mit scheinbar wachsender Begeisterung in Streits darüber auslebten, wer Recht habe. Etwas, was ich bei sehr vielen Menschen erlebte.
Für mich war es ein wichtiger Schritt zu verstehen und emotional anzunehmen, dass es mehrere Wahrnehmungen, Wahrheiten oder auch Realitäten geben kann. Mehr noch, sich zwei diametral widersprechende Wahrheiten beide aus der Perspektive des jeweilig anderen richtig sein können. Bestehe ich darauf, im Recht zu sein, ist das nur eine Art auf meine Unentwickeltheit und meine Defizite hinzuweisen. Das entspricht sehr klar Adornos Definition eines Halbgebildeten, der glaubt etwas verstanden zu haben und es verteidigen muss, weil ihm der erweiterte Horizont für das Zulassen anderer Perspektiven fehlt.
Das Bewerten von Menschen und ihren Handlungen ist ein Resultat einer solchen halbgebildeten und unentwickelten Haltung.
Aber für mich war das Bewerten zunächst ein sehr wichtiger Schritt auf meinem Weg. Ein Schritt, den ich tatsächlich brauchte, um meine Würde wiederzuerlangen. Die Würde eines in der Tat zu dieser Zeit Halbgebildeten.

Die Suche nach dem Selbst

Doch bevor ich mich mit dem Bewerten oder Nichtbewerten auseinander setzte, war es notwendig, mich mit meinen eigenen Suchtstrukturen zu beschäftigen. Auch hier hatte ich mir meinen passenden Spiegel, in Gestalt meiner ersten Freundin angezogen.
Nachdem wir zusammen gekommen waren – und sie mir zum Einstieg einen Heiratsantrag gemacht hatte – stellte sie für sich fest, dass sie ein Alkoholproblem hat. Ihre Liebe zu mir – natürlich konnte sie zu dieser Zeit genauso wenig lieben, wie ich – drängte sie dann dazu, sich selbst stationär in eine Suchtklinik einzuweisen und zu entziehen.
Ich begleitete sie natürlich intensiv in ihrem Prozess und spürte sofort, dass er auch etwas mit mir zu tun hatte. Auch wenn ich das damals nicht als Spiegel hätte verstehen können, nahm ich die mir angebotene Chance wahr, sofort bei mir zu schauen. Durch ihre Aufarbeitung, dadurch, dass sie zu den Anonymen Alkoholikern ging und mir von diesen zum Teil sehr spirituell anmutenden

Meetings berichtete, öffnete sie mir einen Raum.
Ich war beinahe neidisch, selbst kein Alkoholiker zu sein und an diesen Meetings teilnehmen zu dürfen. Schummeln wollte ich nicht.
Sie hat mir durch ihre, eine eigene Suchtkarriere erspart. Wofür ich ihr unendlich dankbar bin.
Durch sie lernte ich, was Sucht ist.
Zunächst das Kompensieren eines Mangels, den wir tief in uns tragen und den auch ich zu dieser Zeit übermächtig in mir spürte. Ein Mangel, der vor allem durch unsere Erziehung entsteht, die uns zu etwas anderem macht, als das, was wir sind. Aber auch ein Mangel an Selbstliebe – was nüchtern betrachtet dasselbe ist. Nur auf unterschiedlichen Ebenen.
Ich durfte lernen, dass ich selbst süchtig war. Selbstsüchtig. Oder auch auf der Suche nach mir selbst.
Meine primäre Sucht war das Rauchen. Ich war süchtig nach Zigaretten. Viele nennen es Nikotinsucht. Aber das traf in meinem Fall nicht wirklich den Nagel auf den Kopf. Sicher ist Nikotin ein Gift, von dem ich abhängig war. Aber das Rauchen hatte mehrere Dimensionen für mich. Zunächst habe ich durch Zigaretten ein stark ausgeprägtes, orales Bedürfnis befriedigt. Und das, obwohl ich gestillt wurde – wenn auch nicht lang. Schnell habe ich mich als Baby entschieden, auf feste Nahrung umzustellen. Ganz sicher, weil ich den direkten Kontakt zu meiner Mutter nicht wollte, nicht aushielt.
Die zweite Komponente des Rauchens war die soziale. Rauchen ist eine Gesellschaftsdroge. Sie schafft Kontakt, schafft Solidarität und nicht selten begegnete ich hirnrissigen Parolen, die das Rauchen von einer simplen Abhängigkeit zu einer fulminanten Sinneserfahrung hochstilisieren wollten. Und in der Tat glaubte ich diesen Unsinn und ließ mich in den Sog der Selbstlüge ziehen, aalte mich in dem Gefühl, dazuzugehören. Zumindest für zwei Sekunden. Zwei Sekunden, die mich vergessen ließen, dass ich immer anders war. Gleichgültig, in welcher Verkleidung gesellschaftlich anerkannter Verhaltensform ich versuchte, mich zu verhüllen: auch unter den Gleichgesinnten war ich immer ein Sonderling.
Als ich dann mit dem Rauchen aufhörte, durfte ich erleben, dass es nur die erste mehrerer Schichten war, die meine Suchtstruktur ausmachten. Sucht ist wie eine Zwiebel. Hatte ich eine Schicht entfernt und integriert, kam die nächste zum Vorschein.
Nach den Zigaretten entdeckte ich meine Kaufsucht und die Tücken einer prozessgebundenen Abhängigkeit. Eine stoffgebundene,

wie das Rauchen, konnte ich sein lassen – wenn auch sicher nicht einfach – eine prozessgebundene musste ich lernen, zu integrieren, musste lernen genau zu differenzieren, was ist Sucht und was nicht.
In unserer Welt können wir nicht existieren, ohne zu kaufen, zu konsumieren.
Aber wann kaufte ich, weil es Ausdruck meiner Sucht war, und wann, weil ich es wirklich brauchte, wollte oder musste? Mit dieser Herausforderung begann ich zu lernen, mich selbst zu beobachten, genau hinzusehen, was ich machte und warum ich es machte. Kaufte ich, weil ich mich selbst manipulieren, mich besser fühlen wollte oder weil ich etwas tatsächlich brauchte, es mir wünschte? Besonders letzteres war unglaublich schwer: das Differenzieren, ob ich etwas kaufte, weil ich es wirklich wollte oder weil ich damit meine Stimmung, mein Gefühl versuchte zu manipulieren und mich zu belohnen.
Es war ein intensiver Prozess mit vielen Rückschlägen. Oft habe ich mich wie ein Versager, wie ein Häufchen Elend gefühlt. Umso schöner fühlte es sich an, wenn ich spüren durfte, dass ich klar war und aus dieser Klarheit heraus Entscheidungen zu treffen in der Lage war.
Ebenso herb waren die Rückschläge.
Wenn ich wieder etwas Teures gekauft hatte und es mir zuhause ansah, in der Erwartung, es müsse mich erfreuen, um dann festzustellen, dass es nur dazu da war, einen kurzen Rausch zu erzeugen. Der Kater kam schneller und heftiger als der Rausch es je hätte sein können. Ich weiß nicht, wie oft ich exklusive, teure Dinge zu einem Ramschpreis abgegeben oder weggeworfen habe, weil ich erkennen durfte, dass ich sie nie wirklich gewollt, geschweige denn gebraucht hatte.
Es war für mich sehr wichtig zu verstehen, dass es keinen Sinn macht, mir das Kaufen einfach nur zu verbieten – was ja aus besagten Gründen sowieso nicht ging. Vielmehr musste ich verstehen, warum ich kaufte, welches Bedürfnis ich damit befriedigte. Es war das Bedürfnis, mich aufzuwerten, mir selbst zu beweisen, dass ich mir das leisten konnte. Obwohl ich hoch verschuldet war. Diese Erkenntnis führte mich aber zu der nächsten. Dass diesem Bedürfnis eine Ursache zugrunde liegen musste. Warum fühlte ich mich wertlos? Warum musste ich mich aufwerten?
Meine Antwort war: weil ich mein Leben lang die Botschaft bekommen hatte, falsch zu sein, nichts wert, nur ein schmarotzendes Anhängsel, das vor allem Kummer machte, Geld kostete und nie das war, was es sein sollte. Was beinahe komisch war, da alle Eltern

in meinem Umfeld mir immer wieder rückmeldeten, sie würde mich sofort mit Kusshand nehmen. Teilweise in Anwesenheit ihrer eigenen Kinder, was nicht sehr glücklich gegenüber dieser Kinder war und mich peinlich berührte. Nur meine Mutter sah das anders. Für sie war ich eine Last. Genau dieses Gefühl des nichts wert Seins musste ich durch das Kaufen versuchen zu kompensieren, wie ich auch versuchte, durch völlig überzogenen Großzügigkeit meine Umwelt für mich zu gewinnen, die mir ihrerseits unablässig zeigte, dass ich nicht passte, nicht dazu gehörte, nicht willkommen war. Spiegel. Das Konzept des mir Sympathie Erkaufens ging natürlich nicht auf, auch wenn meine Gaben gerne angenommen wurden.
Dann durfte ich, nachdem ich die Kaufsucht integriert und für mich einen Modus gefunden hatte, mit ihr umzugehen, feststellen, dass auch sie nur ein Symptom meiner Ursucht war.
Co-Abhängigkeit.
Ich durfte erkennen, dass meine anderen Süchte nur Symptome meiner eigentlichen, meiner Ursucht waren. Ich war co-abhängig. Von meinen Eltern und in der Konsequenz auch von meinen ersten Beziehungen, die nichts anderes waren, als ein repräsentierender Spiegel dieser Eltern.
Die Co-Abhängigkeit war es, die mich zwang, Verantwortung für andere – allen voran meinen Eltern – zu übernehmen und sie gleichzeitig für mich selbst abzulehnen. Sie war es, die mich ständig mit den Gedanken meiner Eltern denken ließ, die mich in das Korsett des gehorsamen Jungen zwang. Sie war es, die meine eigene Identität, von der ich zu diesem Zeitpunkt nicht mal eine Idee hatte, überschattete und durch eine andere, künstliche ersetzte.
Wobei mir durch die Entdeckung der Co-Abhängigkeit der Unterschied zwischen Schuld und Verantwortung klar wurde. Denn, auch wenn ich an dieser Abhängigkeit keine Schuld trug, sie mir durch meine Erziehung faktisch aufgezwungen wurde, so entband mich das in keiner Weise von der Verantwortung, aus meinen Strukturen selbst herauszukommen, mich aus ihnen zu entwickeln und sie hierdurch aufzulösen. Etwas, was ich zu diesem Zeitpunkt nur als nebulöses Schema ausmachen und begreifen, aber keinesfalls in Form von Worten hätte formulieren können.
Einhergehend mit der Co-Abhängigkeit entdeckte ich mich selbst in der Opferhaltung.
Immer wieder durfte ich mich in einer Position erleben, in der ich anderen die Schuld für meine Situation, meinen Zustand gab – ab und an durchaus berechtigt – und mich selbst als den Umständen ausgeliefert sah sowie fühlte. Bis ich für mich erkennen durfte: ich

war kein Opfer.
Nur, wenn ich mich selbst zu einem Opfer machte, mich dafür entschied, eines zu sein. Wenn ich mich in die co-abhängigen, die süchtigen Strukturen hinein begab, mich unterwarf, wurde ich zu einem Opfer. Mein Opfersein war also eine Entscheidung.
Entsprechend fällte ich die Entscheidung, nie wieder Opfer zu sein – nie wieder!
So, wie Scarlett Ohara in dem Klassiker Vom Winde verweht feierlich postuliert: *»Ich werde nie wieder arm sein!«*, postulierte ich für mich innerlich und nicht minder feierlich, ich würde nie wieder ein Opfer sein.
Ich war nie wieder ein Opfer – auch wenn ich mit meinen Mustern noch lange Jahre zu ringen hatte. Aber die Entscheidung, kein Opfer mehr zu sein, war auch die Entscheidung, endlich die Verantwortung für mich selbst zu übernehmen.
Ein weiterer und im Kontext Opfersein wichtiger Schritt war für mich, eine höhere Macht anzunehmen und ihr dankbar zu sein, für mein Leben und für alles, was ich habe. ...was mir zu Beginn sehr schwer fiel. Denn wie jeder andere Mensch, der in seinem Suchtprozess gefangen ist, war auch bei mir das Wort Kontrolle ein sehr wichtiges. Ich wollte und musste alles kontrollieren. Ein weiterer Überlebensmechanismus. Obwohl ich faktisch, zurückblickend aus der Retrospektive, nichts unter Kontrolle hatte. Schon gar nicht mein Leben und die Süchte, die mich unbewusst steuerten. Aber genau deswegen brauchte ich die Illusion der Kontrolle geradezu zwanghaft.
Somit war eine höhere Macht, größer als ich selbst, geradezu absurd!
Lächerlich!
Dennoch überwand ich mich und entwickelte ein Morgenritual. Ich machte mir einen Kaffee, setzte mich im Schneidersitz auf mein Bett und dankte jeden Morgen meiner höheren Macht, dass es mich gibt und dass es mir gutgeht. Anfänglich glaubte ich mir selbst kein Wort. Es fühlte sich sehr klar nach einer Lüge an. Aber ich war es ja nicht anders gewohnt, als permanent gegen mein Gefühl zu handeln.
Ebenfalls Bestandteil dieses Morgenrituals war es, das Tagesblatt eines Meditationskalenders zu lesen. Meine Freundin hatte mir ihn geschenkt – betont für Männer. In ihm las ich jeden Morgen, warum es wichtig für meine Heilung, auch oder gerade meines sehr schwierigen Verhältnisses zu meiner eigenen Männlichkeit war, meiner höheren Macht zu vertrauen, die Kontrolle an sie ab- und mich ihr hinzugeben.

Es war beinahe beängstigend für mich zu entdecken, dass die Texte, die ich las, immer sehr gut zu diesem Tag und meinem Zustand passten, mir immer genau das sagten, was ich gerade brauchte. Fast, als stünde ich unter Beobachtung. Ich kann Meditationskalender uneingeschränkt empfehlen. Sie sind ein wunderbarer Begleiter für den Weg in die Spiritualität – nicht zu verwechseln mit Religiosität. Das eine hat mit dem anderen nicht notwendiger Weise etwas zu tun.

Tatsächlich geschah nach und nach etwas in mir: ich fing an, meine Dankesworte an meine höhere Macht zu spüren und zu glauben. Das anfängliche, widerspenstige Gefühl, das sich in etwa in die Worte: »Wofür zum Geier soll ich denn dankbar sein?« kleiden lässt, fing an sich zu wandeln. Ich begann zu fühlen und zu realisieren, dass ich sehr wohl Grund hatte, dankbar zu sein. Auch wenn ich viel durchgemacht hatte, wurde mir bewusst, dass mein Leben ein Geschenk ist, dass es mir an nichts mangelte. Zumindest, was meine grundsätzliche Versorgung betraf.

»Dankbarkeit kann aus einer bloßen Existenz ein erfülltes Leben gestalten und zusammenhanglose Situationen zu wichtigen und nützlichen Lektionen erklären. Dankbarkeit gibt der Vergangenheit Sinn, bringt heute Frieden und erzeugt eine Vision für das Morgen. Dankbarkeit stellt die Dinge richtig. Dankbarkeit verwandelt negative Energie in positive Energie. ... Sagen Sie so lange danke, bis sie es meinen.«, schreibt Melodie Beattie in ihrem Meditationskalender *Kraft zum Loslassen*.

Was meine inneren Mängel betraf, so fing ich an zu spüren, dass ich im Begriff war, daran zu arbeiten. Ein Gefühl, das mich tatsächlich besänftigte und die rebellische sowie trotzige Stimme in mir, die einfach alles nur furchtbar fand, zumindest leiser werden ließ.

Ich begann mir die Frage zu stellen, warum ich alles so schlimm fand, mich so schlimm fand. Wie ich einmal mehr bei Paul Watzlawik in seiner Anleitung zum Unglücklichsein gelesen hatte, war es eine sehr effiziente Art, sich selbst am Boden zu halten, wenn wir immer nur sehen, was wir nicht sind, nicht können, nicht geschafft haben. Wenn wir uns einfach nur um einhundertachtzig Grad drehen und uns ansehen, was wir schon sind, bereits geschafft und entwickelt haben, könnten wir Gefahr laufen, uns selbst doch nicht so schlecht oder vielleicht sogar gut zu finden. Wie furchtbar!

Aber was hielt mich in der Position, alles nur schlecht zu finden, mir immer wieder nur das Schlechte zu vergegenwärtigen und dem Guten keine Chance zu geben?

Dieses Thema, Bewertung – auch, oder gerade im Kontext des

Opferseins – für mich zu verstehen und eine neue Position zu ihm zu entwickeln, sollte mich von nun an beschäftigen.
Dann begann etwas, wofür ich im zwölf Schritte Programm der Anonymen Alkoholiker das passende Wort fand: Inventur.
Wobei mir rückblickend aufging, als ich schon viele Jahre auf meinem Weg war, dass ich alle zwölf Schritte durchlaufen hatte, ohne es beabsichtigt zu haben. Ein Grund, warum ich das Programm im Anhang aufgenommen habe.
Im Rahmen meiner Inventur schrieb ich alles auf. Alles, was ich erlebt und – ein für mich wichtiger Schritt – anderen angetan hatte. Denn ich hatte vielen Menschen wehgetan auf meinem Weg. Dieser Schritt war die Grundlage dafür, mich bei allen, die ich finden und erreichen konnte, zu entschuldigen. Ich erwartete, dass sie längst vergessen hatten, mich längst vergessen hatten. Aber das war ein Irrtum. Zum Teil brachen sie in Tränen aus, weil ich die Wunde, die ich ihnen geschlagen hatte, mit meiner Entschuldigung berührte. Diese Reaktionen zeigten mir, dass die Wunden in der Seele nicht einfach verheilen. Sie bleiben bestehen. Die Seele ist wie ein sehr empfindlicher Jadestein. Selbst die sanfteste Berührung hinterlässt Spuren.
Ich schämte mich sehr dafür, anderen wehgetan, sie dafür bestraft zu haben, was mir angetan wurde. Auch ich war zu einem Täter geworden. Ungeachtet der Tatsache, dass mir, mit einer Ausnahme, alle vergeben konnten, nicht zuletzt, weil ich mich ihnen gnadenlos ehrlich zeigte, fühlte ich mich erbärmlich und endlos schuldig.
Das war ich auch. Denn auch ich hatte keinerlei Recht, anderen etwas anzutun. Das einzige, was meine Würde bewahrte war, dass ich zu diesem Zeitpunkt nicht anders hatte handeln können. Es hatte sich nie gut angefühlt. Und die Aggression, die ich im Außen in Form von roher Gewalt anwendete, wütete auch in meinem Inneren und verschlang mich förmlich, fraß mein Herz auf.
Im Rahmen meiner Inventur fand ich auch die Ursachen für diese destruktive Energie. Aber ich fand noch mehr. Unter anderem begegnete mir das *Gelassenheitsgebet*. Seine Weisheit hat mich angezogen, auch wenn ich nicht an Gott glaube. Das Wort *Gott* lässt sich einfach durch *höhere Macht* austauschen.

Gott, gib mir die Gelassenheit, Dinge hinzunehmen, die ich nicht ändern kann, den Mut, Dinge zu ändern, die ich ändern kann, und die Weisheit, das eine vom anderen zu unterscheiden.

Dieses Gebet wurde zu meiner Lebensaufgabe.

In jeder Situation gibt es Dinge, die ich nicht ändern kann. Mich darüber aufzuregen oder mich deswegen schlecht zu fühlen, ist sinnlos. Vor allem ist es ein Ausdruck und eine Wiederholung des schlechten Gefühls in mir, solange ich es nicht aufgelöst habe. Es gibt aber auch jede Menge, was ich tatsächlich tun kann – genau das muss ich auch tun, um meinen Teil in der Situation beizutragen und Verantwortung zu übernehmen. Die Weisheit, das eine vom anderen zu unterscheiden, ist ein Ergebnis meines Lernprozesses, meines mir selbst in den Situationen Begegnens. Sie wurde immer feiner, immer präziser und mein Verständnis für mich selbst immer liebevoller, je mehr ich in die Heilung kam.
Ich wünsche jedem von Herzen, dieser Weg möge nicht nur für mich so großartig funktionieren.

Brechen des Elterntabus

Warum ist das Thema Bewerten im Kontext der Aufarbeitung wichtig?
Weil es mir die Chance gab, mich auch von der negativen Beurteilung durch meine Eltern zu befreien.
Wobei das noch eine ganze Weile dauern sollte, da ich zunächst feststellen durfte, dass ich mich selbst permanent beurteilte. Und zwar nach dem von meinen Eltern erlernten Werteschema – also vor allem sehr negativ. Mehr noch musste ich feststellen, dass ich mein schlimmster Feind war. Niemand be- und verurteilte mich so hart, wie ich mich selbst.
Aber es war dann erst mal wichtig zu verstehen, warum ich das tat. Da ich mein ganzes Leben lang die Botschaft bekommen hatte, nicht zu passen, nicht liebenswert zu sein – nur, wenn ich tat, was von mir erwartet wurde und auch dann nur in Ausnahmen – wurde es für mich ein Überlebensmechanismus, mich selbst mies zu behandeln und schlecht zu bewerten.
Warum musste ich das tun?
Allem voran, um meine Eltern zu schützen.
Ich musste mir selbst wehtun, damit sie es nicht mehr brauchten, musste mich selbst schlecht machen und abwerten, bevor sie es tun konnten.
Hierdurch habe ich sie emotional und mental aus der Schusslinie manövriert und die Schuld für die Verletzungen auf mich genommen.

Damit habe ich eine ihrer unausgesprochenen Erwartungen an mich erfüllt, um mir doch noch ihre Liebe zu verdienen. Etwas, was Alice Miller vortrefflich in ihrem Buch *Das Drama des begabten Kindes* aufgezeigt hat. Die Begabung, die Bedürftigkeit der Eltern zu erkennen und ihnen zu geben, was sie brauchen. In meinem Fall – wie in vielen anderen Fällen – hieß das, mich selbst zu opfern, damit sie es nicht mehr tun konnten.

Meine Mutter hat mir zudem mein Leben lang eingeredet, keine Frau würde mich je mehr lieben als sie. Wir reden von einer Frau, die mir nie Liebe geben konnte. Entsprechend musste ich jede Frau, die auch nur ansatzweise mehr zu geben hatte – also alle Frauen – abwehren. Um hierdurch meine Mutter und das idealisierte Bild von unserer Beziehung zu beschützen. Die Illusion, wenn ich nur gut genug werden, mich als würdig genug erweisen würde, könnte ich doch noch ihre Liebe bekommen. Entsprechend konnte ich nur Frauen zulassen, die emotional nichts zu geben hatten und im Gegenteil ihrerseits außerordentlich bedürftig waren. Von soziophobisch Suizidgefährdeten, über Magersüchtige, bis hin zu extrem Narzisstischen. Anderen Frauen begegnete ich zunächst auch gar nicht. Das Gesetz der Anziehung funktionierte hervorragend bei mir. Mein Gefängnis war genau diese Aussage meiner Mutter, dass mich nie eine andere Frau mehr lieben würde als sie, nicht mehr lieben durfte.

Als ich das begriff und anfing es zu spüren, es wirklich fühlte, stieg in mir eine ungeheure Wut hoch. Ich konnte mich nicht dagegen wehren, meine Eltern – und hier besonders meine Mutter – abgrundtief zu hassen.

Das dominierte dann zunächst für eine Weile unsere gesamte Interaktion. Ich realisierte immer mehr, in welche Verhaltensmuster mich meine Erziehung gezwungen hatte und kochte innerlich. Aber auch äußerlich.

Ich habe meine Eltern gnadenlos konfrontiert, habe ihnen meine ganze Enttäuschung, Verachtung und das berechtigte Gefühl, verraten worden zu sein, ins Gesicht geschmettert. Meine Worte waren wie Peitschenhiebe. Etliche Male saß meine Mutter vor mir, Rotz und Wasser heulend.

Der ganze Zorn in mir brach sich Bahn und entlud sich in gleißender Anklage. Jede Verletzung, jedes geschlagen worden Sein, aber auch der seelische, sexuelle Missbrauch kam Stück für Stück an die Oberfläche meines Bewusstseins und ich schlug sie meiner Mutter um die Ohren – verbal.

Das war ein wichtiger Reinigungsprozess. Und, nur um es gesagt zu haben: ich hatte jedes Recht der Welt, das zu tun.

Ich durfte verstehen – und hier waren es vor allem die Werke von Alice Miller, die mich unterstützten, wenn auch erst Jahre später – dass wir dieses Recht definitiv haben. Oft habe ich gehört, dass man das nicht machen dürfe, begegnete ich tiefer Entrüstung und Empörung, wie ich sowas nur hatte fertig bringen können. Ich konnte sehr ruhig antworten, dass ich mich lange genug selbst geopfert und meine Eltern beschützt hatte.
Es ist ein wichtiger Akt uns zu befreien, dem Dogma zu entziehen, wir dürften unsere eigenen Rechte nicht verteidigen und müssten unsere Eltern beschützen.
Genau umgekehrt wird daraus ein Schuh, der passt: wir müssen lernen uns zu schützen, Verantwortung für uns zu übernehmen, unsere Rechte zu verteidigen, besonders gegen die Übergriffigkeit unserer Eltern, die glauben, weil Blut angeblich dicker ist als Wasser, sie könnten sich bei uns alles erlauben, uns allem aussetzen, was ihnen in den Sinn kommt. Und wir müssen das hinnehmen?
Mit welcher Begründung?
Weil wir von ihnen auf die Welt gebracht wurden, damit sie uns kaputt machen können – wie billiges Plastikspielzeug?
Damit wir ihre Bedürftigkeit bedienen und uns dabei selbst opfern?
Gehen wir deswegen so schlecht miteinander und der Welt um, in der wir leben?
Weil wir nur hierher gebracht werden, um kaputt gemacht zu werden und in der Konsequenz kaputt zu machen?
Es war für mich eine sehr wichtige Station, anzufangen, mich für mich selbst zu entscheiden und durch den Hass sowie durch die Anklage meiner Eltern etwas zurückzuerobern, was ich lange Zeit selbst mit Füßen getreten hatte: meine Würde.

Königsdisziplin Loslassen

Es hat eine Weile gedauert, bis das Feuer des Hasses in mir aufhörte zu lodern, bis ich von der Aggression ablassen und wieder anfangen konnte, auf meine Eltern zuzugehen. Ich trug nach wie vor die Hoffnung in mir, sie könnten mich doch noch eines Tages verstehen und vielleicht doch noch lieben.
Diese Hoffnung trieb mich dazu, in dem, was ich tat, sehr gut zu werden.
So sehr ich in der Schule versagt hatte – auch ein Tribut an eine unausgesprochene Erwartung meiner Mutter – so sehr begann

ich zu brillieren und in meiner beruflichen Entwicklung förmlich abzuheben. Das gipfelte in meinem ersten Buch das ich mit fünfundzwanzig Jahren schrieb. Ein IT-Fachbuch, das meinen Eintritt in die Selbstständigkeit flankieren sollte.
Als ich meinen Eltern davon erzählte, dass ein renommierter Fachverlag auf mich zugekommen sei und mich gefragt habe, ob ich für sie dieses Buch schreiben wolle, war die stereotype Reaktion meiner Mutter: *»Oh nein! Du schon wieder mit Deinen blöden Ideen!«*
Eine Reaktion, die mich zunächst nicht einmal bewusst verletzte. Ich war es nicht anders gewohnt und konnte solche Reaktionen gut einstecken.
Nichtsdestotrotz schrieb ich unbeeindruckt mein Buch. Es war eine der für mich herausforderndsten Aufgaben, die ich mir selbst bis dahin geschaffen hatte. Sie hatte nicht nur den Effekt, dass ich viel Disziplin, sondern auch lernen durfte, Gedanken zu strukturieren, zu formulieren und so auszudrücken, dass sie für andere verständlich und nachvollziehbar wurden. Das Buch wurde verlegt und als ich meine Rezensionsexemplare in Empfang nahm, erlebte ich einen der wenigen Momente in meinem Leben bis dahin, in denen ich sehr stolz auf mich war.
Ich brachte meinen Eltern ein Exemplar mit, in der Hoffnung, sie würden nun endlich sehen und verstehen, wie großartig ihr Sohn ist, mich dafür anerkennen und ... lieben.
Die Reaktion mir gegenüber war sehr ernüchternd, nein enttäuschend. Sie nahmen es zur Kenntnis und kommentierten es nicht weiter. Bis ich dann dem Besuch von Freunden meiner Eltern beiwohnen und erleben durfte, wie meine Mutter mit meinem Buch begann anzugeben.
»Mein Sohn hat...«
Ich bin völlig ausgerastet.
Habe meiner Mutter vor versammelter Mannschaft den Kopf gewaschen und ihr meine ganze Empörung in Gesicht geschrien. Wie sie dazu käme, jetzt mit meiner Leistung zu prahlen, zu der sie nicht nur nichts beigetragen, sondern die sie demoralisiert hatte, wo sie nur konnte. Diese Reaktion meiner Mutter tat mir sehr weh, weil ich spürte, was ich zu der Zeit noch nicht in Worte fassen konnte: ich war nur ein Accessoire. Ein Schmuckstück, das meine Mutter in ihrer Außenwahrnehmung aufwerten sollte. Das Verhalten eines Narzissten.
Es kümmerte mich in der Situation in keiner Weise, dass meine Mutter mit den Tränen kämpfen musste. Im Nachhinein schon. Da war er, der installierte Knopf des schlechten Gewissens, der bei mir

zu diesem Zeitpunkt noch wunderbar funktionierte. Meine Mutter setzte diesem schlechten Gewissen noch ein Sahnehäubchen auf, indem sie mich wissen ließ, was ich für ein missratener Sohn sei, weil ich sie so gedemütigt hatte.

Dass es exakt anders herum war – sie mich einmal mehr endlos gedemütigt hatte – konnte ich in diesem Moment nicht erwidern, weil ich mich schämte und meine Muster noch sehr gut funktionierten. Wie konnte ich nur?

In der Konsequenz habe ich mich tatsächlich entschuldigt und meine Mutter um Verzeihung gebeten.

Dieser Szene folgten noch einige weitere, die mir immer wieder wehtaten, ohne, dass ich zunächst in der Lage war, mich durchzusetzen. Bis ich irgendwann verstand, warum das so ist. Weil, obwohl ich mich so sehr bemühte, zu erkennen und mich zu befreien, ich nach wie vor hoffte, meine Eltern könnten mich doch noch verstehen. Nicht zuletzt, indem ich sie versuchte, aktiv in meinen Aufarbeitungsprozess einzubeziehen. Ich schenkte ihnen Bücher, in der Annahme, sie würden sie auch lesen. Eine dieser unausgesprochenen Erwartungen meinerseits, begleitet von der Hoffnung, wenn sie nur verstünden, ebenfalls anfingen in einen Erkenntnisprozess einzutauchen, könnten sie gar nicht anders, als mich zu lieben. Es war also Manipulation, der Versuch, sie zu verändern – so zu verändern, dass ich doch noch bekam, was ich brauchte.

Bis ich irgendwann feststellen musste, dass diese Bücher auch nach Jahren noch exakt an dem Ort lagen, an dem ich sie abgelegt hatte, mit einer fingerdicken Staubschicht auf dem Umschlag. Einer makellosen Staubschicht. Sie wurden nie angerührt.

Da fiel bei mir ein wichtiger Erkenntnisgroschen: meine Eltern wollten nicht verstehen. Sie lehnten jede Form des Verstehens ab. Wenn ich ihnen von meinem Prozess, von meinen Erkenntnissen erzählte und glaubte, sie würden mir zuhören, schalteten sie stattdessen auf Durchzug. Was sich nicht zuletzt darin ausdrückte, dass sie mir auch nach Jahren immer wieder dieselben Fragen stellten. Die seufzende Aussage meiner Mutter: *»Ach, Du immer mit Deinen Büchern.«* brachte es perfekt auf den Punkt. Sie wehrten sich gegen jede Art von Veränderung, verteidigten ihre Wahrnehmung, schützten ihre kleine, überschaubare und sehr unbewusste Welt.

Eine Welt, die in meiner inzwischen schon recht reflektierten Wahrnehmung schäbig, klein und verachtenswert war. So sehr ich mich bemühte: ich konnte mich gegen das Gefühl von Verachtung und angewidert Sein nicht wehren.

Was waren sie doch für Versager.
Immer wieder stellte ich mir die Frage, wie sie ihre kleine Scheisswelt, ihr Scheissleben, in dem sie offensichtlich nicht glücklich waren, und ihr eigenes Spiegelbild ertragen konnten? Fragen, die ich auch anfing ihnen zu stellen und auf die sie nur empört reagierten. Ich glaube wohl was Besseres zu sein, was? Denke wohl, nur weil ich viele Bücher gelesen habe, über ihnen zu stehen.
Und sie hatten Recht.
Genau das glaubte ich. Es war Ausdruck meiner Egozentrik, meines Narzissmus, in dem ich zu diesem Zeitpunkt noch sehr ausgeprägt verhaftet war, mich über sie zu stellen. Ich brauchte das Gefühl, ihnen überlegen zu sein, besser zu sein als sie, besser zu sein als alle anderen. Nicht zuletzt, weil mir das Gefühl, nicht gesehen, verstanden und geliebt zu werden unvermindert wehtat. Entsprechend hielt ich meine Eltern – und hier einmal mehr besonders meine Mutter – auf Abstand, ließ sie nicht mehr in mein Leben, verweigerte ihnen die Teilhabe. Da ich zu diesem Zeitpunkt schon realisiert hatte, dass sie mich ohnehin nicht verstanden, wollte ich ihnen auch nichts mehr von mir zeigen. Später würde ich entdecken, dass ich sie damit bestrafen und emotional erpressen wollte. Ich redete mir zu diesem Zeitpunkt aber noch ein, dass ich sie einfach losließ. Aber das war nicht meine Wahrheit. Das war nur ein selbstgefälliges mir Vormachen, ich wäre bereits so weit.
Meine Antwort bekam ich in Form meiner Ex-Frau, die ich zu diesem Zeitpunkt kennenlernte und die für mich ein sehr wichtiger Spiegel wurde. Wenn auch der mit Abstand heftigste Spiegel, den ich erleben durfte. Aber genau diese Heftigkeit brauchte ich, um an die wirklich tiefen Muster in mir heranzukommen, zu denen ich bis dahin keinen Zugang finden konnte.
Mit ihr hatte ich mir genau die Person energetisch angezogen, um meine Muttersituation zu wiederholen – nur noch intensiver. Das äußerte sich nicht zuletzt darin, dass meine Mutter sich kurz vor unserer Hochzeit aus meinem Leben verabschiedete, nachdem sie einige Male erfolglos versucht hatte, über meine Ex-Frau – also quasi durch die Hintertür – wieder in mein Leben einzudringen. Das sich Verabschieden aus meinem Leben – der Auftritt in diesem Kontext war filmreif und an Theatralik sowie Pathos nicht zu überbieten – war natürlich nur ein weiterer Versuch, mich emotional zu erpressen.
Aber zu diesem Zeitpunkt war ich nicht mehr erpressbar.
Ich hatte nämlich tatsächlich eine Sache verstanden: dass meine Eltern und meine Mutter im Speziellen mich nie verstehen und – ganz wichtig – nie lieben würden. Eine Erkenntnis, die nicht schön,

aber sehr wichtig für mich war.
Als meine Eltern aus meinem Leben gingen, stellte ich fest, dass es mir nichts ausmachte. Im Gegenteil war es eher so, als würde ich einen sehr schweren Sack, voll mit Steinen, einfach abgestellt und hinter mir gelassen haben. Ich begann mich mit jeder weiteren Sekunde zu befreien. In der Konsequenz dann auch von meiner Ex-Frau, die nur den Staffelstab von meiner Mutter übernommen hatte und angetreten war, mich schonungslos zu spiegeln.
Sie hat mir nicht nur ein Fenster in die tiefen Abgründe meiner Seele und meines Herzens, sondern auch die Tür zu einem neuen Paradigma geöffnet. Das Paradigma des Loslassens, des Aufgebens von Erwartungen und des mir selbst schonungslos Begegnens.
Ich bin ihr heute sehr dankbar dafür, dass sie mir diese Chance geboten hat.

Grenzwertig

Eine weitere, wichtige Station für mich war das Setzen von Grenzen.
Etwas, was ich nicht gelernt hatte, so wie es viele von uns nie lernen durften – was in symbiotischen Strukturen im Grunde nur logisch ist. So wenig, wie in ihnen das Gefühl und der Kontakt zu uns selbst sein dürfen, da ansonsten die Symbiose nicht mehr funktioniert, so wenig verträgt sie Grenzen.
Entsprechend versuchen wir anderen Grenzen beizubringen – vor allem unseren Kindern – ohne zu merken, dass wir unsere eigenen oft nicht spüren können. In der Konsequenz können wir Grenzüberschreitungen, auch als Übergriffigkeit bezeichnet, ebenfalls nicht fühlen. Gleichgültig, ob jemand unsere Grenzen missachtet oder wir die Grenzen eines anderen überschreiten.
Ich war lange Jahre übergriffig, wenn auch mit zunehmender Entwicklung immer weniger. Der Schlüssel für mich lag darin, in Beziehung zu mir und meinem Gefühl zu kommen.
In dem Maße, in dem ich lernte, mich selbst zu fühlen, begann ich auch meine Umwelt zu spüren. Das war nicht zuletzt der Weg in meine Empathiefähigkeit, die heute sehr ausgeprägt ist. Meine Spiegelneuronen arbeiten inzwischen mit der Präzision eines seismischen Messinstruments. Als ich meinen Weg anfing zu gehen, war das noch sehr anders. Gewaltszenen in Filmen konnten nicht brutal und blutig genug sein. Mit Vorliebe habe ich Splatter-

Filme und dergleichen geschaut. Es hat mich sehr amüsiert, andere leiden zu sehen.

Heute kann ich mir solche Inszenierungen nicht mehr anschauen. Wenn sie für mein Empfinden realistisch genug dargestellt sind, verursachen sie mir körperlichen Schmerz. Fällt beispielsweise jemand aus dem zweiten Stock eines Hauses und schlägt überzeugend hart auf, fühle ich den Schmerz durch meinen Körper branden.

Entsprechend kann ich auch im realen Leben nachempfinden, wie es den Menschen um mich herum geht. Stößt sich jemand den Arm, fühle ich es, als sei es mein eigener.

Das war für mich die Voraussetzung, um auch meine eigenen Grenzen zu spüren.

Wie viele andere war ich es gewohnt, dass sie permanent überschritten wurden. Es war deutlich ungewohnter, wenn sie nicht überschritten oder vielleicht sogar respektiert wurden.

Als ich meine Grenzen zu spüren begann, hat es mich zunächst sehr verletzt, dass sie von anderen nicht gesehen und geachtet wurden. Wieso konnten die Menschen um mich herum meine Grenzen nicht sehen und spüren, wenn ich es konnte?

Die Antwort war ebenso einfach wie ernüchternd: weil sie nicht zur Empathie fähig waren.

Da meine Umwelt nicht die Fähigkeit besaß, meine Grenzen zu spüren, blieb mir nur eine Option: ich musste sie aufzeigen. Unmissverständlich. Was mich zu einer sehr wichtigen Lektion in meinem Leben brachte.

Respekt beginnt *immer* mit einem Nein.

Solange ich freundlich war, versuchte, gute Miene zu bösem Spiel zu machen, um des lieben Frieden Willens, - in der Hoffnung, mein Gegenüber würde schon irgendwann von selbst merken, dass es übergriffig handelte – wurde ich genauso wenig respektiert wie meine Grenzen. Was übrigens symptomatisch ist für unausgesprochene Erwartungen – denn nichts anderes war die Essenz meines Verhaltens. Erst, wenn ich sinnbildlich mit der Faust auf den Tisch schlug und meine Position sehr klar ausdrückte, wurde ich respektiert. Am Anfang noch oft begleitet von Gegenwehr und Entrüstung, wie ich es wagen könne. Manchmal von Tränen meines Gegenübers gesäumt, weil es sich ungerecht behandelt und – ganz wichtig – an seine eigene Ohnmachtssituation erinnert fühlte, wenn seine Grenzen in anderen, früheren Situationen überschritten worden waren. Also einmal mehr ein Spiegel der eigenen Situation.

Allerdings wurden solche Reaktionen im Verlauf meiner

Entwicklung immer weniger. Heute sind sie die absolute Ausnahme. Schon allein deswegen, weil ich Menschen, die mir nicht guttun, rigoros aus meinem Leben entferne, sobald ich dieses Gefühl habe. Sofort, wenn ich für mich wahrnehme, dass jemand nur Kraft raubt – also ein Energievampir ist – und eine Begegnung nicht auf Augenhöhe stattfindet, fange ich zumindest sehr schnell an, mir die Frage zu stellen, ob diese Begegnung Sinn macht. Wenn nicht, entferne ich mich.

Das hat nichts mit Kaltblütigkeit und Egoismus zu tun, sondern damit, dass ich heute für mich sorge. In der Konsequenz schaffe ich damit den Raum für echte, respekt- und im Idealfall liebevolle Begegnungen, die mich bereichern und für die ich ebenso bereichernd sein kann.

Aber als ich anfing für mich einzustehen, schüchterten mich die Reaktionen auf meine emotionale Selbstverteidigung noch sehr ein. Ich bekam Mitleid und ruderte zurück, fühlte mich schuldig und hatte das Bedürfnis, der Person zu helfen, der ich gerade meine Grenze gezeigt hatte. Oder anders ausgedrückt: meine Reaktion war co-abhängig. Es dauerte noch ein paar Jahre bis ich begriff, dass es nicht nur unnötig, sondern sogar kontraproduktiv ist, mit jemandem zu leiden, zu glauben, Verantwortung für jemand anderen übernehmen zu können und zu müssen. Ich lernte, dass ich nur für einen Menschen auf dieser Welt verantwortlich bin: für mich selbst.

Denn es gibt nur einen einzigen Menschen auf dieser Welt, mit dem ich von der ersten Millisekunde meiner Zeugung – also des Verschmelzens von Ei- und Samenzelle – bis zum letzten Atemzug zusammen bin: mir selbst. Me, myself and I.

Wenn ich für jemand anderen Verantwortung übernahm, handelte ich co-abhängig. Das hilft nicht nur niemandem, sondern verhindert im Gegenteil Wachstum. Mir wurde bewusst, dass, wenn ich jemandem eine Grenze aufzeige und dieser nicht damit umgehen kann, es *dessen* Defizit war und blieb – nicht meins. Wenn ich demjenigen also versuchte zu helfen, indem ich meine Position aufweichte und relativierte, nahm ich ihm damit seine Entwicklungs- und ergo Wachstumschance. Dass dieser Vorgang bei demjenigen von Schmerz und Abwehr begleitet wurde, durfte ich bald als immanenten Bestandteil seines Wachstumsprozesses lernen zu begreifen. In meinen Prozessen verlief das nicht anders.

Und einmal mehr lernte ich zu differenzieren: den Unterschied zwischen Mitleid und Mitgefühl.

Heute bekommt jedes Lebewesen dieser Erde von mir mein Mitgefühl. Gleichgültig, ob Mensch, Tier oder Pflanze. Aber niemand

bekommt von mir heute noch Mitleid. Ich werde mit niemandem mehr leiden. Mitleiden. Meine Energie in dessen Negativität leiten und mich mit in den Abgrund ziehen lassen, wie ich es jahrelang zugelassen hatte. All das sind Spielarten der Co-Abhängigkeit. Das nicht mehr Mitleiden, das Aufgeben der Opferrolle ist auch das Ablegen co-abhängiger Verhaltensstrukturen.
»"Sehen andere denn nicht, wie sehr ich leide?"; „Begreifen sie nicht, dass ich Hilfe brauche?"; „Macht es ihnen nichts aus?" Es geht nicht darum, ob andere etwas sehen oder sich um uns kümmern. Es geht darum, ob wir sehen und uns um uns selbst kümmern. Wenn wir unseren Finger auf andere richten und von ihnen Mitgefühl erwarten, dann deshalb, weil wir unseren Schmerz noch nicht völlig angenommen haben. Wir haben den Punkt noch nicht erreicht, an dem wir sorgsam mit uns selbst umgehen. Wir erhoffen uns einen Grad von Bewußtheit bei anderen, den wir selbst noch nicht erlangt haben. Es ist unsere Aufgabe, Mitgefühl für uns selbst zu haben. Wenn wir das schaffen, haben wir den ersten Schritt getan, um unsere Opferhaltung aufzugeben. Wir sind auf dem Weg zur Eigenverantwortung, zur Sorgfalt, die wir uns selbst entgegenbringen, und zur Veränderung.«, schreibt Melody Beattie in ihrem Meditationskalender *Kraft zum Loslassen*. Und auch hier steckt in dem Wort Aufgabe das Wort Aufgeben. Das Aufgeben der Opferhaltung, des andere verantwortlich Machens für meine eigene Situation. Und in dem Maße, in dem ich Verantwortung für mich selbst übernehme, beginne ich meine Grenzen zu spüren und für mich zu sorgen.
Wobei ich auch in meinen Reaktionen lernen musste zu differenzieren. Mehr noch. Ich musste lernen zu moderieren. Am Anfang meines Weges stimmte es in der Tat auch, dass meine Reaktionen zu heftig waren, mir das Gespür für ein angemessenes Reagieren fehlte. Ich hatte das nie gelernt. Entsprechend schoss ich regelmäßig über das Ziel hinaus und wurde bei der Verteidigung meiner eigenen Grenzen selbst übergriffig. Sei es in meinem Wortlaut oder dem, was ich inhaltlich zum Besten gab. Auch wenn eine Überreaktion in solchen Momenten durchaus nachvollziehbar ist, da das Überschreiten der eigenen Grenzen im Gehirn das Schmerzzentrum aktiviert. Es tut uns also weh. Und Aggression ist ein natürlicher Schutzmechanismus als affektive Reaktion auf Schmerz.
»Wenn die Schmerzgrenze eines Lebewesens tangiert wird, kommt es zur Aktivierung des Aggressionsapparates und zu aggressivem Verhalten. Bei sozial lebenden Lebewesen wie dem Menschen zählen Zugehörigkeit und Akzeptanz zu den

lebenswichtigen Ressourcen. Demütigung und Ausgrenzung werden vom menschlichen Gehirn wie körperlicher Schmerz erlebt, sie tangieren die Schmerzgrenze.«, schreibt Joachim Bauer in seinem Buch *Schmerzgrenze*.

Aber so nachvollziehbar eine aggressive Verhaltensweise auch sein mag, so wenig konstruktiv ist sie in der Gestaltung zwischenmenschlicher Beziehung. Entsprechend wurde es wichtig für mich zu verstehen, wie eine angemessene Reaktion meinerseits aussehen muss.

Ich lernte bei mir zu bleiben.

Auch das war eine extrem wichtige Lektion auf meinem Weg, zu lernen, nicht beim anderen zu sein, mit Du-Botschaften zu attackieren und zu verletzen, sondern nur meine Position und mein Gefühl in der Situation auszudrücken. Klar, unmissverständlich, aber wenn möglich nicht konfrontativ. Ich lernte in diesem Zusammenhang zu respektieren, was der Volksmund bereits auszudrücken weiß.

Der Ton macht die Musik.

Aber ich durfte auch erleben, dass selbst klar gesetzte Grenzen immer wieder überschritten wurden, weil mein Gegenüber nicht in der Lage war nachzuvollziehen, nachzuempfinden, was ich ihm sagte.

Entsprechend lernte ich, dass es Menschen gibt, die nicht verstehen können und auch gar nicht müssen. Sie müssen einfach nur respektieren – was nicht gleichzusetzen ist mit Gehorchen.

In diesem Zusammenhang begegnete mir die Konfrontationstheorie, die ich in solchen Situationen lernte, anzuwenden. Zu sagen, was mit nicht passt, wie ich es mir anders wünsche und was ich machen werde, wenn dieser Wunsch nicht respektiert bzw. umgesetzt wird. Je mehr ich es schaffte, meine eigenen Grenzen zu spüren und zu verteidigen, umso mehr gelangte ich in die Selbstwürde. Denn, wie ich spätestens bei Joachim Bauer begreifen durfte, ist die Überschreitung unserer Grenzen für unser Gehirn analog zu einer Entwürdigung. In dem Maße, in dem ich meine Würde zurück erlangte, entstand etwas, was ich zuvor noch nie fühlen durfte:

Integrität.

Aufbruch in eine neue Welt

Im Trennungsprozess meiner gescheiterten Ehe lernte ich eine Frau kennen, die für mich zu einer wichtigen Begleiterin werden sollte. Für mich zu diesem Zeitpunkt eine wertvolle Freundin, brachte sie mir etwas mit, das meine Sicht und mein zukünftiges Leben nachhaltig prägen sollte: ein Buch und eine Frage.

Das Buch von Eva Pierrakos, mit dem Titel *Bereit sein für die Liebe*. Ich hatte zu diesem Zeitpunkt bereits unzählige Bücher gelesen und dachte, ich könne nicht mehr wirklich bahnbrechend Neues finden. Einmal mehr durfte ich meiner Selbstüberschätzung begegnen. Ich begann zu lesen und durfte feststellen, dass ich dieses Buch nicht, wie andere Bücher, einfach wegtrinken konnte. Zunächst über die sehr esoterische Einleitung stolpernd, die mich leicht verächtlich die Stirn runzeln und schmunzeln ließ, musste ich feststellen, dass dieses Buch meine Nemesis war. Ich konnte es nicht einfach lesen, sondern musste es durcharbeiten. In sehr kleinen Schritten. Nach zwei, maximal drei Seiten musste ich es immer wieder zuklappen und reflektieren. War das, was ich da gelesen hatte, mein Thema?

Nein, natürlich nicht! ... oder vielleicht doch? Naja ... ein bisschen schon. Verdammt! Es war genau mein Thema.

In dieser Abfolge arbeitete ich mich durch die Seiten und begann, meine Beziehungsmuster, nicht zuletzt in der Beziehung zu meiner Mutter und – für mich sehr wichtig – in der Beziehung zu mir selbst zu verstehen. Oder anders ausgedrückt, begann ich zu begreifen, dass ich keine Beziehung zu mir selbst hatte. Bis dahin hatte ich nicht mal eine Idee davon, dass ich so etwas brauchte.

Ich durfte lernen, dass ich bis dahin nie aufrichtig gewesen war. Mir selbst gegenüber nicht und in der logischen Konsequenz auch nicht gegenüber den Menschen, mit denen ich Kontakt hatte. Die Lüge war mein ständiger Begleiter und mit ihr die Angst. Die Angst aufzufliegen. Die Angst, jemand könne entdecken, dass mein aufgeblasenes Gehabe nur Fassade war. Dass das Bild des erfolgreichen Beraters, des Jung-Yuppies, nur eine Inszenierung war.

Zu dieser Zeit war es für mich noch sehr wichtig, immer im Anzug herumzulaufen. Maßanzüge, versteht sich, mit Maßhemden, vorzugsweise von teuren Manschettenknöpfen gesäumt, die Krawatte immer farblich passend zum Einstecktuch, die Schuhe farblich immer mit dem Gürtel abgestimmt, Solarium gebräunt und Dreitagebart. Ich sah aus wie aus dem Modemagazin. Metrosexuell. Ich aalte mich in den Komplimenten, die ich von Frauen und

Männern bekam. Und hatte gleichzeitig beinahe panische Angst, sie könnten den kleinen Jungen entlarven, der sich hinter dieser Fassade verbarg.

Meine Ex-Frau hatte ich mir unbewusst genau unter diesem Gesichtspunkt ausgesucht. Sie sollte mein Bild von mir in der Außen wahrnehmung komplettieren. Äußerlich waren wir das absolute Traumpaar. Barbie und Ken.

Tatsächlich waren wir uns zu diesem Zeitpunkt nie wirklich begegnet.

In unserem Trennungsjahr rief sie mich eines Tages an, um mit mir etwas bezüglich einer Rechnung zu klären und erzählte mir beiläufig, dass sie von einer Kollegin gefragt worden sei, wie ich denn so bin. Sie konnte es der Kollegin nicht sagen, hatte keine Idee, wen sie eigentlich geheiratet hatte.

Ich musste schmunzeln, weil ich gerade zuvor verstanden hatte, dass wir uns nie wirklich begegnet waren und antwortete entsprechend, dass ihre Reaktion nicht verwunderlich sei, wir uns nie kennengelernt hatten.

Nur unsere Erwartungen und Wünsche an den anderen waren sich begegnet – wie zwei Satelliten, die uns in stabiler Umlaufbahn umkreisten und sich im Orbit unserer Erwartungen getroffen hatten. Einmal mehr narzisstische Strukturen.

Begleitend zu dem Buch begann ich zu meditieren.

Auch wenn mir das am Anfang alles andere als leicht fiel. Meine gute Freundin, die mir auch das Buch geschenkt hatte, half mir dabei. Sie gab mir Tipps, wie ich das bewerkstelligen konnte. Das in meine Mitte Gehen und dabei alle Gedanken Loslassen war dennoch zunächst eine große Herausforderung. Ich steckte zu dieser Zeit noch sehr im Kopf, klammerte mich an meine Gedanken und versuchte alles durch meinen rasiermesserscharfen Verstand zu lösen.

Aber immer mehr schaffte ich es, meine Gedanken los und mein Gefühl zuzulassen sowie dabei in meine Mitte zu kommen.

Dabei durfte ich feststellen, dass das Gefühl für mich selbst nicht wirklich gut war. Genau gesagt, war es ziemlich mies. Das Grundgefühl für mich selbst war am Anfang kaum auszuhalten. Ganz sicher ein Grund, warum ich anfänglich nicht in meine Mitte kam. In dieser Mitte wartete nur Negatives auf mich.

Zudem fing das an, zum Tragen zu kommen, was mir besagte Freundin als Zweites, neben dem Buch, mitgebracht hatte.

Die Frage: was sagt Dir die Situation über Dich selbst?

Ich durfte erkennen, dass ich bislang mein Leben nur inszeniert hatte, um mir in der Außenwahrnehmung die Anerkennung zu holen, die ich in meiner Kindheit, Jugend und auch im frühen Erwachsenenalter nie bekommen hatte. Deswegen musste ich mich in teure Anzüge kleiden und versuchen, meine Umwelt zu beeindrucken. Nicht zuletzt mit meiner Ex-Frau, um die mich jeder Mann beneidete, da sie eine bezaubernd schöne Frau ist. Aber sie war, wie meine Kleidung, nur ein Schmuckstück. Eines der besagten Accessoires, um mich aufzuwerten. Ich durfte erkennen, dass ich sie nur benutzt hatte.

Ich durfte auch erkennen, dass ich mich durch das Kaufen belohnte und versuchte, mir ein besseres Gefühl für mich selbst zu schaffen. Zu diesem Zeitpunkt nicht mehr so präsent, aber durchaus noch lebendig.

Weiterhin durfte ich erkennen, dass meine Ex-Frau meine Mutter war. In der Art, wie sie mit mir umging, mindestens genauso unfähig, mir Liebe zu geben und mich positiv zu spiegeln. Sie war die Wiederholung, in der ich nicht nur intellektuell verstehen, sondern auch fühlen durfte – wegbereitet durch die Meditation – dass meine Mutter mich nie geliebt hatte, generell gar nicht fähig war zu lieben.

Eine Einsicht, die mir sehr wehtat.

Ich kam an diese tiefste meiner seelischen Wunden heran und konnte sie ausgiebig betrauern. Wie viele Tage und Nächte ich in einem Meer von Tränen verbrachte, weiß ich nicht mehr. Aber es waren diese Tränen, mit denen ich diese tiefe Wunde in meinem Inneren auswaschen und hierdurch dazu bringen konnte, zu heilen.

In dem Zuge konnte ich mich mit dem Gedanken aussöhnen, dass ich diese Liebe meiner Mutter, nach der ich mein ganzes Leben lang auf der Suche war, nie bekommen würde. Zum ersten Mal durfte ich tief in mir spüren – nicht als Ahnung, sondern als tief empfundene Sicherheit – dass nur ich selbst mir diese Liebe geben kann.

Ich fing an, mich zu mögen.

Zunächst, indem ich mir vergegenwärtigte, mir zugestand, was ich bereits alles getan und erreicht hatte. Also durch Anerkennen meiner eigenen Leistungen. Aber immer mehr verstand ich im ersten Schritt intellektuell und danach fortschreitend auch emotional, dass ich nicht meine Leistung war. Immer mehr konnte ich spüren, dass ich mein Herz war und bin, mein Gefühl und meine Energie.

Die Meditation half mir sehr dabei, immer mehr in dieses Gefühl zu kommen und mein Leistungsdenken loszulassen, das ohnehin nur der Suche nach der Liebe meiner Mutter geschuldet war, die ich

ebenfalls loslassen konnte.
So, wie ich auch die Steuerung durch meinen Kopf los- und das Übernehmen meines Herzens zulassen konnte. Wenn auch sicher alles andere als perfekt und schon gar nicht souverän.
Immer mehr entdeckte ich, wie liebenswert ich war, wie einzigartig, auch oder gerade wenn ich nicht leistete. Immer mehr kam ich in dem Gefühl an, ganz zu sein.
Mein Anderssein, unter dem ich mein ganzes Leben lang gelitten hatte, begann ich als ein Geschenk, als eine Gabe zu begreifen. Aus dem früheren Problem wurde eine Chance. Aus dem Glas, das bislang immer halbleer war, wurde ein Glas, das grundsätzlich und immer halbvoll ist.
Ich wähnte mich zu diesem Zeitpunkt bereits in der Selbstliebe und war stolz auf mich. Genau dieser Stolz war der wichtigste Indikator, dass ich es noch nicht war. Ich wollte es unbedingt sein und behauptete es auch von mir, wenn ich mit anderen über das Thema sprach – aus dem Brustton der Überzeugung. Zu diesem Zeitpunkt realisierte ich noch nicht, dass es vor allem mein Bedürfnis danach war, in der Selbstliebe zu sein, das mich dazu brachte, es mir selbst vorzumachen und meiner Umwelt zu verkünden.
Ich begegnete einmal mehr einer universellen Wahrheit des Lebens, die ein sehr außergewöhnlicher junger Mann, dem ich begegnen durfte, vortrefflich auf den Punkt brachte: auf Bedürftigkeit reagiert das Leben mit Ablehnung.
Wenn wir etwas unbedingt wollen, bekommen wir es garantiert nicht – wenn wir etwas loslassen, fliegt es uns zu. Eine der Paradoxien des Lebens, die bereits Lao Tse etwa 500 v. Chr. mit den Worten: »*Siege, indem Du nicht gewinnen willst.*« ausdrückte.
Auch diese selbstgefällige Haltung, das mir selbst und anderen Vormachen, ich sei bereits in der Selbstliebe, war nur ein mich Inszenieren im Außen.
Immerhin war ich an einem Punkt angelangt, um einer Frau zu begegnen, die tatsächlich sehr anders ist, als jede andere Frau, der ich bis dahin begegnet war. Mit ihr durfte ich nicht nur eine völlig neue Beziehungserfahrung machen, sondern einen Teil in mir entdecken, der sich als Schlüssel zu meinem Herzen entpuppen sollte.

Hybris und Demut

Meiner mentalen und emotionalen Verfassung entsprechend, war die Begegnung zunächst eine Ausgeburt der Lüge. Wir begannen unsere Beziehung mit einer Affäre, da sie verheiratet war, zwei erwachsene Töchter, ein Haus und einen Hund hatte. Also das Standardprogramm.

Und obwohl sie mir in blumigen Worten erzählte, wie wundervoll ihr Ehemann und ihre Situation im Allgemeinen war, öffnete sie die Tür zu einer leidenschaftlichen Begegnung, indem sie mich, für mich völlig überraschend, am Ende unseres ersten Treffens auf den Mund küsste.

Daraufhin begann eine abenteuerliche Affäre, mit sehr kreativen Situationen, die wir schufen, um uns sehen zu können, ohne, dass das vermeintliche Familienglück hierdurch Schaden nahm. Doch nach einigen Monaten intensiven in Beziehung Gehens, das mit einer normalen Affäre nicht viel gemeinsam hat, wurde ihr dann auch klar, dass sie in einer Lüge lebte. In einer Konstruktion des Durchhaltens, in der ich mehr war als ein Ventil.

Ich war eine Perspektive.

Für mich einigermaßen überraschend, trennte sie sich von ihrem Mann und ging auch mit ihren Töchtern in einen sehr intensiven Aufarbeitungsprozess. Auch wir zwei gingen in einen sehr intensiven Aufarbeitungsprozess.

Ich durfte in dieser Beziehung lernen und erleben, dass es möglich ist, sich gegenseitig gnadenlos zu spiegeln, ohne sich auch nur einmal absichtlich zu verletzen. Was nichts daran änderte, dass es etliche Nächte gab, in denen wir uns heulend in den Armen lagen. Aber nicht, weil einer den anderen absichtlich verletzt, sondern gespiegelt hatte und ihm dabei half, unaufgelöste Themen zu sehen. Oft konnten wir einander in der Art spiegeln, dass die Reaktion und das Gefühl, das wir gerade erlebten und ausdrückten, gar nichts mit der aktuellen Situation zu tun hatte, sondern die Wiederholung einer *alten* Situation war.

Der Grund hierfür ist, was ich bereits in dem Kapitel *Die Herausforderung* beschrieben habe – wie unser Gehirn strukturell funktioniert.

Wir speichern verletzende Situationen, denen wir in unserer Kindheit ausgesetzt sind, zusammen mit der Reaktion, die wir für diese Situation entwickeln und – sehr wichtig! – dem Gefühl, das wir in ihr erleben, als einen integrierten Datensatz im Gehirn ab.

Jedes Mal, wenn wir in dieselbe oder eine ähnliche Situation kommen, wird dieser Datensatz abgerufen. Wir reagieren, wie wir es damals als Überlebensmechanismus entwickelt haben und – wieder ganz wichtig! – fühlen das Gefühl dieser vergangenen Situation. Ein Gefühl, das im Zweifel mehrere Jahrzehnte alt sein kann. Unser Gegenüber sieht sich nicht selten einer Situation und Reaktion ausgesetzt, von der es keine Ahnung, womit es das verdient hat.

Meine Partnerin hat es meisterhaft verstanden, mich in solchen Situation *liebevoll* zu spiegeln, mich zu stoppen und damit zu konfrontieren, dass ich gerade ein altes Programm abspulte. Durch dieses mich Stoppen ermöglichte sie mir, das Muster, das mich in dieser Situation noch immer unbewusst steuerte, zu sehen und aufzulösen, in dem ich aktiv eine neue Entscheidung treffen und hierdurch die alte, abgespeicherte auflösen konnte.

Ich durfte eine neue Erfahrung machen und hierdurch die alte verwerfen.

Wir sind beide in dieser Beziehung gewachsen wie die Weltmeister. Sie konfrontierte mich mit meiner Unaufrichtigkeit genauso, wie ich sie mit ihrer. Mit ihr und durch sie durfte ich lernen, was es heißt, einen Menschen liebevoll zu spiegeln, immer wieder auf Unstimmigkeiten hinzuweisen, ohne verletzend und angreifend zu sein. Wir haben uns nichts geschenkt, aber alles gelassen.

Wir dachten wirklich beide, im anderen den perfekten Traumpartner gefunden zu haben. Nicht nur wir dachten das: alle um uns herum. Wir waren das Vorzeigepaar. Ihre Töchter eiferten uns nach, genauso, wie Schülerinnen und später Studenten. Der rege Besuch in unserer Wohnung schien sich oft nur die Blaupause für ein Lebenskonzept abholen zu wollen, das erstrebenswert und der Gipfel des sich gemeinsam Entwickelns schien.

Bis mir mein Körper ein unmissverständliches Signal schickte, das mir zeigte, dass zumindest das Thema Intimität vorbei war – mit dem ich noch in dieser Beziehung ein latentes Problem hatte. Nicht mehr wirklich dominant im Vordergrund, aber nach wie vor vorhanden. Ich war nicht frei.

»Der Körper (...) läßt sich auch nicht mit Worten täuschen, wie unser Verstand es tut. Der Körper ist der Hüter unserer Wahrheit, weil er die Erfahrung unseres ganzen Lebens in sich trägt und dafür sorgt, daß wir mit der Wahrheit unseres Organismus leben können. Er zwingt uns mit Hilfe von Symptomen, diese Wahrheit auch kognitiv zuzulassen, damit wir in Harmonie mit dem in uns lebendigen, einst mißachteten und gedemütigten Kind kommunizieren können.«, schreibt Alice Miller einmal mehr in ihrem Buch *Die Revolte des Körpers*.

Aber, wie wir – meine Partnerin und ich – es inzwischen kultiviert

hatten, band ich sie in meinen Prozess ein, zeigte ihr, was bei mir los war und bat um Verständnis, das sie mir auf ihre unvergleichlich großartige Art voll umfänglich einräumte.
Mein Körper zeigte mir, dass ich etwas übersehen und mich in eine Projektion geflüchtet hatte. Eine Projektion, die perfekt funktionierte, aber am Ende doch nur eine Lüge war.
Nachdem ich mein zweites Buch fertig geschrieben hatte, bzw. gerade am Epilog schrieb, fiel ein weiterer und vielleicht der wichtigste Erkenntnisgroschen.
Ich dachte, ich hätte ein Buch über Steve Jobs geschrieben. Tatsächlich hatte ich einmal mehr ein Buch über mich selbst geschrieben, da Steve Jobs und ich in so mancher Hinsicht viel gemeinsam haben.
Bei ihm hatte ich tief gegraben und recherchiert, wie aus ihm ein solches Arschloch werden, obwohl ich keine Aufzeichnungen über Misshandlungen oder andere Härten in seiner Kindheit finden konnte. Wobei sich die Chronisten nach wie vor einig darüber zu sein scheinen, dass die relevante Geschichte eines Menschen frühestens ab der Adoleszenz beginnt ... also dann, wenn die wirklich wichtigen Entwicklungen lange durchlaufen sind.
Meine persönliche Quintessenz des Steve Jobs Buches war, dass er seine Botschaften, die ihn werden ließen, was er war, und auch sein Todesurteil wurden, bereits im Mutterleib bekommen hatte.
So, wie ich.
Die Botschaft, nicht geliebt werden zu können.
Auf einmal war es sonnenklar und die Entscheidung fiel, dass ich meine Beziehung aufbrechen und eine Entwicklung machen musste. Ich begriff, dass ich nicht in der Lage war zu lieben – also in der Tat noch nie geliebt hatte, weil ich das gar nicht konnte. Weil ich völlig unfähig, wirklich zu lieben, auf die Welt gekommen war. Mehr noch hatte ich die Botschaft meiner Mutter, nicht liebenswert und nicht willkommen zu sein, in meinen Zellen abgespeichert. In jeder einzelnen.
Aber mir wurde auch klar, dass nicht nur ich noch eine Entwicklung zu machen hatte und ich einen Platz besetzte, der mir nicht zustand. Auch wenn meine Partnerin das zunächst nicht annehmen, nicht zulassen konnte, war für mich völlig klar: ich muss gehen.
Etwas über zwei Jahre nach meinem Fortgang telefonierten wir miteinander und sie dankte mir für zwei Dinge: dafür, dass ich sie aus ihrer Ehe gelöst hatte und dafür, dass ich gegangen bin.
Diese Situation war ein eindrucksvolles Beispiel, dass wir manchmal unpopuläre Entscheidungen treffen und die Arschlochposition einnehmen sowie aushalten müssen, dafür angegriffen und

angeklagt zu werden. Ich war zu dieser Zeit schon so sicher in meinem Gefühl, dass ich mir selbst traute und einfach wusste, dass es richtig war.
Sie ist heute mit ihrem wahren Traummann verheiratet und ich wünsche beiden aus tiefstem Herzen, dass sie ihr Glück in vollen Zügen genießen.

Integration des inneren Kindes

Ich hatte noch wichtige Schritte vor mir, bevor ich wirklich in die Selbstliebe kommen konnte.
Der erste war, dass ich mein inneres Kind einsammeln und integrieren musste. Ich hatte mich mit nicht ganz vier Jahren emotional von mir abgeschnitten, den kleinen emotionalen Oli stehen lassen und war ohne ihn weitergegangen. Das war in etwa der Zeitpunkt, an dem meine Mutter einen Besenstil auf meinem Rücken zertrümmert hatte. Diese Abspaltung war ein weiterer Überlebensmechanismus, um meinen emotionalen Kern vor weiterem Schaden zu bewahren.
Wie ich dann merken durfte, wartete der kleine Oli exakt an dem Punkt, an dem ich ihn abgestellt hatte. Ich fing an mit ihm zu kommunizieren – wieder über die Meditation – und versprach ihm, dass er sicher sein und heimkommen könne. Er kam zu mir und hat sich integriert. Aber er war auf dem Stand eines Vierjährigen. Also infantil und ganz sicher nicht reif für sexuelle Liebe.
Wobei es für mich nicht minder wichtig wurde, mich in dem Zuge auch mit meiner Männlichkeit auszusöhnen und einen Weg zu finden, sie ebenfalls zu integrieren. Das bedeutete auch sexuelle Fantasien nicht mehr als schmutzig zu erleben, wie ich es noch in meiner letzten Beziehung getan hatte, sondern als einen natürlichen Bestandteil meiner Persönlichkeit zu begreifen und zuzulassen. In dem Maße, wie ich meine männliche Identität kultivierte und naturalisierte, wurde ich frei. Mehr noch, konnte ich Männern generell liebevoll begegnen, musste sie nicht mehr als unterentwickelte Halbaffen sehen und in meiner Wahrnehmung abwerten, wie ich es zuvor lange Jahre getan hatte. Ein Relikt, das ebenfalls Erlebnissen aus meiner Kindheit geschuldet war. Es war wichtig für mich, auch die negativen Gedanken an und über andere Männer zu reinigen und sie sein zu lassen, was sie sind. Ich wurde zunehmend freier.

Auch wenn es immer noch etwas gab, das mich nicht losließ.
Dann passierte etwas, was ich bis heute nur schwer erklären kann. Ich lag eines Nachts auf meinem thailändischen Sitzkissen, schaute ein Konzert, das mich mal wieder zu Tränen rührte und konnte mich mit einem Mal nicht mehr bewegen, war völlig paralysiert. Mein ganzer Körper verkrampfte sich und behielt diesen Zustand vorerst bei. Das Gefühl war extrem intensiv, fühlte sich fast wie Schmerz an, aber nicht wirklich. Meine Wahrnehmung fokussierte sich völlig auf mein Inneres und ich nahm nichts mehr um mich herum war – auch nicht mich selbst. Die Tränen liefen mir so unvermindert aus den Augen, dass nach Beendigung dieses Vorgangs rechts und links von mir auf dem Boden kleine Pfützen entstanden waren.
Das Ganze musste etwas über eine Stunde gedauert haben, da von dem Konzert, das ich angefangen hatte zu sehen, gerade der Abspann lief.
Völlig entkräftet ging ich zu Bett. Das Ganze hatte mich sehr viel Energie gekostet. Ich hatte nichts davon übrig, um mir Gedanken zu machen, was das gewesen sein könnte. Das beschäftigte mich die nächsten zwei Tage, in denen ich verstehen und fühlen wollte, was passiert war.
Zusammengefasst: etwas Unfassbares.
Das Gefühl des nicht geliebt Seins, das ich aus dem Mutterleib mitgebracht und in meinen Zellen abgespeichert, hatte sich von diesen meinen Zellen abgeschält. Von jeder einzelnen. Ein Reinigungsprozess von geradezu epischer Dimension. Die völlige Läuterung. Das Integrieren meines inneren Kindes, das inzwischen am Rande der Pubertät stand – also recht schnell gewachsen war – hatte mich offensichtlich bereit gemacht für diesen Akt.
Ich war frei!
Ich war in der Selbstliebe.
Und bin seither jeden Tag dankbar, dass ich diesen Weg gehen durfte.

Positive Energie

Wie ich bereits beschrieben habe, war es sehr wichtig für mich, dass das Glas im Verlauf meiner Aufarbeitung halbvoll wurde – immer. Aber! Es ist mindestens so wichtig, dass das nicht einfach nur in einen Akt des alles rosarot Anmalens ausartet. Ist es nicht echt und aus tiefstem Herzen, also aufgesetzt, ist es einmal mehr nur eine Inszenierung im Außen, um anderen zu verkaufen, wie positiv ich bin. Wird die Positivität aus einem authentischen Gefühl heraus gelebt, strahlt sie unweigerlich auf die Umwelt ab – nicht als Aufforderung zur Bewunderung, sondern als ansteckende Energie. Es ist zunächst ein Ergebnis tief empfundener Dankbarkeit. Dafür, dass ich das werden konnte, was ich heute bin, und den Menschen begegnen durfte, die mich begleitet und gespiegelt haben. Besonders die vermeintlich negativen Erfahrungen waren wichtige Stationen in meinem Leben. Sie waren essenzielle und intensive Lehrmeister.

Wir lernen vor allem aus als negativ empfundenen Erfahrungen. Die Positiven bringen uns zunächst nichts bei. Wenn es etwas gibt, was einen Menschen dazu motiviert, sich einer Veränderung zu öffnen und sich mutig selbst zu begegnen, dann ist es Leidensdruck. Ohne oder mit Leidensdruck, der nicht stark genug ist, verteidigen wir unsere Position und vermeintliche Komfortzone bis aufs Messer. Und sei es, indem wir uns in die Selbstverhinderung begeben und uns unbewusst davon abhalten.

Aber je mehr ich in die Heilung gekommen bin und das schlechte Gefühl für mich selbst loslassen konnte, je mehr erkannte ich, dass sich auch die Reaktionen im Außen veränderten. Auch meine Reaktionen auf meine Umwelt veränderten sich. Auch ich konnte damit aufhören schlecht zu bewerten, andere abzuwerten, weil ich das tiefe Gefühl entwickelt hatte, selbst wertvoll zu sein.

Wobei ich dem Braten zunächst nicht traute und mich schwer damit tat, das Erlernte und Negative aufzugeben. Es war immerhin das, was ich gut kannte und gewohnt war. Bis ich mich traute und zunehmend feststellen durfte, dass das Positive sich viel besser anfühlte, als das Negative.

Noch zu Zeiten, als ich mein Buch *Ökolution 4.0 – Wirtschaftliche und gesellschaftliche Imperative in Zeiten ökologischer und ökonomischer Krisen* geschrieben habe, war ich voll im Anti-Modus. Gegen Atomkraft, gegen soziale Ungerechtigkeit, gegen Umweltzerstörung, usw. Das Buch ist ganz klar ein Versuch, dem Leser zu erklären, was er alles falsch macht und wie es richtiger geht. Ich habe zwar fast ausschließlich die Rückmeldung bekommen, es sei gut und nicht belehrend geschrieben, aber meine Wahrheit war, dass ich sehr wohl belehren wollte. Und ich wollte der Welt zeigen, was für ein ausgeschlafener Hund, wie kompetent und argumentativ unschlagbar ich war.

Bis mich eine Einsicht ereilte: ich kann andere nicht verändern.

Und es ist völlig gleichgültig, wie vermittelnd, wie lieb, nett und sanft ich versuche jemanden auf einen Missstand oder ein

Missverständnis hinzuweisen. Das, was psychologisch bei dem anderen ankommt ist, dass er etwas falsch gemacht hat. Er wird sich in der Regel wehren und hat damit völlig Recht. Ich habe nicht das Recht andere zu belehren. Ich kann höchstens meine Perspektive anbieten. Ob sie angenommen wird, hat nichts mehr mit mir zu tun.
Und, was weiterhin in mir reifte, war die Erkenntnis, dass ich die Themen, gegen die ich mich auflehnte – und sei es nur innerlich, in meinen Gedanken – mit meiner Energie und eben diesen Gedanken nährte. So wie ich auch durch das Festhalten an dem Gedanken, wie viel Schlimmes mir angetan wurde, meine negative Energie in mir nährte. Wie in meinem Inneren, so auch im Außen. Einmal mehr ein Spiegel.
»Es ist nicht schwer, sich umzusehen und festzustellen, was alles falsch ist. Es bedarf der Übung, um das zu sehen, was richtig ist. Viele von uns haben jahrelang in Negativität gelebt. Wir haben uns ein großes Geschick angeeignet, das zu benennen, was bei anderen Menschen, in unserem Leben, unserer Arbeit, unserem Tag, unserer Beziehung, mit uns selbst, unserem Verhalten, unserem inneren Wachstum nicht stimmt. Wir wollen realistisch sein und haben uns das Ziel gesteckt, die Realität zu erkennen und zu akzeptieren. Wenn wir uns jedoch in negativen Gedanken und Einstellungen ergehen, wollen wir das gar nicht mehr. Der Zweck der Negativität besteht in der Zerstörung. Negatives Denken verstärkt unsere Probleme. Es beraubt uns der Harmonie. Negative Energie unterminiert und zerstört. Sie führt ein machtvolles Eigenleben. Die positive Energie ebenfalls. Jeden Tag fragen wir, was richtig, was gut ist – an anderen Menschen, unserem Leben, unserer Arbeit, unserem Tag, unseren Beziehungen, an uns selbst, unserem Verhalten, unserem Heilungsvorgang. Positive Energie heilt, fördert die Liebe und verwandelt.«, schreibt Melody Beattie in ihrem Meditationskalender *Kraft zum Loslassen*.
Ich wollte nicht mehr negativ sein, wollte nicht mehr bewerten. Vielmehr wollte ich positiv sein und mich von den negativen Energien reinigen. Also stoppte ich zunächst meine Antihaltung. Fortan war ich beispielsweise nicht mehr gegen Atomkraft, sondern *für* erneuerbare Energien. Ich war nicht mehr gegen Umweltverschmutzung, sondern *für* den Erhalt der Natur, *für* den Schutz von Pflanzen und Tieren.
Ebenso wichtig wurde es, meinen sezierenden Sarkasmus abzulegen. Ich war Meister darin, Situationen auf eine Weise schlecht zu machen, dass sie witzig wirkten. Aber immer auf Kosten anderer. Der Sarkasmus lebt davon, zu denunzieren und

abzuwerten. Stattdessen fand ich immer mehr den Weg in die Selbstironie, machte Scherze, wenn, dann auf meine eigenen Kosten. Ohne andere zu verletzen – aber auch ohne mich zu verletzen. Das geht mit Selbstironie wunderbar.
In dem Maße, wie ich zu mir fand, änderte sich auch mein Umgang mit mir selbst. Das körperliche Training, das zuvor den Sinn hatte, mich sexuell attraktiver zu machen, wurde etwas, was ich nur noch für mich und mein Wohlempfinden praktizierte. Meine Ernährung wurde zunehmend immer bewusster und gesünder – schlicht, weil es mir wichtig wurde, für mich zu sorgen, dafür zu sorgen, dass es mir gutgeht.
Das Glas wurde zunehmend halbvoll, wobei ich merkte, dass noch etwas in mir steckte, das mich blockierte. Mein Haltung gegenüber meiner Eltern. Es wurde wichtig für mich, die negative Antihaltung ihnen gegenüber loszulassen und in den versöhnlichen Gedanken umzuwandeln, dass sie nicht anders konnten. So wichtig es war, sie dafür anzuklagen, um mich zu befreien, so wichtig war es nun, sie in Frieden gehen zu lassen und ihnen zu verzeihen. Jeder Mensch ist zu jeder Zeit das Beste, was er sein kann. Das befreit ihn im Zweifel nicht von seiner Schuld. Aber es hilft, die negative Bindung an diesen Menschen aufzugeben und loszulassen. Wobei die vorherige Anklage essenziell war, um meine Würde wiederzuerlangen.
Ich werde nie eine emotionale Bindung zu meinen Eltern haben. Aber ich kann sie so sein lassen, wie sie sind und ihnen von Herzen wünschen, dass es ihnen gutgeht. So, wie ich das jedem Menschen wünsche. Denn die Selbstliebe beinhaltet auch die Liebe zu allen Menschen und Lebewesen unserer schönen Welt. Ungeachtet, wie zweifelhaft es oft erscheinen mag, was wir daraus machen.

Es ist für *mich* wichtig, aufrichtig in der Liebe zu sein.

Zusammenfassung

Um den Weg in die Selbstliebe zu finden, müssen wir uns zunächst selbst gnadenlos begegnen, uns Rückschläge und Situationen zugestehen, die noch weit von diesem Ideal entfernt sind. Gras wächst nicht schneller, wenn wir daran ziehen.
Wachsen ist ein Weg der kleinen Schritte, des immer wieder sich selbst Begegnens, des vor sich selbst Bestehens und sich für uns Entscheidens. Aber Wachstum ist auch der Weg des Scheiterns. Es

erfordert den Mut, dieses Scheitern zuzulassen und auszuhalten.
In der ersten Hälfte meiner Entwicklung ging mir alles nicht schnell genug, wollte ich immer weiter sein, als ich tatsächlich war. Aber vor allem, um meine Umwelt zu beeindrucken, um mir und anderen zu beweisen, wie schnell ich bin, wie entwickelt und reflektiert.
Das war ich im Vergleich zu anderen auch, aber deswegen noch lange nicht fertig.
Auch heute bin ich nicht fertig, nicht perfekt.
Ich bin nur in dem Maße perfekt, mir selbst zugestehen zu können, niemals perfekt zu sein, weil das gar nicht wichtig ist. Wichtig ist nicht perfekt oder richtig zu sein, sondern echt. So zu sein, wie es für mich, mein Wesen und mein Herz stimmig ist.
Pur, rein und jenseits irgendwelcher Erwartungen, die ich oder andere an mich stellen.
Authentisch.
Und immer mehr das Positive zu- sowie das Negative loslassend. Mir und anderen liebevoll sowie gerade – also aufrecht – zu begegnen, nicht mehr belehrend und herablassend, sondern positiv begleitend. Dabei aber unvermindert klar und aufrichtig. Nicht mich beweihräuchernd und das Negative ausblendend – also verleugnend – sondern sich aufrichtig auch den seltener werdenden Anzeichen von Negativität immer wieder stellend, um sie hierdurch auflösen zu können.
Auch in der Selbstliebe ist es immer wieder ein bewusster Entschluss, sich *für* die Liebe zu entscheiden.

Epilog

Beim Schreiben dieses Buches durfte ich noch einmal intensiv, aus der Retrospektive sehen, wo ich herkomme und wo ich heute bin. Das Einzige, was ich hierfür spüren kann, ist tiefe Dankbarkeit.
Auch tiefe Demut vor dem Leben, das mir immer wieder Chancen, immer wieder Menschen und Begegnungen angeboten hat, die mich weiter gebracht haben, als ich es je für möglich gehalten hätte. Immer wieder Situationen entstehen ließ, in denen ich mir und meinen Mustern begegnen und sie in der Konsequenz auflösen konnte.
Ich wünsche mir von ganzem Herzen, dass diese Worte, dieser Erfahrungsbericht dem ein oder anderen einen Impuls gibt, vielleicht einen Hinweis, in eine bestimmte Richtung zu gehen, oder eine Idee, wie der nächste Schritt aussehen könnte.
Mein Buch ist ganz sicher keine Universalrezept, sondern nur die Zusammenfassung des Weges, den ich gegangen bin.
Sollte er brüskieren, werde ich mich nicht einmal entschuldigen, dass ich diesen Weg gegangen bin und er sich heute mehr denn je als für mich richtig und stimmig herausgestellt hat. Eine gemachte Erfahrung zu bewerten ist sinnlos.
Zumal eine Entscheidung zu dem Zeitpunkt, an dem wir sie treffen, *immer* richtig ist.
Über Anregungen und Ideen freue ich mich unvermindert.
Ich wünsche jedem aus tiefstem Herzen, dass sie oder er ihren oder seinen Weg findet und vielleicht bald selbst darüber berichten kann.
Wenn wir alle wachsen und uns selbst begegnen, haben wir die Chance, auch einem anderen Menschen aufrichtig zu begegnen und den Weg nicht nur in die Selbstliebe, sondern auch in die eine, wahre Liebe zu dem einen, besonderen Menschen zu finden.

Das wünsche ich jedem, aus tiefem Herzen.

Autor

Oliver Rückemann, geboren 1975, in Frankfurt am Main, arbeitet als freier Berater vor allem im Großkonzernumfeld, in den Bereichen Projektleitung und Business Analyse. Schon sehr früh begann er nicht nur seine Fähigkeit, gut mit Menschen umzugehen, sondern auch seine Coaching-Eigenschaften zu entdecken sowie zu kultivieren.
Immer mehr entwickelte sich der Fokus hin zum Thema Coaching. Durch einen selbst durchlebten, mehr als zwei Jahrzehnte andauernden Aufarbeitungsprozess hat er einen ungewöhnlichen Erfahrungsschatz aufbauen können, der die Grundlage für seine Bücher und sein Wirken als Coach liefert.
Er lebt in Berlin.

Weitere Veröffentlichung:

- Ökolution 4.0 - Wirtschaftliche und gesellschaftliche Krisen in Zeiten ökologischer und ökonomischer Krisen
- Steve Jobs – Warum Geld nicht reich macht

12 Schritte Programm der anonymen Alkoholiker

Da es sich bei der Aufarbeitung unserer Themen um sehr klare Suchtstrukturen handelt, kann das 12 Schritte Programm der anonymen Alkoholiker ein hilfreicher Wegweiser sein – auch wenn die Primärsucht nicht der Alkohol ist. Ich habe auf meinem Weg irgendwann festgestellt, dass ich diese 12 Schritte exakt durchlaufen hatte, ohne es beabsichtigt oder bemerkt zu haben. Aus Erfahrung kann ich sagen, dass der Weg sinnvoll ist. Wobei nicht nur der Alkohol als Synonym zu verstehen ist, sondern auch der Begriff Gott. Ich glaube nicht an Gott – schon gar nicht an einen christlichen, männlichen Gott. Aber an eine höhere Macht, durch deren Anerkennung ich die Kontrolle loslassen konnte. Und nur so am Rande: dieses Buch ist für mich der 12. Schritt.

1. Schritt – wir gaben zu, dass wir dem Alkohol gegenüber machtlos sind – und unser Leben nicht mehr meistern konnten.

2. Schritt – wir kamen zu dem Glauben, dass eine Macht, größer als wir selbst, uns unsere geistige Gesundheit wiedergeben kann.

3. Schritt – wir fassten den Entschluss, unseren Willen und unser Leben der Sorge Gottes – wie wir Ihn verstanden – anzuvertrauen.

4. Schritt – wir machten eine gründliche und furchtlose Inventur in unserem Inneren.

5. Schritt – wir gaben Gott, uns selbst und einem anderen Menschen gegenüber unverhüllt unsere Fehler zu.

6. Schritt – wir waren völlig bereit, all diese Charakterfehler von Gott beseitigen zu lassen.

7. Schritt – demütig baten wir Ihn, unsere Mängel von uns zu nehmen.

8. Schritt – wir machten eine Liste aller Personen, denen wir Schaden zugefügt hatten und wurden willig, ihn bei allen wieder gutzumachen.

9. Schritt – wir machten bei diesen Menschen alles wieder gut – wo immer es möglich war –, es sei denn, wir hätten dadurch sie oder andere verletzt.

10. Schritt – wir setzten die Inventur bei uns fort, und wenn wir Unrecht hatten, gaben wir es sofort zu.

11. Schritt – wir suchten durch Gebet und Besinnung die bewusste Verbindung zu Gott – wie wir Ihn verstanden – zu vertiefen. Wir baten Ihn nur, uns Seinen Willen erkennbar werden zu lassen und uns die Kraft zu geben, ihn auszuführen.

12. Schritt – nachdem wir durch diese Schritte ein spirituelles Erwachen erlebt hatten, versuchten wir, diese Botschaft an Alkoholiker weiterzugeben und unser tägliches Leben nach diesen Grundsätzen auszurichten.

Literaturliste

Albert Camus – Der Mensch in der Revolte (ISBN: 978-3-499221934)

Alice Miller – Am Anfang war Erziehung (ISBN: 978-3-518374511)

Alice Miller – Das Drama des begabten Kindes (ISBN: 978-3-518374504)

Alice Miller – Die Revolte des Körpers (ISBN: 978-3-518457436)

Alice Miller – Du sollst nicht merken (ISBN: 978-3-518374528)

Arno Gruen – Der Fremde in uns (ISBN: 978-3-423351614)

Arno Gruen – Der Verrat am Selbst (ISBN: 978-3-423350006)

Arno Gruen – Verratene Liebe – Falsche Götter (ISBN: 978-3-608949049)

Anne Wilson Schaef – Co-Abhängigkeit (ISBN: 978-3-453095397)

Erich Fromm – Authentisch Leben (ISBN: 978-3451056918)

Erich Fromm – Die Furcht vor der Freiheit (ISBN: 978-3-423350242)

Erich Fromm – Die Kunst des Liebens (ISBN: 978-3-548367842)

Erik H. Erikson – Identität und Lebenszyklus (ISBN: 978-3-518276167)

Eva Pierrakos – Bereit sein für die Liebe (ISBN: 978-3-922026891)

Garlichs und Leutzinger-Bohleber – Identität und Bindung (ISBN: 978-3779910565)

Gerald Hüther und Inge Krens – das Geheimnis der ersten neun Monate (ISBN: 978-3-407857590)

Gerald Hüther - Männer (ISBN: 978-3-525404201)

Joachim Bauer – Das Gedächtnis des Körpers (ISBN: 978-3-453602588)

Joachim Bauer – Schmerzgrenze (ISBN: 978-3-453602588)

Melody Beattie – Kraft zum Loslassen (ISBN: 978-3-453047655)

Paul Watzlawik – Die Anleitung zum Unglücklichsein (ISBN: 978-3-492243162)

Paul Watzlawik – Die erfundene Wirklichkeit (ISBN: 978-3-492247429)

Peter A. Levin – Trauma Heilung (ISBN: 978-3-922026914)

Thorwald Dethlefsen und Rüdiger Dahlke – Krankheit als Weg (ISBN: 978-3-442215584)

Berührungspunkte – Tägliche Meditation für Männer (ISBN: 978-3-453028517 - Autor wird nicht genannt)